高等职业教育旅游管理类专业精品教材

【根据全国导游人员资格考试大纲编写】

旅游政策与法规基础

梁 峰 主 编

钱惠梅 李娟梅 副主编

U0952099

中国轻工业出版社

图书在版编目（CIP）数据

旅游政策与法规基础 / 梁峰主编. —北京：中国轻工业出版社，2022.8

高等职业教育“十三五”规划教材

ISBN 978-7-5184-1457-4

Ⅰ. ①旅… Ⅱ. ①梁… Ⅲ. ①旅游业—方针政策—中国—高等职业教育—教材 ②旅游业—法规—中国—高等职业教育—教材 Ⅳ. ① F592.0 ② D922.296

中国版本图书馆 CIP 数据核字（2017）第 144595 号

责任编辑：张文佳　　责任终审：劳国强　　封面设计：锋尚设计
版式设计：锋尚设计　　责任校对：燕　杰　　责任监印：张　可

出版发行：中国轻工业出版社（北京东长安街 6 号，邮编：100740）
印　　刷：三河市国英印务有限公司
经　　销：各地新华书店
版　　次：2022 年 8 月第 1 版第 6 次印刷
开　　本：787 × 1092　1/16　印张：15.25
字　　数：360 千字
书　　号：ISBN 978-7-5184-1457-4　定价：39.00 元
邮购电话：010-65241695
发行电话：010-85119835　传真：85113293
网　　址：http://www.chlip.com.cn
Email：club@chlip.com.cn

如发现图书残缺请与我社邮购联系调换

221154J2C106ZBW

前　言

Preface

近几十年，中国旅游业取得了令人瞩目的成就，同时也带来了对旅游人才的大量需求。作为旅游业的窗口，导游人员的知识水平和专业素质直接影响整个旅游业的发展。为使导游人才的培养更加科学和标准，选拔合格导游人才，国家旅游局自2016年始重新组织了全国统一的导游人员资格考试，目标是以公平、公正的考试方式和方法，检验应试人员是否具有从事导游职业的基本知识、素养和技能。

2016年开始，全国导游人员资格考试中文和外语语种考试科目包括：科目一“政策与法律法规”、科目二“导游业务”、科目三“全国导游基础知识”、科目四“地方导游基础知识”、科目五“导游服务能力”。

本书在参照科目一“政策与法律法规”全国考试大纲基础上，对相关内容进行了深入浅出的解读，提升读者应用所学理论解决实际问题的能力。建议读者分别从了解、熟悉、掌握三个能力层次对本书内容予以把握。

——了解，要求对导游从业相关知识能够准确再认、再现，即知道“是什么”；

——熟悉，在了解的基础上，能够深刻领会导游从业相关知识及规定，并借此解释、论证观点，分析现象，辨明正误，即明白“为什么”；

——掌握，要求能够灵活运用导游从业相关知识和方法，综合分析、解决理论和实际问题，即清楚“怎么办”。

基于此要求，在本书编写过程中，广泛吸收了近年来国内外旅游业发展的最新成果，竭力使本书能够反映旅游业的发展实际，能够最大程度地与全国导游人员资格考试的内容保持吻合，同时适应高等学校旅游专业教学实践与改革的发展需求。在本书编写时，着重突出以下几个特点：

（1）以职业资格证书考试大纲为依据选取内容。以“知识够用、技能过硬”为指导思想，选取符合导游岗位需要的关键知识和核心技能作为内容，同时适当考虑拓展性知识内容以供需要提升自我素质的读者之用。

（2）通盘考虑教学组织的需要进行内容编排。以模块化思路设计项目内容，全书共 11 个项目模块，每一项目模块设置项目导例、项目知识平台、项目实施、项目练习、项目拓展五个环节，增加可读性的同时也有利于教师有选择地进行模块教学。

（3）注重知识点传授的同时更加注重应用技能的提升。我国法律体系正在加速构建，本书涉及的政策法规法律文件力求最新。进行知识点的梳理时，在讲解“是什么”的同时，更加侧重“为什么”和“怎么办”，更加强调法律法规的实际运用过程。

本书由无锡职业技术学院梁峰任主编，无锡职业技术学院钱惠梅、李娟梅任副主编。全书在编写过程中，参考和引用了许多国内外作者的研究成果及互联网相关资料，在此一并表示最诚挚的感谢！

本书可作为高职高专旅游管理类及相关专业教材，也可作为导游职业资格培训和企事业单位相关从业人员业务素质提升的拓展培训用书。为方便广大师生教学和读者自学，本书附有电子课件，作为对本书内容的补充和延伸。

由于编者学识有限，书中难免会存在错漏之处，恳请各位专家、同行和广大读者批评指正，以臻完善！

编者
2017 年 6 月

目　录

Contents

项目07

旅游饭店管理法规

项目08

旅游交通运输法规

项目 09 旅游出入境管理法规

项目 10 旅游合同法律制度

项目11 旅游安全管理法规

项目 01

法律基础知识

学习目标

- 了解法的起源、法系、法律体系、法律关系的概念和内容
- 了解法的分类、法律部门、法的调整对象
- 掌握法律责任的概念及分类

1.1 项目导例

苏格拉底之死

苏格拉底（前 469—前 399），古希腊著名的思想家、哲学家、教育家、公民陪审员。他和他的学生柏拉图，以及柏拉图的学生亚里士多德并称为“古希腊三贤”，被后人认为是西方哲学的奠基者。苏氏述而不作，性格倔犟，尤其喜好运用“辩证法”将那些自以为学富五车的人驳得哑口无言。这辩证法与现在有所不同，它是一种很伤人的辩论技术，分为“讥讽”和“助产术”两部分。具体来说，辩论者首先向对方请教学问，好像自己什么都不懂似的，然后通过一问一答的方式，逐渐使对方出现前后矛盾的回答，以达到“讥讽”的目的。因为这种辩论术以及学术上的冲突，苏格拉底得罪了一些自以为是的“智者”。于是，这些“智者”便利用雅典荒诞的法律，控告苏格拉底传授对诸神不敬的学问，腐化以及误导青年，并且还真的把他送进了监狱。在狱中，他被判死刑。

死刑之前，苏格拉底的学生克里底亚来看他，并告诉他，他决定帮助他越狱，而且一切已安排妥当。可是苏格拉底却表示不越狱。克里底亚认为雅典法律是有问题的，可以不需要遵守。苏格拉底还反问：“越狱就正当吗？对一个被判有罪的人来说，即使他确信对他的指控是不公正的，逃避法律制裁难道就正当了？有没有一种服从任何法律的义务？”经过与克里底亚的辩论，最后苏格拉底还是选择了饮毒酒结束生命。

这个故事大致揭示了西方法律文化和以中国为代表的东方法律的某些信仰不同。古代大多数中国人看来“留得青山在，不怕没柴烧”，只有自己的生命存在，为自己昭雪才有真正的意义，只要自己是真的被冤枉，往往不信赖法律，先逃狱，再找证据平反。而有些西方人似乎就不像中国人这么“坚决”。他们认为，对待自己认为不公正的法律，态度要慎重。法律就是秩序，没有什么理由可以逃避法律。再者，当某些人认为这个法律公正，而另一些人持相反看法时，能否一定会找到一个公认的标准来确定谁是谁非？当然不一定。而且，苏氏认为自己和徒弟们是正确的，但大多数雅典人不这么认为，价值判断本来就具有主观性，法律是理性而秩序的，不能为个人所左右。

身为雅典的公民，尽管苏格拉底曾获得逃亡的机会，但他仍选择死。不难理解苏格拉底之死对于西方法治文明的重大意义：也许法律会一时枉正错直，但在世俗之城里只有一个人人必须遵守的法律，只有在每个苏格拉底都服从法律的基础上，雅典人民才有法治的保障。在这个意义上说，苏格拉底必须死，因为雅典的法律需要生存。所以苏格拉底毅然选择了赴死。

1.2 项目知识平台

任务 1-1 法的起源与特征

第一节 法的起源

法有无起源问题？如果有，法是如何起源的？围绕着这样的问题，形成了两种观点。一种观点认为法没有起源问题。理由是，有人类社会就有人类社会的社会规范，法就是人类社会的社会规范，法是与人类社会同在的，只要有人类社会就必然有法存在，法无所谓起源问题，它是从来就有的，永世不灭。另一种观点则认为法有起源问题。理由在于：如同任何事物一样，法也有发生、发展、消亡或转化问题。法不是从来就有的，也不会永恒地存在下去。法是社会发展到一定历史阶段才产生的，其后又随着社会的发展而发展，当社会发展到法所赖以存在的社会条件不复存在的历史时代，法也就随之消亡而退出历史舞台。前一种观点混淆了法与社会规范的界限。这在方法上是混淆了法与社会规范的种属概念，在理论上是违背了事物发展规律，在事实上则是有悖于法的起源和发展的实际。后一种观点在方法上、理论上和事实上则是可以成立的。法的确属于社会规范的范畴，但法只是社会规范的一种，而不是所有社会规范的总称。在社会规范这个整体或体系中，除却法这个重要的成员之外，还有诸如习惯、道德、宗教戒律以及与社会秩序密切相联的其他种种社会规范。

法是如何起源的？在这个问题上，同样存在着显著的分歧。这些不同的观点，大体上都是在法是起源于精神还是起源于物质生活条件这个标志上显示出分野。有人认为法是起源于神的意志，古代埃及的法老就被认为是太阳神与人间女子结合所生的地上的神，他的命令就是神意、就是法。古巴比伦的《汉谟拉比法典》在序言中说，汉谟拉比王的一切权力都是神给的，《汉谟拉比法典》就是代表神意的。有人认为法是在自然状态下人们相互订立社会契约的产物，是人类意志、理性、自身的产物，是正义、公平观念的产物。另一些认为法是由民族精神特别是由习惯自然而然地发展起来的，是民族精神的体现。还有人认为，法是心理规律、心理因素作用的结果。同这些认为法是起源于精神的观点相反，马克思主义经典作家运用大量的历史事实和唯物辩证的方法考察法的现象，阐明了法不是从来就有的，而是人类社会的物质生活条件发展到一定历史阶段的产物。人类历史上曾经有过不知法和国家为何物的社会，这就是原始社会；只是随着生产力的发展，私有制的出现，在阶级和国家产生的同时，才产生了法。法作为一种社会现象，其产生和发展有着深刻的经济根源和阶级根源。

一、法的起源

（一）经济根源

法是社会经济发展到一定历史阶段的产物。原始社会末期，出现社会大分工和产品交换。开始的交换带有偶然性和任意性，没有一定的规则。随着生产的发展和剩余产品日渐增多，交换逐渐摆脱了偶然性和任意性，产生了一定的规则和秩序。这种规则和秩序起初表现为习惯。以后，随着生产力和交换的进一步发展，随着贸易的兴起、高利贷和典当抵押制的出现，人们的生产、分配、交换等经济活动不断发展变化。新的经济生活需要有新的行为规范来进一步规制日常生产、分配和交换活动，在社会经济生活中居于主导地位的人们为固定有利于自己的新的经济关系，也需要有新的行为规则。这样，原来的氏族习惯就逐渐被新的规则所代替，这种不再是全体氏族成员意志体现而首先是一部分人的意志体现的规则，就是法。对于这种新情况，恩格斯在《论住宅问题》中写道：“在社会发展的某个很早的阶段，产生了这样一种需要：把每天重复着的生产、分配和交换产品的行为用一个共同规则概括起来，设法使个人服从生产和交换的一般条件。这个规则首先表现为习惯，后来便成了法律。”

（二）阶级根源

社会经济的发展引发私有制和阶级的出现，也是法起源的根本原因。法是在产生了私有制，出现了阶级，在阶级矛盾不可调和的基础上产生的。原始社会末期，青铜器的出现，特别是铁器的发明和使用，使生产工具大为改观，社会生产力水平大大提高，由此而产生了个体劳动，出现了剩余、私有制和剥削，并进而产生了阶级。社会上的人逐步分裂为穷人和富人、剥削者和被剥削者两大对立阶级。原始社会分裂为阶级社会。原始社会的各种社会关系被剥削与被剥削、压迫与被压迫、统治与统治的新的社会关系所取代。原来体现全体氏族成员意志和利益的原始社会规范，已经不能调整阶级社会新的社会关系。在这种情况下，经济上占统治地位的阶级，为了维护其阶级统治，不仅需要建立国家政权，而且需要凭借国家政权认可或制定新的社会规范，规定人们应做什么，不应做什么，可以做什么，并且用国家强制力保证其得以实行，使人们的行为符合有利于统治阶级的新秩序。这种新的社会规范就是法。

二、法的起源的一般规律

各国法的起源都有自己的特点，但也都遵循着一般的规律。

1. 法的起源经历了由氏族习惯到习惯法、又由习惯法到成文法的发展过程

这是一个漫长而复杂的渐进过程。这个过程同私有制、阶级和国家由萌芽到最终形成的过程相一致。它们的起源都经历了同一个历史时期，是同步完成的。这一点可以从原始社会的重要习惯之一——血族复仇的演变得以了解。在氏族社会初期，这种复仇是漫无限制的，往往引起氏族间的大混战。后来随着生产力的发展，劳动力价值受到重视，血族复仇的习惯就逐渐被近亲复仇、同态复仇的习惯所代替。随着社会分工和交换的进一步发展，特别是货币出现后，这种复仇的习惯又逐渐为赎罪所代替。随着阶级的进一步形成，复仇以及赔偿的习惯虽然被保留下来，性质却发展变化，赔偿数额的多少由受害者的社会地位来确定。国家产生后，这种习惯便成了习惯法。当国家制定的成文法出现后，这种习惯法又成为成文法。世界上最早产生的法几乎都是习惯法，后来才发展为成文法，而最初出现的成文法也大多是以往习惯法的记载。

2. 法的起源过程受到道德和宗教的极大影响

刚刚产生的法几乎总是带有浓厚的道德痕迹和宗教色彩。这一规律通过两方面表现出来：一方面，许多古代立法明显地表现出道德和宗教的极大影响。例如，《汉谟拉比法典》《摩奴法典》和通行于伊斯兰国家的实际上等于法律的《古兰经》，都是将法的规范、道德规范、宗教戒律融于一炉的典型。另一方面是在司法程序中明显地表现出来。例如，在司法程序上往往采用神明裁判的方式。不过，无论立法还是司法所反映的道德规范或宗教戒律，都已不同于原始社会的氏族道德和宗教，它们的性质有了很大变化，不是体现全体氏族成员的意志和利益，而是体现奴隶主阶级的意志和利益。法的起源过程受道德和宗教的极大影响，有两个原因：一是因为氏族习惯往往同时也是氏族的道德规范和宗教戒律，脱胎于氏族习惯的那些法不能不受道德和宗教的影响。二是因为最初出现的奴隶主有一部分是由原来掌握祭祀、裁决日常纠纷大权的氏族贵族转变而来的，他们完全蜕变为专事社会管理而与其他氏族成员相对立的特殊人物后，也会自然将那些有利于自己利益的道德规范和宗教戒律变为法的规范。

三、当代中国法的渊源

法的渊源。从法学视角来看，法的渊源是指法的效力来源。从司法视角来看，法的渊源是指作为法官判决的理由和材料来源。从立法视角来看，法的渊源是指具有普遍而正式约束力的法律规范到底表现为哪些具体的外在形式。当代中国法的渊源有以下几类。

（一）制定法

（1）宪法，我国宪法由全国人民代表大会制定和修改，是我国的根本大法，在我国的整个法律体系中具有最高的法律地位和法律效力。

（2）法律，这里的法律是在狭义上使用的，专指由全国人民代表大会及其常务委员会

指定的规范性法律文件。

（3）行政法规，是指由最高国家行政机关即国务院制定的规范性法律文件。

（4）地方性法规，是指特定地方权力机关结合本地方的具体情况和实际需要而制定的不与宪法和法律相抵触的规范性法律文件。

（5）规章，在我国主要包括部门规章和地方政府规章。

（6）自治条例和单行条例，是我国民族自治地方的人民代表大会制定的规范性法律文件。

（7）国际条约，作为立法视角的法的渊源，特指经过一国政府缔结或批准的国际条约。

（8）中央军事委员会制定的军事法规、中央军事委员会各总部、军兵种、军区制定的军事规章，特别行政区域立法机关制定的法律，经济特区所在的地市的人民代表大会及其常务委员会制定的法规及其人民政府制定的规章也属于当代中国法的渊源。

（二）经国家认可的习惯

最典型的经国家认可的习惯为国家有权机关认可的民族习惯法或地方习惯法。

（三）立法性解释

主要集中在两方面：一是对于法律的规定需要进一步明确具体含义；二是法律制定出来后出现新的情况，需要明确使用法律的依据。

第二节 法的特征

一、法调整人们行为的规范，具有规范性

从其存在形态看，法首先是一种规范。所谓规范，是指人们行为的标准或规则。法律不是一般的规范，而是一种社会规范。其特点在于它所调整的是人们之间的相互关系（社会关系）。在这一点上，法律作为社会规范，不同于思维规范、语言规范，也不同于技术规范。法律作为社会规范，像道德规范、宗教规范一样，具有规范性。法律的规范性是指法律所具有的规定人们行为模式、指导人们行为的性质。表现在法律规定了人们的一般行为模式，从而为人们的交互行为提供了一个模型、标准或方向。法律所规定的行为模式包括三种：人们可以怎样行为、人们不得怎样行为、人们应当或必须怎样行为。从效力上看，具有规范性的法律不是为某个特定的人而制定的，它所适用的对象是不特定的人；它不仅仅适用一次，而且可以在其生效期间内反复适用。法律的规范性作为法律的一个基本特征，在区别不同的法律文件的效力时是非常有意义的。

二、法是由国家制定或认可的社会规范，具有国家意志性和普遍性

法律是一种特殊的社会规范。这种特殊性就在于它是由国家制定或认可的。从法律是由国家制定或认可的意义上看，法律体现国家的意志。这一特征明显地表明了法与其他社会规范，如道德规范、宗教规范、政党或其他社会组织的规章以及习惯礼仪等的差别。法律由国

家制定或认可还表明了创制法律的两种方式。法律由国家制定或认可，这是从法律作为一个整体并以国家名义制定或认可来说的。事实上，构成这一整体的各个具体的法律、法规是由不同层次或不同类别的国家机关制定或认可的。国家制定的法律通常称为成文法或制定法。法律的认可是指国家通过一定的方式承认其他社会规范（道德、宗教、风俗、习惯等）具有法律效力的活动。法律由国家制定或认可这一特征意味着体现国家意志的法律具有统一性、权威性和普遍性。

三、法是以权利和义务为内容的社会规范，具有权利和义务的一致性

法律对人们行为的调整主要是通过权利和义务的设定和运行来实现的，因而法律的内容主要表现为权利和义务。法律上权利和义务的规定具有确定性和可预测性特点，它明确地告诉人们该怎样行为、不该怎样行为以及必须怎样行为。人们根据法律来预先估计自己与他人之间该怎样行为，并预见到行为的后果以及法律的态度。法律上只要规定了权利就必须规定或意味着相应的义务，法律具有权利和义务的一致性。这一特征也是法律与其他社会规范的一个重要区别。有的社会规范，如政党或其他社会团体规章，虽然也规定各自成员的某种权利和义务，但是在内容、范围和保证实施的方式上与法律意义上的权利义务有很大的区别。

四、法是由国家强制力保证实施的社会规范，具有国家强制性和程序性

一切社会规范都具有强制性，都有保证其实施的社会力量。道德规范主要依靠社会舆论、传统习惯以及人们的内心信念等来加以维持；宗教规范的实施主要是通过精神强制的方式，但也必须依靠清规戒律、惩罚制度来保证教徒的遵守。法律不同于其他社会规范，它具有特殊的强制性，即国家强制性。法律以国家强制力为后盾，由国家强制力保证实施。国家的强制力是法律实施的最后的保障手段。法律之所以要由国家强制力保证实施，取决于下面两个原因：一是法律不一定能始终为人们自愿地遵守，需要通过国家强制力强迫遵行；二是法律不能自行实施，需要国家专门机关予以运用。

总之，法是由一定物质生活条件决定的统治阶段意志的体现，它是国家特定机关按特定程序制定或认可、由国家强制力保证实施、规定人们权利和义务关系的行为规则的总和，其目的在于巩固和维护有利于统治阶段的社会关系和社会秩序。

第三节　法的相关概念辨析

一、法系的概念与分类

（一）法系的概念

法系是在对各国法律制度的现状和历史渊源进行比较研究的过程中形成的概念，是具有

共同法律传统的若干国家和地区的法律，它是一种超越若干国家和地区的法律现象的总称。

（二）法系的分类

法学家们根据世界各国法律基本特征，一般划分为五大法系：欧洲大陆法系、英美法系、伊斯兰法系、印度法系、中华法系（也有的法学家分为资本主义法系和社会主义法系）。其中印度法系和中华法系已经解体，现存的共三大法系，其中影响最大的是大陆法系和英美法系。

1. 大陆法系

大陆法系包括两个支系，即法国法系和德国法系。法国法系是以 1804 年《法国民法典》为蓝本建立起来的，它以强调个人权利为主导思想，反映了自由资本主义时期社会经济的特点。德国法系是以 1896 年《德国民法典》为基础建立起来的，强调国家干预和社会利益，是垄断资本主义时期法的典型。属于大陆法系的国家和地区除了法国、德国外，还包括意大利、西班牙等欧洲大陆国家，也包括曾是法国、西班牙、荷兰、葡萄牙四国殖民地的国家和地区如阿尔及利亚、埃塞俄比亚等及中美洲的一些国家，国民党统治时期的旧中国也属于这一法系。

2. 英美法系

英美法系，又称普通法法系、英国法系，是以英国自中世纪以来的法律，特别是它以普通法为基础而发展起来的法律的总称。英美法系首先起源于 11 世纪诺曼人入侵英国后逐步形成的以判例形式出现的普通法。

英美法系的范围，除英国（不包括苏格兰）、美国外，主要是曾是英国殖民地、附属国的国家和地区，如印度、巴基斯坦、新加坡、缅甸、加拿大、澳大利亚、新西兰、马来西亚等。中国香港地区也属于英美法系。

小贴士

中国属于哪个法系？

当今世界有两大法系——大陆法系和英美法系，这是根据法律传统、法律体系以及法律制度的运作等划分的。至于社会主义法系则是相对于资本主义法系而言的，它与大陆法系或者英美法系不具并列特征。因此，把法系仅据意识形态划分为社会主义法系和资本主义法系并无实质意义。

1949 年新中国成立后，建立了一套新的法律制度与体系，很大程度上学习了苏联的很多制度，应该说是社会主义法系。但不可否认的是，中国是成文法国家，不承认判例法；有公法和私法的划分；法官在诉讼程序中起主要作用；在运用法律时采用演绎法的推理方法，这些在很大程度上与大陆法系的特点极为相似。因此，不能简单的说中国就是属于哪种法系，准确地说应该是中国倾向于哪种法系，即中国倾向于大陆法系和社会主义法系。

二、法律体系的概念与特征

（一）法律体系的概念

法律体系，法学中有时也称为“法的体系”，是指由一国现行的全部法律规范按照不同的法律部门分类组合而形成的一个呈体系化的有机联系的统一整体。简单地说，法律体系就是部门法体系。部门法，又称法律部门，是根据一定标准、原则所制定的同类规范的总称。

（二）法律体系的特征

法律体系的主要特征有：第一，法律体系是一个国家全部现行法律构成的整体；第二，法律体系是一个由法律部门分类组合而形成的呈体系化的有机整体；第三，法律体系的理想化要求是门类齐全、结构严密、内在协调；第四，法律体系是客观法则和主观属性的有机统一。法律体系的其他特征还有：首先，法律体系是一国国内法构成的体系，包括被本国承认的国际法；其次，它是现行法构成的体系；再次，构成法律体系的单位是法律部门，法律部门是由若干相关的法律规范构成的，因此法律规范是法律体系构成的最基本单位；最后，法律体系不同于立法体系，立法体系构成单位是规范性文件。

（三）中国特色社会主义法律体系

中国特色社会主义法律体系，是指适应我国社会主义初级阶段的基本国情，与社会主义的根本任务相一致，以宪法为统帅和根本依据，由部门齐全、结构严谨、内部协调、体例科学、调整有效的法律及其配套法规所构成，是保障我们国家沿着中国特色社会主义道路前进的各项法律制度的有机的统一整体。这个体系由法律、行政法规、地方性法规三个层次以及宪法及宪法相关法、民法商法、行政法、经济法、社会法、刑法、诉讼与非诉讼程序法七个法律部门组成。

从法的制定和法的实施上考量，中国特色社会主义法律体系只有一个。人大专门委员会、政府部门和地方都没有自己独立的“法律体系”，这些机构既没有必要更没有可能在国家法律体系之下或以外建立自己独立的“法律体系”。

三、法律关系的概念及特征

（一）法律关系的概念

法律关系是法律在调整人们行为的过程中形成的特殊的权利和义务关系。或者说，法律关系是指被法律规范所调整的权利与义务关系。法律关系是以法律为前提而产生的社会关系，没有法律的规定，就不可能形成相应的法律关系。法律关系是以国家强制力作为保障的社会关系，当法律关系受到破坏时，国家会动用强制力进行矫正或恢复。

（二）法律关系的构成要素

法律关系由三要素构成，即法律关系的主体、法律关系的客体和法律关系的内容（权利义务）。法律关系的主体，又称权利主体，即法律关系的参加者，又称当事人，是法律关系中权利的享有者和义务的承担者，享有权利的一方称为权利人，承当义务的一方称为义务人。

法律关系的客体是指法律关系的权利义务所指向的对象，在合同法律关系中又称为合同的标的。法律关系的内容指当事人的权利和义务。

（三）法律关系的特征

1. 法律关系是以法律规范为前提的社会关系

法律关系是由于法律规范的存在而建立的社会关系，没有法律规范的存在，也就不可能形成与之相应的法律关系。法律关系与法律规范两者之间的关系可以从两个方面来理解：一方面，法律规范是法律关系存在的前提，没有相应法律规范的存在就不可能产生法律关系。另一方面，任何一种法律规范只能在具体的法律关系中才能得以实现。法律规范只规定人们的行为规范和相应的法律后果，它所针对的对象为一类人，因此具有普遍适用性。只有当人们按照法律规范的行为模式，或者说符合一定的法律事实时，才形成了针对于个人之间的权利义务关系。

2. 法律关系是以权利义务为内容的社会关系

法律关系与其他社会关系的重要区别，就在于它是法律化的权利义务关系，是一种明确的、固定的权利义务关系。这种权利和义务可以是由法律明确规定的，也可以是由法律授权当事人在法律的范围内自行约定的。

3. 法律关系是以国家强制力作为保障手段的社会关系

通过社会舆论和道德约束来实现的社会关系具有不稳定性和非强制性。而在法律关系中，一个人可以做什么、不得做什么和必须做什么都是国家意志的体现，反映国家对社会秩序的一种维持态度。当法律关系受到破坏时，就意味着国家意志所授予的权利受到侵犯，意味着国家意志所设定的义务被拒绝履行。这时，权利受侵害一方就有权请求国家机关运用国家强制力，责令侵害方履行义务或承担未履行义务所应承担的法律责任，也即对违法者予以相应的制裁。因此，一种社会关系如果被纳入法律调整的范围之内，就意味着国家对它实行了强制性的保护。这种国家的强制力主要体现在对法律责任的规定上。

任务 1-2　法律责任

广义的法律责任是指任何组织和个人都有遵守法律的义务，都应自觉地维护法律的尊严。如每个公民都有遵守法律的责任、人民法院有责任保护当事人的合法权利等。狭义的法律责任是指违法行为和法律制裁相联系的法律责任，即违法者对自己违法行为必须承担的责任。司法过程中通常对法律责任作狭义的解释。即法律责任是指因违反了法定义务或契约义务，或不当行使法律权利、权力所产生的，由行为人承担的不利后果。

法律责任与其他社会责任，如政治责任、道义责任等，有原则的区别。其特点在于：①法律责任与违法有密不可分的联系，违法是承担法律责任的根据。②法律责任是由法律规定的。法律责任的大小、范围、期限、性质，都是由法律明确规定的。③法律责任的认定和追究必须由国家专门机关通过法定程序来进行，其他组织和个人无此项权力。④法律责任的承担以国家强制力作保证。

法律责任的构成要件是指构成法律责任必须具备的各种条件或必须符合的标准，它是国家机关要求行为人承担法律责任时进行分析、判断的标准。根据违法行为的一般特点，我们把法律责任的构成要件概括为：主体、过错、违法行为、损害事实和因果关系五个方面。

（1）主体。法律责任主体，是指违法主体或者承担法律责任的主体。责任主体不完全等同于违法主体。

（2）过错。过错即承担法律责任的主观故意或者过失。

（3）违法行为。违法行为是指违反法律所规定的义务、超越权利的界限行使权利以及侵权行为的总称，一般认为违法行为包括犯罪行为和一般违法行为。

（4）损害事实。损害事实即受到的损失和伤害的事实，包括对人身、对财产、对精神（或者三方面兼有的）的损失和伤害。

（5）因果关系。因果关系即行为与损害之间的因果关系，它是存在于自然界和人类社会中的各种因果关系的特殊形式。

根据违法行为所违反的法律的性质，可以把法律责任分为民事责任、行政责任、刑事责任、违宪责任和国家赔偿责任。前三个是最普遍的，基于三大程序法（分别是关于民事、刑事、行政的《中华人民共和国民事诉讼法》《中华人民共和国刑事诉讼法》和《中华人民共和国行政诉讼法》）产生。违宪责任是指由于有关国家机关制定的某种法律和法规、规章，或有关国家机关、社会组织或公民从事了与宪法规定相抵触的活动而产生的法律责任。违宪责任是法律责任中最为特殊的一种，其特殊性主要表现为政治上的、领导上的责任。它的责任主体、追究和责任实现形式也是特殊的。国家赔偿责任是指在国家机关行使公权力时由于国家机关及其工作人员违法行使职权所引起的由国家作为承担主体的赔偿责任。

第一节　刑事责任

刑事责任是指由于刑事犯罪行为而承担的法律责任。刑事责任是所有法律责任中性质最为严重、制裁最为严厉的一种。刑事责任主要是人身责任，刑事责任的主体主要是公民，但也可以是法人。负刑事责任意味着应受刑罚处罚。这是刑事责任与民事责任、行政责任和道德责任的根本区别。刑事责任包括两类问题：一是犯罪；二是刑罚。

一、关于犯罪

根据《中华人民共和国刑法》（以下简称《刑法》）的规定，一切危害国家主权、领土完整和安全，分裂国家、颠覆人民民主专政的政权和推翻社会主义制度，破坏社会秩序和经济秩序，侵犯国有财产或者集体所有财产，侵犯公民私人所有的财产，侵犯公民的人身权利、民主权利和其他权利，以及其他危害社会的行为，依照法律应当受刑罚处罚的，都是犯罪；但是情节显著轻微，危害不大的，不认为是犯罪。犯罪一般包括以下几个构成要件：犯罪的客体、犯罪的客观方面、犯罪的主体、犯罪的主观方面。

二、关于刑罚

刑罚是由国家最高立法机关在《刑法》中确定的，由人民法院对犯罪分子适用并由专门机构执行的最为严厉的国家强制措施。根据《刑法》规定，刑罚分为主刑和附加刑。

（一）主刑

主刑是对犯罪分子适用的主要刑罚方法，只能独立适用，不能附加适用，对犯罪分子只能判一种主刑。主刑分为管制、拘役、有期徒刑、无期徒刑和死刑。

（二）附加刑

附加刑是既可以独立适用又可以附加适用的刑罚方法。即对同一犯罪行为既可以在主刑之后判处一个或两个以上的附加刑，也可以独立判处一个或两个以上的附加刑。附加刑分为罚金、剥夺政治权利、没收财产。对犯罪的外国人，也可以独立或者附加适用驱除出境。

具备犯罪构成要件是负刑事责任的依据。犯罪主体必须是达到法律规定的年龄，主观方面存在故意或过失，犯罪客体和客观方面要件必须是行为人的行为侵犯了刑事法律保护的社会关系，并造成了严重的社会危害性，即已构成犯罪，行为人才应负刑事责任。如果行为不具备犯罪构成要件，不危害社会，或者法律明文规定不负刑事责任，则无刑事责任可言。如无责任能力人实施的危害社会的行为，或因正当防卫、紧急避险、履行有益于社会的业务上的行为。

三、犯罪构成与刑事责任

关于犯罪构成与刑事责任的关系问题，其实质是关于如何理解刑事责任的根据问题。刑事责任与犯罪的关系。犯罪是刑事责任产生的法律事实根据，没有犯罪就不可能有刑事责任；刑事责任是犯罪的必然法律后果，只要实施了犯罪，就不能不产生刑事责任。这体现了犯罪与刑事责任的质的一致性。同时由于各种犯罪的严重程度不同，犯罪人承担的刑事责任程度也不相同。

四、法定年龄

《刑法》规定的行为人对自己实施的犯罪行为负刑事责任的年龄，称为刑事责任年龄。各国对此规定不一。印度刑法规定从 7 岁开始负刑事责任，西班牙、意大利等国刑法规定为 9 岁，多数国家规定为 14 岁。《中华人民共和国刑法》规定：

（1）已满 16 周岁的人犯罪，应当负刑事责任，称完全刑事责任年龄；

（2）已满 14 周岁不满 16 周岁的人，只有在犯故意杀人、故意伤害致人重伤或者死亡、强奸、抢劫、贩卖毒品、放火、爆炸、投毒罪的，才应当负刑事责任，称不完全刑事责任年龄；

（3）不满 14 周岁的人实施任何危害社会的行为，都不负刑事责任；

（4）已满 14 周岁不满 18 周岁的人犯罪，应当从轻或者减轻处罚。

五、刑事能力

刑事责任能力是指行为人辨认和控制自己行为的能力。在正常情况下，行为人辨认和控制自己行为的能力是一致的。但是，在出现疾病的情况下，辨认自己行为的性质、后果的能力与自我控制的能力也可能分离。只有辨认和控制自己行为的能力都具备，才属于有刑事责任能力。《刑法》对几种特别情况下的刑事责任能力问题，作了特殊规定。

（一）精神病人的刑事责任能力

《刑法》第 18 条第 1 款规定：精神病人在不能辨认或者不能控制自己行为的时候造成危害结果，经法定程序鉴定确认的，不负刑事责任。本法第 18 条第 2 款规定：间歇性精神病人在精神正常的时候犯罪，应当负刑事责任。在同条第 3 款又规定：尚未完全丧失辨认或者控制自己行为能力的精神病人犯罪的，应当负刑事责任，但是可以从轻或者减轻处罚。

（二）醉酒人的刑事责任能力

《刑法》第 18 条第 4 款规定：醉酒的人犯罪，应当负刑事责任。

（三）又聋又哑的人和盲人的刑事责任能力

《刑法》第 19 条规定：又聋又哑的人或者盲人犯罪，可以从轻、减轻或者免除处罚。这里所指又聋又哑的人，是指既聋且哑的人；这里所指的盲人是指双目失明的人。

第二节　民事责任

一、概念

在民事活动中，因从事不法行为，或者不履行合同义务，从而侵犯了对方的权利或者使对方的民事权利得不到实现，依法应承担的法律责任，称为民事责任。

民事责任是指是民事主体违反了民事义务所应承担的法律后果，民事义务包括法定义务和约定义务，也包括积极义务和消极义务、作为义务和不作为义务。民事责任的主体主要是公民或法人。按民事责任产生的不同原因，可将其分为侵权责任、违约责任和因违法行为而承担的补偿责任。

二、构成要件

（一）损害事实的客观存在

损害是指因一定的行为或事件使民事主体的权利遭受某种不利的影响。权利主体只有在受损害的情况下才能够请求法律上的救济。

（二）行为的违法性

行为的违法性指对法律禁止性或命令性规定的违反。除了法律有特别规定之外，行为人只应对自己的违法行为承担法律责任。

（三）违法行为与损害事实之间的因果关系

作为构成民事责任要件的因果关系指行为人的行为及其物件与损害事实之间所存在的前因后果的必然联系。

（四）行为人的过错

行为人的过错是行为人在实施违法行为时所具备的心理状态，是构成民事责任的主观要件。

三、承责方式

民事责任的承担方式，又称为民事责任的形式，是指民事主体承担民事责任的具体措施。《中华人民共和国民法通则》（以下简称《民法通则》）第 134 条规定了十种主要的承担侵权责任的方式：①停止侵害；②排除妨碍；③消除危险；④返还财产；⑤恢复原状；⑥修理、重作、更换；⑦赔偿损失；⑧支付违约金；⑨消除影响、恢复名誉；⑩赔礼道歉。这是我国创立的民事权利——民事义务——民事责任的立法模式的组成部分。《民法通则》规定的责任方式具有开放性，在条件成熟的时候可能增加其他责任方式。《民法通则》第 134 条第 2 款还规定，以上各种民事责任形式，可以单独适用，也可以合并适用。

第三节 行政责任

一、概念

行政责任是指经济法主体违反经济法律法规依法应承担的行政法律后果，是指因为违反行政法或因行政法规定而应承担的法律责任，包括行政处罚和行政处分。行政法律规范要求国家行政机关及其公务人员在行政活动中履行和承担的义务。行政责任的主体比较广泛，除了以国家机关和国家公务人员为主之外，还可以是普通公民或其他组织、团体。行政责任不是从来就有的，而是随着近代资产阶级政治思想的提出和民主政治制度的建立而逐步产生的；其最早出现于 19 世纪 70 年代，至今只有 100 多年的历史。

二、承责方式

行政处罚是特定的国家行政机关对违反行政管理法律法规的公民、法人或者其他组织依法给予的制裁。行政处分是国家机关、企业事业单位和社会团体依据行政管理法规、规章、纪律等对其所属人员违规、违纪行为所作的处罚。

（一）行政处分

行政处分是国家机关、企事业单位对有违纪行为未构成犯罪的，或者构成犯罪但是依法不追究刑事责任的公务员或其他人员给予的行政处罚。行政处分的形式主要有警告、记过、记大过、降级、降职、撤职、留用察看、开除等，大多与被处分人职务上的权利有关。

（二）行政处罚

行政处罚是由国家特定的行政机关给予违反行政法规行为的公民或法人的一种强制措施。目前我国法律规定的有关行政处罚的种类主要有：警告；罚款；拘留；没收财物和非法所得；吊销营业执照；吊销许可证；责令停产、停业、关闭；责令追回已售出的禁止生产经营的产品；责令限期改正；责令限期治理；通报；停发许可证；扣留职务证书；撤销商标；销毁禁止生产、经营的食品、食品添加剂等。

（三）行政处罚与行政处分的主要区别

第一，针对的违法行为不同。行政处罚是针对公民、法人或其他组织违反法律、法规的行为所采取的；行政处分是针对行政机关工作人员的违法失职行为所采取的。行政处罚是行政机关的外部行政行为；行政处分则是行政机关的内部行政行为。

第二，行为人与相对人之间的关系不同。行政处罚的决定者和实施者是具有国家行政管理职能的特定的行政机关，它与受处罚人之间不存在领导与被领导的隶属关系，而只存在管理与被管理的普通行政关系；行政处分的决定者和实施者并不一定是特定的行政机关，它与被处分人之间的关系是一种基于行政组织关系所产生的领导与被领导的关系。

第三，适用的法律依据不同。行政处罚依据国家有关行政管理的普通的法律法规，主要是指行政行为法和行政程序法；行政处分则依据行政组织法。

第四，形式不同。行政处罚的形式主要有警告、罚款、拘留、吊销许可证和执照、责令停产停业、没收财物、劳动教养等，始终与被处罚人的人身自由权、财产所有权等基本权利相关；行政处分的形式主要有警告、记过、记大过、降级、降职、撤职、留用察看、开除等，大多与被处分人职务上的权利有关。

第五，两者所产生的法律效果不同，由此产生争议后的救济手段也不一致。对行政处罚不服，相对人可以提起行政诉讼；对行政处分不服，相对人不能提起行政诉讼。

小贴士

刑事责任与行政责任的不同

刑事责任与行政责任的不同之处：一是追究的违法行为不同：追究行政责任的是一般违法行为，追究刑事责任的是犯罪行为；二是追究责任的机关不同：追究行政责任由国家特定的行政机关依照有关法律的规定决定，追究刑事责任只能由司法机关依照《中华人民共和国刑法》的规定决定；三是承担法律责任的后果不同：追究刑事责任是最严厉的制裁，可以判处死刑，比追究行政责任严厉得多。

1.3 项目实施

任务 1-1 法的起源与特征

- 任务目的：通过对法的相关概念和理论的学习，能够搜寻和比较不同国家和地区的法律体系的异同之处。

- 任务内容：主要发达国家旅游相关法律法规介绍。
- 任务时间：课余时间。
- 任务方法：将学生进行分组，每组 4~8 名同学，组内由学生自行分工合作，搜集主要发达国家相关立法进程和相关法律法规，并在 Word 文档中进行图文资料的整理，在此基础上学生制作一份用于展示其成果的 PPT 文件。教师将 2 课时时间用于学生自行汇报展示其工作成果。

任务 1-2　法律责任

- 任务目的：了解法律责任的概念及分类。
- 任务内容：辨析法律责任的类别。
- 任务时间：课余时间。
- 任务方法：将学生进行分组，每组 4~8 名同学，组内由学生自行分工合作，搜集与法律责任相关的案例材料，在 Word 文档中进行图文资料的整理归纳，在此基础上学生制作一份用于展示其成果的 PPT 文件。教师将 2 课时时间用于学生自行汇报展示其工作成果。

1.4 项目练习

（1）简述法律责任的分类及追究法律责任的条件。

（2）简述法系、法律体系及法律关系的概念。

（3）简述法律责任的概念及主要类别。

1.5 项目拓展

一张图看懂新中国法治进程

扫一扫，一张图看懂新中国法治进程

http://www.kaoyan365.cn/zhengzhi/shizheng/17837.html

扫一扫，这些年，推动中国法治进程的个案

http://renwu.people.com.cn/n/2014/1031/c357680-25946133.html

微信扫一扫

任务 1-3 中华人民共和国宪法

- 任务目的：通过对中华人民共和国宪法的学习，了解我国的基本国策、根本制度、根本任务和国家机构，掌握《中华人民共和国宪法》关于公民的基本权利和义务的规定。
- 任务内容：宪法主要框架及公民权利义务的解读。
- 任务时间：课余时间。
- 任务方法：将学生进行分组，每组 4~8 名同学，组内由学生自行分工合作，搜集我国宪法的出台背景资料和公民基本权利和义务的相关解读材料，并在 Word 文档中进行图文资料的整理，在此基础上学生制作一份用于展示其成果的 PPT 文件。教师将 2 课时时间用于学生自行汇报展示其工作成果。

任务 1-4 依法治国的基本方略

- 任务目的：了解我国依法治国方略的背景知识，掌握依法治国的五大体系和六大任务。
- 任务内容：解读我国依法治国方略的相关文件精神。
- 任务时间：课余时间。
- 任务方法：将学生进行分组，每组 4~8 名同学，组内由学生自行分工合作，搜集党的十八届四中全会以来有关依法治国方略的相关文件精神的官方和民间解读资料，在 Word 文档中进行图文资料的整理归纳，在此基础上学生制作一份用于展示其成果的 PPT 文件。教师将 2 课时时间用于学生自行汇报展示其工作成果。

项目 02

旅游法概述

学习目标

- 了解《中华人民共和国旅游法》（以下简称《旅游法》）的立法背景、框架
- 熟悉《旅游法》的立法目的、适用范围、发展原则等总则的内容
- 掌握《旅游法》的基本内容、主要法律制度及其相关法律责任

1.1 项目导例

盘点世界 10 大最奇葩的法律

热爱旅行的你会不会不小心在旅游时就触犯了当地的法律呢？这也难怪，有些地方法律的确超出我们的预想范围，下面为大家整理出 10 条世界上奇怪的法例，希望大家在旅行时多加注意，以免触犯当地法律而影响出游的心情。

1. 新加坡（Singapore）

为保持街道整洁，新加坡政府于 1992 年颁布了进口及销售口香糖的禁令。时至今日，新加坡人早就习惯了没有口香糖的日子。他们开玩笑说，其实新加坡人可以坐半小时的车去马来西亚，尽情地抽烟，嚼口香糖，然后再回新加坡。

2. 埃拉克莱亚，意大利（Eraclea，Italy）

由于假日的威尼斯人满为患，很多人选择到附近埃拉克莱亚的沙滩享受休闲舒适的假期。但如果你是个堆沙爱好者就要三思了，因为这里不允许游客堆沙。

3. 阿姆斯特丹，荷兰（Amsterdam，Netherlands）

阿姆斯特丹的法例存在一个有趣的漏洞：所有咖啡馆等公共场所一律禁止吸烟，但却可以合法的吸食大麻。

4. 佛罗里达州，美国（Florida，USA）

对于一部分单身而又崇尚自由的女性来说，在业余时间从飞机上一跃而下确实是一生难忘的体验。但如果你身处佛罗里达州，那可要注意了，未婚女性在周日跳伞是会被送进监狱的！

5. 瑞士 （Switzerland）

瑞士法律规定晚上10点后禁止在公寓内冲厕所，10点以后男士们站着小便也属违法行为。

6. 埃博利，意大利（Eboli，Italy）

新婚夫妇还是尽量避免去意大利南部的埃博利度蜜月吧，皆因在行驶中的汽车上接吻会被罚款呢！

7. 卡普里岛，意大利（Capri，Italy）

大概卡普里岛上的居民都非常享受宁静的生活——最近一对夫妻因为在岛上穿人字拖吵到别人而被抓了起来，随后小岛便立法禁止人们穿着会产生噪声的鞋子。

8. 亚拉巴马州，美国（Alabama，USA）

位于美国南部的亚拉巴马州出台了一条相当多余的法规：蒙眼开车违法！

9. 迪拜，阿拉伯联合酋长国（Dubai，UAE）

奢华的度假村和绮丽的海滩让迪拜成为情侣们理想的度假胜地，但也不能太放纵哦！因为在迪拜的公共场所接吻是违法行为，近几年触犯条例的游客不在少数。

10. 东南亚（South-East Asia）

文莱，印度尼西亚和马来西亚等国盛产榴莲，但由于气味浓烈且不讨喜，所以许多东南亚国家都禁止在公共场所食用榴莲。（来源：百度贴吧）

1.2 项目知识平台

任务 2-1　中华人民共和国旅游法

第一节　旅游法的产生及其调整对象

一、旅游业的发展和旅游法的产生

（一）旅游法的产生背景

在20世纪50年代末至60年代初，“旅游法”这一概念被正式提出。日本、韩国、巴西、

墨西哥、英国等根据本国情况，相继制定了一些专门的旅游法律、法规。据不完全统计，世界上约有 60 个国家颁布了旅游法。旅游法规在各国情况有所不同。一些国家，不仅有旅游行业管理、旅游资源保护、旅游关系调整的单项法规，而且还制定了旅游基本法，旅游立法工作开始成熟和完善。

1982 年国家旅游局曾着手起草旅游法。1988 年七届全国人大常委会将旅游法列入立法规划，1991 年国务院有关部门起草出旅游法草案。八届全国人大以来，社会上要求制定旅游法的呼声进一步提高。十一届全国人大财政经济委员会成立后，于 2009 年 12 月牵头组织国家发展改革委、国家旅游局等 23 个部门和有关专家成立旅游法起草组。2012 年年底，十一届全国人大常委会第三十次会议对旅游法草案进行了第二次审议。草案二审稿充分吸收了初审中常委会组成人员的意见以及社会各方面的建议，进一步完善了公益性文化场馆开放、旅游资源保护、游客合法权益维护等方面的内容。经过认真的审议与完善，2013 年 4 月 25 日十二届全国人大常委会第二次会议通过，2013 年 4 月 25 日中华人民共和国主席令第 3 号公布了《中华人民共和国旅游法》。

（二）旅游法的渊源

旅游法的渊源是指旅游法律规范的各种外在表现形式，可分为国内法律渊源和国际法律渊源两大类。从历史的角度考察，法的渊源主要有：习惯法、判例法、制定法、学说和法理。从现实看，法的渊源有正式渊源与非正式渊源之分。前者如宪法、法律、法规等规范性文件以及判例，主要为制定法。后者如正义标准、理性原则、公共政策、道德信念、社会思潮和习惯等。

我国旅游立法的渊源，可分为国内渊源和国际渊源。

1. 国内法律渊源

旅游法的国内渊源：指用以调整旅游社会关系的国内法，包括法律、法规、条例、法令和法院判例。例如：制定中的《中华人们共和国旅游法》《旅行社管理条例》《导游人员管理条例》《风景名胜区管理暂行条例》《贵州省旅游管理条例》等。

2. 国际旅游法律渊源

国际旅游法是调整国际旅游领域所发生的各种社会关系的国际条约（或条约性文件）、国际惯例和各国旅游涉外法律的总称，是国际法的一部分，是当代国际法的一个新领域。旅游立法的国际渊源，主要有国际旅游条约和协定，包括双边、多边条约或协定，以及多国间缔结的国际公约；国际旅游组织、国际旅游会议做出的重要宣言、决议、法案，例如 1980 年的《世界旅游宣言》（马尼拉宣言）、1985 年世界旅游组织通过的《旅游权利法案》和《旅游法规》；国际旅游惯例：有确定内容，在国际旅游长期实践中形成并在世界各国反复使用，对当事人有约束力的不成文规定。

二、旅游法的概念和调整对象

（一）旅游法的概念

旅游法是调整旅游活动领域中各种社会关系的法律规范的总称。广义的旅游法是指由国家制定或认可的调整旅游活动中所产生的各种社会关系的法律规范的总称。涵盖旅游法律规范体系，既包括旅游基本法、还包括对旅游活动中各种法律关系进行的调整的有关法律、法规。

①全国人民代表大会及其常务委员会制定的旅游法律；

②国务院制定的旅游行政法规；

③国家旅游行政主管部门制定的部门规章；

④地方性旅游法规；

⑤我国政府缔结、承认的国际旅游公约、规章等。

狭义的旅游法指由全国人民代表大会及其常务委员会制定的旅游基本法，即《中华人民共和国旅游法》。

（二）我国旅游法所调整的主要社会关系

旅游法调整的对象，主要是指在旅游活动中（包括旅游管理、经营、参观游览等与旅游有关的活动）形成的带有旅游或体现旅游活动特点的社会关系。旅游法调整的对象包括：

①国家旅游行政管理机关与旅游经营者之间的关系以及旅游管理的相关部门与旅游者之间的关系。这是一种纵向法律关系。

②旅游者与旅游经营者之间以及旅游经营者之间的关系。这是一种横向的法律关系。

③旅游企业内部的关系。这是一种综合的法律关系。

④外国旅游经营者、旅游者进入我国旅游市场所产生的关系。这是一种具有涉外因素的法律关系。

第二节　中华人民共和国旅游法

一、立法宗旨和调整范围

（一）立法宗旨

《中华人民共和国旅游法》第 1 条规定，立法宗旨是保障旅游者和旅游经营者的合法权益，规范旅游市场秩序，保护和合理利用旅游资源，促进旅游业持续健康发展。

（二）调整范围

主要体现在三个方面：在中华人民共和国境内的游览、度假、休闲等形式的旅游活动；在中华人民共和国境内组织到境外的游览、度假、休闲等形式的旅游活动；为上述旅游活动提供相关服务的经营活动。

二、主要特点

（一）采用综合立法模式

综合立法模式，通常法律规定的内容比较全面，涵盖发展原则、促进、旅游主管部门的职权、旅游服务、旅游者与旅游经营者行为、旅游市场监管等。它的优点是“在同一部法律中，可以将一国旅游业发展中最根本、最重要的问题囊括其中，立法成本小、效力高”。鉴于我国的政治体制、法律体系、法律环境等现实情况，选择综合立法模式为最佳。

小贴士

何谓旅游立法模式?

旅游立法模式又称旅游立法体例，指立法机关进行旅游立法所采取的立法形式。人们通常从旅游立法的结构体系和旅游法律的框架体系探讨立法模式问题。选择何种旅游立法模式，与政治体制、经济制度、国家结构、法律背景与文化等因素密切相关，同时也体现国家对旅游业发展的重视程度和保护力度。

根据各国旅游法的内容，可将旅游立法模式大体上划分为旅游促进法、旅游组织法、旅游合同法、旅游综合立法 4 种典型立法模式。旅游综合立法模式通常是指法律规定的内容比较全面，涵盖发展原则、促进、旅游主管部门职权、旅游服务、旅游者权利、旅游监管等。

（二）突出了对旅游者合法权益的保障

旅游法的立法宗旨是保护旅游者的合法权益，这是旅游法的最大亮点。旅游法既在总则中明确了旅游者权利的相关原则规定，又特别设立专章，在整部法律中从规范市场、规范经营行为和从业资格、规定旅游安全等都体现了对旅游者权益的保护。与此同时，还规定了旅游者的义务和经营者的权利，其最终目的也是为了更好地保护旅游者合法权益。

（三）旅游规划入法

《中华人民共和国旅游法》（以下简称《旅游法》）中专设“旅游规划和促进”一章，明确规定了旅游发展规划的编制主体、规划内容、规划原则等方面的要求，做出三个层次的规定：第一，国务院和县级以上地方人民政府应将旅游业发展纳入国民经济和社会发展规划；第二，旅游资源集中的地区要做专项规划；第三，旅游发展规划应当与土地利用总体规划、城乡规划、环境保护规划、文物保护规划等相衔接。

三、主要内容

《中华人民共和国旅游法》经 2013 年 4 月 25 日十二届全国人大常委会第 2 次会议通过，2013 年 4 月 25 日中华人民共和国主席令第 3 号公布。《旅游法》分总则、旅游者、旅游规划和促进、旅游经营、旅游服务合同、旅游安全、旅游监督管理、旅游纠纷处理、法律责任、附则共 10 章 112 条，自 2013 年 10 月 1 日起施行。

（一）总则

《旅游法》第 1 章“总则”的主要内容包括：立法宗旨、适用范围、国家发展旅游业的原则与职责、旅游发展原则、旅游消费导引、旅游经营原则、旅游综合协调机制、旅游行业组织。

（二）旅游者

《旅游法》专设第 2 章“旅游者”，在法律的框架结构上，将旅游者的权利置于总则之后的第 2 章，突出旅游者的重要位置。在中外旅游立法中尚属首次，体现了以人为本的精神。在保护旅游者合法权益方面，《旅游法》明确了旅游者的七大权利：自主选择权、拒绝强制交易权、知悉真情权、要求履约权、受尊重权、请求救助保护权、特殊群体获得便利优惠权。同时《旅游法》也规定了旅游者应尽的四大义务：文明旅游义务、不得损害他人合法权益的义务、告知及配合义务、规范出入境义务。

（三）旅游规划和促进

《旅游法》第 3 章专门对旅游规划和促进做出了规定，明确了旅游规划编制主体、内容、与其他规划的衔接、规划实施、评估等内容，确立了旅游规划作为综合产业规划在立项、编制、实施过程中的法律依据，规定了一系列国家促进旅游业发展的措施，包括旅游政策支持、旅游区域合作、产业融合发展、国家旅游形象推广、旅游公共信息服务、职业培训等。

（四）旅游经营

《旅游法》第 4 章对旅游经营者经营规范做出了全面规定。主要包括：对旅行社经营许可和经营规范的规定；对导游和领队执业许可和从业规范的规定；对景区开放条件、门票价格、流量控制等管理制度做出了规定；对为旅游者提供交通、住宿、餐饮、娱乐等服务的经营行为做出了衔接性规定。这些规定涵盖了旅行社、景区以及一些新业态经营主体，如民俗、乡村旅游经营、高风险旅游经营、网络旅游经营等主体。符合旅游活动的特点，有利于建立规范旅游经营者活动的综合协调机制。

（五）旅游服务合同

旅游服务合同是我国《旅游法》首创，它既包括包价旅游合同，也包括旅游经营者根据旅游者的具体要求安排旅游行程的旅游安排合同，旅游经营者接受旅游者的委托为其提供代订交通、住宿、餐饮、游览、娱乐等旅游服务的委托合同，以及为旅游者提供旅游行程设计、旅游信息咨询等服务的相关合同。《旅游法》第 5 章对包价旅游合同的订立、内容、履行、变更、解除、违约责任等内容做出了全面详细的规定。同时对旅游行程设计、旅游信息咨询、代订合同等做出了原则规定，初步形成了较为完善的旅游服务合同法规体系，有利于形成良好的市场秩序。

（六）旅游安全

《旅游法》第 6 章对旅游安全做出了专门的法律规定，明确了县级以上人民政府及政府相关部门在旅游安全管理中的职责，对事前预防、事中安全管理、事后应急处置都做出了明确规定，突出了政府责任和旅游经营者、旅游者及相关各方在旅游安全管理方面应承担的义务，为旅游安全提供了制度保障。这也是我国旅游立法的又一创举，体现了以人为本的旅游立法原则。

（七）旅游监督管理

《旅游法》第 7 章依照统筹协调、分工负责、密切配合、共同管理的原则，明确了县级以上人民政府、政府旅游主管部门和有关部门在各自职责范围内对旅游市场实施监督管理的责任，规定了旅游主管部门监督检查的职权范围，对旅游行业组织制定行业经营规范和服务标准，对其会员的经营行为和服务质量进行自律管理做出了明确规定。

（八）旅游纠纷处理

《旅游法》第 8 章明确规定了旅游投诉受理机构的设立和处理投诉的原则，明确了协商、调解、仲裁、诉讼等解决旅游纠纷的途径，有利于保护旅游者的合法权益。

（九）法律责任

《旅游法》第 9 章主要规定了旅行社、导游、领队、景区以及其他旅游经营者和从业人员的行政法律责任，涉及旅行社、导游及领队、景区等经营主体违法的处罚，对旅游活动中的刑事责任做了概括性规定。

（十）附则

《旅游法》第 10 章“附则”部门主要涉及经营者、景区、包价合同、组团社、地接社、履行辅助人等概念的界定。

1.3 项目实施

任务 2-1　中华人民共和国旅游法

- 任务目的：掌握旅游法的立法背景、框架及主要内容。
- 任务内容：摘录旅游法立法目的、适用范围、发展原则及旅游法的基本内容、相关法律责任等，并收集现实中的案例进行解读。
- 任务时间：课余时间。
- 任务方法：将学生进行分组，每组 4~8 名同学，分别针对《中华人民共和国旅游法》的每个部分的内容进行摘录，结合旅游业发展实际，分析其对旅游业发展的重要影响，提出自己的见解。并在 Word 文档中进行图文资料的整理，在此基础上学生制作一份用于展示其成果的 PPT 文件。教师将 2 课时时间用于学生自行汇报展示其工作成果。

1.4 项目练习

（1）简述《旅游法》的主要内容。
（2）简述《国务院关于加快发展旅游业的意见》规定的旅游业发展的主要任务。
（3）简述“十三五”期间我国旅游业发展的主要目标及任务。

1.5 项目拓展

30 年旅游立法路

扫一扫：30 年旅游立法路
http://www.bescn.com/content/details_56_11902.html

微信扫一扫

任务 2-2 相关旅游法规概述

- **任务目的**：通过对相关主管部门下发的文件了解我国旅游业发展的目标及关键领域。
- **任务内容**：并摘录文件中有关旅游业发展的重要观点，搜集现实中的案例进行解读。
- **任务时间**：课余时间。
- **任务方法**：将学生进行分组，每组 4~8 名同学，分别搜集《国务院关于加快发展旅游业的意见》（国发〔2009〕41 号）、《国务院关于促进旅游业改革发展的若干意见》（国发〔2014〕31 号）、《国民旅游休闲纲要（2013—2020 年）》（国办发〔2013〕10 号）和《关于进一步促进旅游投资和消费的若干意见》四个主要文件中关于旅游发展的重要观点、思路，或者重点发展领域。结合旅游业发展实际，提出自己的见解。并在 Word 文档中进行图文资料的整理，在此基础上学生制作一份用于展示其成果的 PPT 文件。教师将 2 课时时间用于学生自行汇报展示其工作成果。

任务 2-3 “十三五”旅游业发展规划

- **任务目的：**通过对中国旅游业“十三五”规划的解读，了解未来五年旅游业发展的蓝图。
- **任务内容：**摘录规划文件中有关旅游业发展的指导思想、主要目标、规划指标、主要任务，并搜集现实中的案例进行解读。
- **任务时间：**课余时间。
- **任务方法：**将学生进行分组，每组 4~8 名同学，分别针对 2016 年 12 月 26 日国务院印发的《“十三五”旅游业发展规划》每个部分的内容进行摘录，结合旅游业发展实际，分析其对旅游业发展的重要影响，提出自己的见解。并在 Word 文档中进行图文资料的整理，在此基础上学生制作一份用于展示其成果的 PPT 文件。教师将 2 课时时间用于学生自行汇报展示其工作成果。

项目 03

消费者权益保护法

学习目标

- 熟悉《中华人民共和国消费者权益保护法》的基本原则、消费者及其权利、经营者的义务、消费者权益的保护、以及关于争议的解决的规定
- 了解旅游纠纷及其特点；了解最高人民法院《关于审理旅游纠纷案件适用法律若干问题的规定》的规定。熟悉《旅游投诉处理办法》关于旅游投诉及其构成要件，掌握投诉案件的受理和处理的规定

1.1 项目导例

“国际消费者权益日”的由来

1983 年，国际消费者联盟组织确定每年的 3 月 15 日为“国际消费者权益日”（International Day for Protecting Consumers’ Rights）。这是基于美国总统约翰·肯尼迪于 1962 年 3 月 15 日在美国国会发表了《关于保护消费者利益的总统特别咨文》，首次提出了著名的消费者的“四项权利”，即：有权获得安全保障；有权获得正确资料；有权自由决定选择；有权提出消费意见。肯尼迪提出的这四项权利，以后逐渐为世界各国消费者组织所公认，并作为最基本的工作目标。

消费者权益保护运动起源于欧洲，兴起于第二次世界大战后各发达资本主义国家，至今已有一百多年的历史。第二次世界大战后，各消费者组织便应运而生，并迅速扩展到发

展中国家。1960 年，成立了国际消费者联盟组织（International Organization of Consumers Unions，简称 IOCU）。现在，全世界共有 90 多个国家的 300 多个消费者组织加入了 IOCU。世界性的保护消费者活动也受到了联合国组织的重视。国际消联的代表已成为联合国经济和社会理事会、工业发展组织、粮食组织和贸发会议等机构中的顾问和联络员，代表消费者的利益，参加有关会议和政策的制定工作。1985 年 4 月 9 日，第 39 届联合国大会一致通过了一致通过了《保护消费者准则》。大大促进了世界各国制定并实施《消费者权益保护法》的工作，使全球消费者保护运动进入了一个更加蓬勃发展的阶段。

从国际范围来看，日本是较早通过系统立法保护消费者权益的国家之一。1968 年日本颁布的《保护消费者权益基本法》对消费者的自我保护、防止哄抬物价和抑制通货膨胀等方面做了详细的规定。

印度也早已制定和实施了《生活必需品法》《打击伪劣食品法》《药品法》和《商品重量法》等一系对法规。印度中央、邦和县三级政府还成立了处理消费者投诉的专门委员会。

澳大利亚政府建立了一套政府、企业和消费者共同维护市场秩序的体系。与保护消费者权益有关的法律有《贸易准则法》《版权法》《商标法》和《价格监督法》等。

美国消费者联盟于 1936 年成立，设有三个倡议办公室，代表消费者在立法、司法、制定规章方面提出意见。

中国消费者协会于 1984 年 12 月经国务院批准成立，是对商品和服务进行社会监督的保护消费者合法权益的全国性社会团体，成为我国第一个保护消费者权益的协会。中国消费者协会于 1987 年 9 月加入国际消费者联盟组织后，每年的 3 月 15 日“国际消费者权益日”，也都组织全国各地的消费者举办大规模的“国际消费者权益日”宣传咨询服务活动。

1.2 项目知识平台

任务 3-1 消费者权益保护法

广义的消费者权益保护法泛指调整在保护消费者权益的过程中，各种法律规范的总称。狭义的消费者权益保护法指《中华人民共和国消费者权益保护法》，该法是为了保护消费者的合法权益，维护社会经济秩序稳定，促进社会主义市场经济健康发展而制定的一部法律。1993 年 10 月 31 日第八届全国人大常委会第 4 次会议通过，自 1994 年 1 月 1 日起施行。2009 年 8 月 27 日第十一届全国人民代表大会常务委员会第十次会议《关于修改部分法律的规定》进行第一次修正。2013 年 10 月 25 日十二届全国人大常委会第 5 次会议《关于修改的决定》第 2 次修正。

2014 年 3 月 15 日，由全国人大修订的新版《中华人民共和国消费者权益保护法》（以下简称《消费者权益保护法》）正式实施。《中华人民共和国消费者权益保护法》分总则、消费者的权利、经营者的义务、国家对消费者合法权益的保护、消费者组织、争议的解决、法律责任、附则共8章63条。

第一节 消费者权益保护法概述

一、消费者和经营者的概念与特征

（一）消费者的概念与特征

消费者在现代社会中是一个使用十分频繁的词语，含义较为宽泛，一般有狭义和广义两种解释。狭义上是指以个人消费为目的而购买或使用商品和服务的个体社会成员。而广义上的消费者，从消费内容上看，它既包括生活消费又包括工业生产消费；从消费主体上看，它既包括个体、公众又包括社团、法人。一般来说作为权利主体的法律意义上的消费者指狭义上的消费者。大多数国家法律所使用的“消费者”，甚至国际上消费者权益法中对消费者的解释均是取狭义解释。我国《消费者权益保护法》并未对“消费者”做出明确具体的定义，但在其第2条中规定：“消费者为生活消费需要购买、使用商品或接受服务，其权益受本法保护。”因此，该法所称的消费者应是指为生活消费需要购买、使用商品或接受服务的个人和单位，是从事生活消费的主体。由此可见，消费者所具有的主要法律特征如下：

①消费者消费的目的是为生活需要；

②消费者进行消费的方式包括购买、使用商品和接受服务；

③消费者权利和义务所指向的对象（即客体）是商品或者服务；

④消费者作为消费者权益保护法的主体，其范围包括个人和单位。

（二）经营者的概念与特征

与消费者相对应的经营者，是指以营利为目的的从事经营活动的公民、法人和其他经济组织。经营者所具有的主要法律特征如下：

①经营者的主体包括为消费者提供商品生产、销售或者提供服务的所有经营者；

②经营者的类别可从所有制形式、经营形态、国籍等不同角度来划分；

③经营者提供的商品或者服务以营利为目的，即提供有偿服务；

④经营者提供商品或者服务的方式包括直接提供和间接提供；

⑤经营者的成立必须经过依法注册登记。

应当注意的是：在实践中，个别单位和个人未经登记注册而从事经营活动，或者持他人营业执照从事生产经营活动，虽然他们不是合法的经营者，但由于所提供的商品或者服务直接关系到消费者的切身利益，实际上处于与消费者相对应的经营者的地位，因此，我国《消费者权益保护法》中规定的经营者也涵盖这些单位和个人。

二、消费者权益保护法的概念、调整对象和基本原则

（一）消费者权益保护法的概念

消费者权益保护法是指调整在保护消费者权益过程中所发生的社会关系的法律规范的总称。“消费者权益”是指消费者依法享有的权利以及该权利受到保护继而给消费者带来的应得的利益。消费者权益保护法的宗旨是：保护消费者在有偿获得商品或接受服务时，免受人身、财产侵害。消费者权益保护法是对居于弱势地位的消费者提供特别保护的法律，是以保护消费者权利为主要内容的法律。

消费者权益保护法有广义、狭义之分。广义上的消费者权益保护法，是指涉及消费者权益保护的各种法律规范所组成的有机整体，一般是由消费者权益保护的基本法、其他有关消费者权益保护的专门的单行法律法规、其他法律法规中的有关消费者权益保护的法律条款等所组成；狭义上的消费者权益保护法，仅指国家有关消费者权益保护的专门立法。具体来说，在我国，广义上的消费者权益保护法，包括《广告法》《价格法》《食品卫生法》《产品质量法》等诸多有关保护消费者权益的法律法规；而狭义上的消费者权益保护法，则仅指《中华人民共和国消费者权益保护法》（以下简称《消费者权益保护法》）。

我国的《消费者权益保护法》以保护消费者权益为己任，在立法体例上采用设专章规定消费者权利和经营者义务的模式，却没有规定消费者的义务和经营者的权利，从而鲜明地突出了其立法的目的。该法在我国的立法中首次确定了精神赔偿制度与惩罚性赔偿制度，呈现出了向消费者利益适当倾斜的特点。该法明确规定保护消费者权益是全社会的共同责任，鼓励、支持一切组织和个人对损害消费者合法权益的行为进行社会监督，这又体现了该法对消费者权益保护的水平是非常高的。

（二）消费者权益保护法的调整对象

消费者权益保护法的调整对象是国家在保护消费者过程中所发生的社会关系。具体为以下几项：

①消费者为生活消费的需要而购买、使用商品或者接受服务的过程中，因经营者侵犯其合法权益而发生的社会关系；

②国家机关和其他社会组织在对消费者权益保护的过程中，与消费者之间所发生的社会关系；

③国家机关和其他社会组织或者个人在监督侵犯消费者权益行为的过程中所发生的社会关系。

（三）消费者权益保护法的基本原则

1. 经营者与消费者交易的基本原则

经营者与消费者进行交易应当遵循的基本原则，既是对经营者行为的原则规范，又是对市场交易基本规律的抽象和概括。根据《消费者权益保护法》的规定，该基本原则主要包括以下内容：

①平等原则。这是商品经济的本质要求，是指交易双方的法律地位平等，不得以强凌弱。

②自愿原则。是指经营者与消费者进行交易时，要尊重消费者的意愿。他们所建立的消费关系，是双方意思表示真实且达成一致的结果。

③公平、等价有偿原则。是指经营者与消费者进行交易时，要符合等价交换这一商品经济的本质要求，在二者之间不能有明显的权利、义务不对等的情形。

④诚实信用原则。是指经营者与消费者进行交易时，双方应当诚实无欺、恪守信用，在不损害他人和社会公共利益的前提下追求自己的利益。

2. 国家保护消费者利益不受侵犯的原则

国家保护消费者利益不受侵犯的原则是本法的一项核心原则。其主要内容如下：

①国家保护对消费者的合法权益不受侵犯负有法定的义务；

②消费者要依法行使其权利；

③国家要采取措施保障消费者依法行使其权利，进而达到维护消费者权益的目的。

3. 全社会共同保护消费者合法权益的原则

保护消费者权益是全社会的共同责任，仅有国家给予特别保护是不够的。社会各界都有相应的责任和义务来保护消费者的权益，只有动员广泛的社会力量，消费者权益保护法律制度才能真正落实。首先，国家鼓励、支持一切组织和个人对损害消费者合法权益的行为进行社会监督。其次，大众传播媒介应当做好维护消费者合法权益的宣传，对损害消费者合法权益的行为进行舆论监督。只有全社会动员起来，相互配合，才能形成保护消费者利益的网络体系。

第二节　消费者的权利与经营者的义务

一、消费者的权利

消费者的权利是指消费者为了满足生活需要，依法为或不为一定行为以及要求经营者和其他有关主体为或不为一定行为的法律许可。具体讲，它是由国家法律规定或确认的、消费者为生活消费而购买、使用商品或接受服务过程中所享有的各项权利。消费者的权利是一种基本人权，是生存权的重要组成部分。我国《消费者权益保护法》第 7 条至第 15 条明确规定了消费者享有以下 9 项权利。

（一）安全保障权

安全保障权是指消费者在购买、使用商品或者接受服务时，享有人身、财产安全不受损害的权利。

人身权利是我国宪法和法律赋予公民最基本的权利之一，内容广泛。消费者权益保护法中的人身权利仅指生命健康权；财产安全是消费者生活的物质基础，也是法律保护的内容。

安全保障权是消费者各项权利的基础，是消费者应该享有的首要的权利。为保障消费者的安全得以实现，消费者有权要求经营者提供安全的商品或者服务。这里所讲的安全既包括购买、使用商品本身的安全，又包括购买、使用商品之外的安全。

为保障消费者安全权的实现，经营者应当注意：第一，提供的商品或者服务应当符合保障人身健康和财产安全的国家标准或者行业标准；第二，对于没有上述标准的，应当保证符合人身健康和财产安全的基本要求；第三，对于可能危及人体健康和财产安全的商品或者服务，应当事先向消费者做出真实和明确的警示，并说明正确使用商品或者接受服务的方法；第四，发现提供的商品或者服务有严重的缺陷，即使消费者采用正确的使用方法仍可能导致危害的，应当及时告知消费者，并采取切实可行的防止危害发生的措施。

（二）知悉真情权

知悉真情权是指消费者在购买、使用商品或者接受服务时，享有知悉其购买、使用的商品或者接受的服务的真实情况的权利。

对于消费者来说，了解的真实情况越多，越有利于做出正确的消费选择。知悉真情权的主要内容包括：消费者有权要求经营者提供商品的价格、产地、生产者、用途、性能、规格、等级、主要成分、生产日期、有效期限、检验合格证明、使用方法说明书、售后服务或者服务的内容、规格、费用等有关真实情况，并有权索要服务单据。

知悉真情权的意义在于：第一，产生某种消费欲望并付诸实施是建立在对某种情况了解的基础上，因此知悉真情是消费者决定是否购买商品或者接受服务的前提条件；第二，随着经济的发展，商品日益丰富，服务项目不断开发，消费者不得不对商品和服务作必要的了解；第三，知悉真情权的实现与否，也是对经营者诚实信用情况的最好检验。

（三）自主选择权

自主选择权是指在购买商品或者接受服务时，消费者享有自主选择商品或者服务的权利。自主选择权的主要内容有：第一，消费者有权自主选择提供商品或者服务的经营者；第二，消费者有权自主选择商品品种或者服务方式；第三，消费者有权自主决定购买或者不购买任何一种商品，接受或者不接受任何一项服务；第四，消费者在选择商品或者接受服务时，有权进行比较、鉴别和挑选。需要注意的是，自主选择权仅仅限定在购买商品和接受服务中，不能扩大到商品使用中。例如，旅游者在旅游活动中被强制带到购物商店购物，就是对消费者自主选择权的侵犯。当然，消费者必须合法行使自主选择权，不得滥用自主选择权，要遵守社会公德，不得侵害国家、集体和经营者的合法权益。

自主选择权具有的主要特征是：第一，消费者选择商品或者接受服务的行为必须是自愿的，因此任何违背消费者自由意志使其做出消费选择的行为都是对消费者自主选择权的侵害；第二，自主选择权是一种相对权，因此在消费者自主选择商品或者服务时，其行为必须是合法的，不违反民族风俗的，不侵害国家、集体和他人权益的。

（四）公平交易权

《消费者权益保护法》第 10 条规定：消费者在购买商品或者接受服务时，有权获得质量保障、价格合理、计量正确等公平交易条件，有权拒绝经营者的强制交易行为。由此可见，消费者的公平交易权包括两个方面的内容：

①消费者有权获得质量保障、价格合理、计量正确等公平交易条件。质量保障要求经营

者提供的商品或服务必须符合保障人体健康、人身财产安全的国家标准、行业标准，未制定国家标准、行业标准的，必须符合保障人体健康、人身财产安全的要求。价格合理是指商品或服务的价格与其价值相符或基本相符。同时，经营者提供商品或服务时计量也要准确。

②消费者有权拒绝经营者的强制交易行为。强制交易就是违背消费者的真实意愿，违反自愿、公平、诚实信用、等价有偿等市场交易的基本原则而提供商品或服务的作为。

（五）求偿权

求偿权是指消费者因购买、使用商品或者接受服务受到人身、财产损害的，享有依法获得赔偿的权利。享有求偿权的主体是因购买、使用商品或者接受服务而受到人身、财产损害的消费者，具体包括：商品购买者、商品使用者、接受服务者和第三人。

求偿权的范围：一是人身损害方面，既包括对消费者生命健康权的侵害，也包括对消费者人格权的侵害。二是财产损害方面，既包括直接损失，也包括间接损失。三是精神损害方面，在消费者受到人身伤害或者其人格权受到侵害时，经营者应当根据不同情况予以赔偿。

求偿权的实现方式：赔偿损失是最基本、最常见的方式；此外还包括恢复原状、赔礼道歉、消除影响、修理、重做、更换等民事责任的承担方式。

通常情况下，消费者只要因购买、使用商品或者接受服务而受到人身、财产的损害，就可以依法获得赔偿，并不需要证明商品生产者、销售者或者服务的提供者具有过错。但是，如果是消费者自己的过错造成损害，那么商品的生产者、销售者或者服务的提供者则不承担责任，这是对求偿权的限制。

（六）结社权

结社权是指消费者依法享有成立维护自身合法权益的社会团体的权利。消费者行使结社权的必要性在于：第一，结社权是宪法中规定的公民的基本权利之一，而消费者权益保护法中规定的结社权是对宪法权利的进一步具体化。第二，结社权是客观实践的需要。在消费领域中，虽然消费者与经营者是民事法律关系中的平等主体，但是双方的经济地位在实践中是不平等的，比如分散的消费者在议价力量、承受能力等方面，与拥有雄厚经济实力的经营者无法抗衡。所以，只有通过行使结社权，才有利于消费者从分散走向集中，从弱小走向强大，依靠集体的力量来改变自己的弱势地位。第三，体现了国家鼓励全社会共同保护消费者合法权益的精神。

消费者社会团体的主要作用是：第一，组织消费者形成对商品和服务的广泛监督；第二，对某些侵犯消费者权益的行为及时惩罚；第三，充当消费者与政府和司法机关之间的桥梁；第四，指导消费者的消费行为，提高消费者的自我保护意识。

（七）获得有关知识权

获得有关知识权是指消费者享有获得有关消费知识和消费者权益保护方面的知识的权利。获得有关知识权是知悉真情权、自主选择权等其他权利的重要保障。其中消费知识主要是指有关商品和服务的知识；消费者权益保护方面的知识主要是指有关消费者权益保护方面和消费者权益受到损害时如何救济的法律知识。

获得有关知识权的主要内容有：第一，获得有关消费方面的知识的权利，最基本的应当包括有关消费态度的知识、有关商品和服务的基本知识和有关市场的基本知识；第二，获得有关消费者权益保护方面的知识的权利，主要包括有关消费者权益保护的法律、法规、政策、保护机构和争议的解决途径、方式、办法等方面的知识。

消费者获得有关知识权的实现，除社会各方面要尽可能开辟多种途径使消费者获得有关消费和消费者权益保护的知识外，还需要消费者的积极努力。因此，法律要求消费者应当努力掌握所需商品或者服务的知识和使用技能，从而正确地消费，提高自我保护意识。

（八）受尊重权

受尊重权是指消费者在购买、使用商品或者接受服务时，享有人格尊严、民族风俗习惯得到尊重的权利。

人格权是消费者人身权的重要组成部分，尊重他人的人格和不同的民族风俗习惯是法律对人权保障的基本要求。人格尊严在法定权利上表现为姓名、肖像、名誉、荣誉等不受侵犯，在市场交易过程中这些也同样是公民最起码的权利。少数民族的风俗习惯主要体现在饮食、服饰、婚丧、节庆、礼仪、禁忌等方面，在不同程度上反映了他们的历史传统和民族心理。尊重少数民族的风俗习惯，对于保护不同民族消费者的合法权益，贯彻国家的民族政策，维护各民族团结有重要意义。

（九）监督权

监督权是指消费者享有对商品和服务以及保护消费者权益工作进行监督的权利。监督权包括的主要内容有：第一，有权对商品和服务的价格、质量、计量、服务态度等进行监督；第二，有权对保护消费者权益工作进行监督和提出批评建议；第三，有权检举、控告侵害消费者合法权益的行为和国家机关及其工作人员在保护消费者权益过程中的违法失职行为。

二、经营者的义务

经营者的义务是指在消费领域中，经营者依法必须为或者不为一定行为的必然性。经营者的义务与消费者的权利往往是相对应的，消费者的权利在一定程度上是通过经营者履行义务来实现的。根据我国《消费者权益保护法》第 16 条至第 29 条的规定，经营者必须履行的义务有以下几项。

（一）履行法定义务和约定义务

履行法律、行政法规规定或者与消费者约定的义务包括的主要内容有：第一，经营者向消费者提供商品或者服务时，应当履行我国《产品质量法》《食品卫生法》《药品管理法》《商标法》等有关法律、行政法规所规定的义务。第二，经营者应当履行与消费者之间合法约定的义务。经营者与消费者的约定，是指经营者与消费者之间就商品或者服务达成的协议，是一种双务合同。当然这种约定不得违反法律、法规的规定。

（二）接受监督的义务

接受消费者监督的义务包括的主要内容有：第一，经营者要通过有效途径和方式接受消费者的批评和建议，诸如设立专门机构，配置专职人员收集、听取消费者的批评和建议，与消费者对话等。第二，把向消费者提供商品或者服务的活动置于消费者的有效监督之下。这项义务与消费者的监督权是对应的。

（三）保证商品和服务安全的义务

保证商品和服务安全的义务的主要内容有：第一，经营者应当保证其所提供的商品或者服务符合保障人身、财产安全的要求。第二，对可能危及人身、财产安全的商品或者服务，应当向消费者进行真实说明和明确的警示，并说明和标明正确使用商品或者接受服务的方法以及防止危害发生的方法。第三，经营者发现其提供的商品或者服务存在缺陷，有危及人身、财产安全危险的，应当立即向有关行政部门报告和告知消费者，并采取停止销售、警示、召回、无害化处理、销毁、停止生产或者服务等措施。采取召回措施的，经营者应当承担消费者因商品被召回支出的必要费用；第四，宾馆、商场、餐馆、银行、机场、车站、港口、影剧院等经营场所的经营者，应当对消费者尽到安全保障义务。这项义务与消费者的安全保障权是对应的。

（四）提供真实信息的义务

提供商品和服务真实信息的义务的主要内容有：第一，经营者应当向消费者提供有关商品或者服务的真实信息，不得作引人误解的虚假宣传。第二，经营者对消费者就商品或者服务质量和使用方法等问题提出的询问，应当给予真实、明确的答复。第三，提供商品或者服务应当明码标价。这项义务与消费者的知悉真情权是对应的。

采用网络、电视、电话、邮购等方式提供商品或者服务的经营者，以及提供证券、保险、银行等金融服务的经营者，应当向消费者提供经营地址、联系方式、商品或者服务的数量和质量、价款或者费用、履行期限和方式、安全注意事项和风险警示、售后服务、民事责任等信息。

（五）标明真实名称和标记的义务

标明真实名称和标记的义务的主要内容有：租赁他人柜台或者场地的经营者，应当标明其真实名称和标记。不得使用未经核准登记的企业名称；不得擅自改动已经核准登记的企业名称；不得假冒他人企业名称和营业标记；不得仿冒或使用与他人企业名称或者营业标记相似，足以造成消费者误认的企业名称或营业标记。这项义务与消费者的自主选择权是对应的。

（六）出具凭证或者服务单据的义务

出具购货凭证或者服务单据的义务的主要内容有：第一，经营者提供商品或者服务，应当按照国家有关规定或者商业惯例向消费者出具购货凭证或者服务单据；第二，消费者索要购货凭证或者服务单据时，经营者必须出具。购货凭证，是指商品的销售者在买卖合同履行后向商品的购买者出具的证明合同履行的书面凭据；服务单据，是指服务的提供者在服务合同履行后向服务的对象出具的证明合同履行的书面凭据。商业惯例，是指某个行业的经营者在销售商品或者提供服务时普遍遵循的做法，特别是指在向消费者出具购货凭证或者服务单据方面的习惯做法。它虽然不是国家法律、法规规定的，但却是被有关经营者所公认和遵守的，在维护正常的交易秩序、保护消费者权益方面发挥着重要作用。这项义务与消费者的求偿权是对应的。

（七）保证商品和服务质量的义务

保证商品和服务质量的义务的主要内容有：第一，除消费者在购买该商品或者接受该服务前已经知道其存在瑕疵外，经营者应当保证消费者在正常使用商品或者接受服务的情况下，其提供的商品或者服务应当具有的质量、性能、用途和有效期限。第二，经营者以广告、产品说明、实物样品或者其他方式标明商品或者服务的质量状况的，应当保证其提供的商品或者服务的实际质量与标明的质量状况相符；第三，经营者提供的机动车、计算机、电视机、电冰箱、空调器、洗衣机等耐用商品或者装饰装修等服务，消费者自接受商品或者服务之日起 6 个月内发现瑕疵，发生争议的，由经营者承担有关瑕疵的举证责任。

（八）商品或者服务不符合质量要求的责任

经营者提供的商品或者服务不符合质量要求的，消费者可以依照国家规定、当事人约定退货，或者要求经营者履行更换、修理等义务。没有国家规定和当事人约定的，消费者可以自收到商品之日起 7 日内退货；7 日后符合法定解除合同条件的，消费者可以及时退货，不符合法定解除合同条件的，可以要求经营者履行更换、修理等义务。依照前款规定进行退货、更换、修理的，经营者应当承担运输等必要费用。

（九）无理由退货的适用问题

经营者采用网络、电视、电话、邮购等方式销售商品，消费者有权自收到商品之日起 7 日内退货，且无需说明理由，但下列商品除外：①消费者定作的；②鲜活易腐的；③在线下载或者消费者拆封的音像制品、计算机软件等数字化商品；④交付的报纸、期刊。

除前述所列商品外，其他根据商品性质并经消费者在购买时确认不宜退货的商品，不适用无理由退货。消费者退货的商品应当完好。经营者应当自收到退回商品之日起 7 日内返还消费者支付的商品价款。退回商品的运费由消费者承担；经营者和消费者另有约定的，按照约定。

（十）不得单方做出对消费者不利规定的义务

经营者在经营活动中使用格式条款的，应当以显著方式提请消费者注意商品或者服务的数量和质量、价款或者费用、履行期限和方式、安全注意事项和风险警示、售后服务、民事责任等与消费者有重大利害关系的内容，并按照消费者的要求予以说明。经营者不得以格式条款、通知、声明、店堂告示等方式，做出排除或者限制消费者权利、减轻或者免除经营者责任、加重消费者责任等对消费者不公平、不合理的规定，不得利用格式条款并借助技术手段强制交易。格式条款、通知、声明、店堂告示等含有前款所列内容的，其内容无效。这项义务与消费者的公平交易权是对应的。

格式合同又称定型化合同或标准化合同，在消费领域中是指经营者与消费者订立的，由单方面拟定的合同或者合同条款。其特征为：制订格式合同的主体是经营者，相对方只有接受合同与否的自由，而无参与决定合同内容的机会；合同的对象为不特定的多数的消费者，在使用对象上具有普遍性；一经制订，可以在相当长的期限内使用，具有固定性和连续性。

通知、声明、店堂告示等其他方式，是指经营者采用明示的手段，向消费者告知其有关经营情况。通知、声明、店堂告示是实践中的常见方法，另外还有说明、告示、顾客须知等方式。

（十一）不得侵犯消费者人格权的义务

不得侵犯消费者人格权的义务主要是指：第一，不得对消费者进行侮辱、诽谤。经营者本人或者利用他人，通过捏造、散布虚假事实或者以不文明、不礼貌的语言贬低、诋毁消费者人格尊严的行为，是法律所不允许的。第二，不得搜查消费者的身体及其携带的物品。第三，不得侵犯消费者的人身自由。这项义务与消费者的受尊重权是对应的。

（十二）关于信息保密

经营者收集、使用消费者个人信息，应当遵循合法、正当、必要的原则，明示收集、使用信息的目的、方式和范围，并经消费者同意。经营者收集、使用消费者个人信息，应当公开其收集、使用规则，不得违反法律、法规的规定和双方的约定收集、使用信息。

经营者及其工作人员对收集的消费者个人信息必须严格保密，不得泄露、出售或者非法向他人提供。经营者应当采取技术措施和其他必要措施，确保信息安全，防止消费者个人信息泄露、丢失。在发生或者可能发生信息泄露、丢失的情况时，应当立即采取补救措施。

经营者未经消费者同意或者请求，或者消费者明确表示拒绝的，不得向其发送商业性信息。

第三节　消费者权益的保护体系

《中华人民共和国消费者权益保护法》（以下简称《消费者权益保护法》）第 6 条规定：“保护消费者的合法权益是全社会的共同责任。国家鼓励、支持一切组织和个人对损害消费者合法权益的行为进行社会监督。大众传播媒介应当做好维护消费者合法权益的宣传，对损害消费者合法权益的行为进行舆论监督。”

一、国家对消费者权益的保护

国家对消费者权益的保护包括立法保护、行政保护和司法保护三个方面。《消费者权益保护法》第 5 条规定：“国家保护消费者的合法权益不受侵害。国家采取措施，保护消费者依法行使权利，维护消费者的合法权益。”第 30 条至第 35 条又具体从立法保护、行政保护和司法保护三个方面就国家对消费者权益保护做出了较为全面和系统的规定。

（一）立法保护

完善的法律、法规、政策体系是国家保护消费者合法权益的基础和依据，国家对消费者合法权益保护的职责主要有：

①制定有关保护消费者权益的法律、法规和政策，并应根据情况，听取消费者的意见和要求；

②领导和督促地方各级人民政府充分履行保护消费者合法权益的职责，使保护消费者合法权益的制度形成上下协调的体系。

（二）行政保护

在《消费者权益保护法》的一些相应条款中，确定了国家行政机关是该法的主要实施者。

1. 工商行政管理部门

国家和地方各级工商行政管理部门，分别是国务院和地方人民政府实施消费者权益保护的基本职能机构。其主要职责有：

①拟订和组织实施有关法律、法规、规章和政策，协调各部门共同做好保护消费者权益的工作；

②在对企业、市场、商标、广告、合同、个体户、私营经济管理过程中，监督经营者的商品和服务，在其职权范围内查处损害消费者合法权益的行为。

2. 物价、技术监督、卫生、食品检验、商检等行政管理机关

各级物价、技术监督、卫生、食品检验、商检等行政管理机关，均应在各自的职责范围内，依法加强对经营者的监督管理，保护消费者利益。

（三）司法保护

司法机关是指国家通过司法机关，对损害消费者权益的违法犯罪行为依法予以查处，及时解决经营者与消费者之间的各种消费争议，以查处消费者权益保护方面的违法案件的方式来实现对消费者权益的保护。

公安、司法机关在保护消费者权益方面也应恪守其职，它们在保护消费者权益方面的职责是：依法惩处经营者在提供商品和服务中侵害消费者合法权益的违法犯罪行为。具体说来，公安、检察机关对侵犯消费者权益构成犯罪的案件，应按各自权限，积极立案侦查、起诉。2000 年 1 月，北京市某公安机关就曾参与“京城首例动用旅行社质量保证金赔偿游客”案的侦查，轰动一时。人民法院应当采取措施，方便消费者提起诉讼，对符合《中华人民共和国民事诉讼法》起诉条件的消费者权益争议，必须受理，及时审理。

二、社会对消费者权益的保护

（一）消费者组织

消费者组织目前在我国主要指中国消费者协会和地方各级消费者协会。消费者协会和其他消费者组织是依法成立的对商品和服务进行社会监督的保护消费者合法权益的社会组织。中国消费者协会于 1984 年 12 月 26 日成立。根据《消费者权益保护法》第 36 条的规定，消费者协会在人民政府的支持下，履行以下职能：

①向消费者提供消费信息和咨询服务，提高消费者维护自身合法权益的能力，引导文明、健康、节约资源和保护环境的消费方式；

②参与制定有关消费者权益的法律、法规、规章和强制性标准；

③参与有关行政部门对商品和服务的监督、检查；

④就有关消费者合法权益的问题，向有关部门反映、查询，提出建议；

⑤受理消费者的投诉，并对投诉事项进行调查、调解；

⑥投诉事项涉及商品和服务质量问题的，可以委托具备资格的鉴定人鉴定，鉴定人应当告知鉴定意见；

⑦就损害消费者合法权益的行为，支持受损害的消费者提起诉讼或者依照本法提起

诉讼；

⑧对损害消费者合法权益的行为，通过大众传播媒介予以揭露、批评。

另外，为保证消费者组织的公正性和独立性，正确地履行法律赋予的职能，《消费者权益保护法》第 38 条对消费者组织做出了两条禁止性规定：一是消费者组织不得从事商品经营和营利性服务；二是消费者组织不得以牟利为目的向社会推荐商品和服务。这就要求各级政府在支持消费者协会工作的同时，应酌情予以资助。

（二）大众传播媒介对消费者权益的保护

大众传媒具有覆盖面广、影响大、传播速度快等特点，在对消费者权益进行保护、监督方面具有独特的优势。自 2015 年 9 月 1 日起施行的新修订的《中华人民共和国广告法》将从以下三个方面进一步加强了对消费者权益的保护：

一是加大对虚假广告的打击力度。以定义加列举的形式对虚假广告的具体情形进行了界定，同时进一步明确责任主体、加大惩处力度。

二是针对实践中比较突出、群众反映强烈的问题，有针对性地做出规范。

三是强化公众参与，加强社会监督。发挥社会公众在查处违法广告中的作用，明确规定，任何单位或者个人有权向工商行政管理部门和有关部门投诉、举报违反本法的行为。工商行政管理部门和有关部门应当向社会公开受理投诉、举报的电话、信箱或者电子邮件地址，接到投诉、举报的部门应当自收到投诉之日起七个工作日内，予以处理并告知投诉、举报人。同时，发挥社会监督的力量，规定消费者协会和其他消费者组织对发布虚假广告侵害消费者合法权益的行为，应依法进行社会监督。

三、消费者权益争议的解决

（一）消费争议的解决途径

根据《消费者权益保护法》第 39 条规定，消费者和经营者发生消费者权益争议的，可以通过下列途径解决：与经营者协商和解；请求消费者协会或者依法成立的其他调解组织调解；向有关行政部门投诉；根据与经营者达成的仲裁协议提请仲裁机构仲裁；向人民法院提起诉讼。

（二）有关消费争议的几项特定规则

1. 销售者与服务的提供者承担责任

消费者在购买、使用商品时，其合法权益受到损害的，可以向销售者要求赔偿。销售者赔偿后，属于生产者的责任或者属于向销售者提供商品的其他销售者的责任的，销售者有权向生产者或者其他销售者追偿。消费者在接受服务时，其合法权益受到损害的，可以向服务者要求赔偿。

2. 销售者与生产者的连带责任

消费者或者其他受害者因商品缺陷造成人身、财产损害的，可以向销售者要求赔偿，也可以向生产者要求赔偿。属于生产者的责任的，销售者赔偿后，有权向生产者追偿。属于销售者的责任的，生产者赔偿后，有权向销售者追偿。

3. 变更后的企业承担责任

消费者在购买、使用商品或者接受服务时，其合法权益受到损害，因原企业分立、合并的，可以向变更后承担其权利义务的企业要求赔偿。

4. 营业执照的持有人与租借人承担责任

使用他人营业执照的经营者提供商品或者服务，损害消费者合法权益的，消费者可以向其要求赔偿，也可以向营业执照的租借人要求赔偿。

5. 展销会举办者、柜台出租者的特殊责任

消费者在展销会、租赁柜台购买商品或者接受服务，其合法权益受到损害的，可以向销售者或者服务者要求赔偿。展销会结束、柜台租赁期届满后，也可以向展销会的举办者、柜台的出租者要求赔偿。展销会的举办者、柜台的出租者赔偿后，有权向销售者或者服务者追偿。

6. 网络交易平台产品交易的责任

消费者通过网络交易平台购买商品或者接受服务，其合法权益受到损害的，可以向销售者或者服务者要求赔偿。网络交易平台提供者不能提供销售者或者服务者的真实名称、地址和有效联系方式的，消费者也可以向网络交易平台提供者要求赔偿；网络交易平台提供者做出更有利于消费者的承诺的，应当履行承诺。网络交易平台提供者赔偿后，有权向销售者或服务者追偿。

网络交易平台提供者明知或者应知销售者或者服务者利用其平台侵害消费者合法权益，未采取必要措施的，依法与该销售者或者服务者承担连带责任。

7. 虚假广告的广告主与广告的经营者的责任

消费者因经营者利用虚假广告或者其他虚假宣传方式提供商品或者服务，其合法权益受到损害的，可以向经营者要求赔偿。广告经营者、发布者发布虚假广告的，消费者可以请求行政主管部门予以惩处。广告经营者、发布者不能提供经营者的真实名称、地址和有效联系方式的，应当承担赔偿责任。

广告经营者、发布者设计、制作、发布关系消费者生命健康商品或者服务的虚假广告，造成消费者损害的，应当与提供该商品或者服务的经营者承担连带责任。

社会团体或者其他组织、个人在关系消费者生命健康商品或者服务的虚假广告或者其他虚假宣传中向消费者推荐商品或者服务，造成消费者损害的，应当与提供该商品或者服务的经营者承担连带责任。

第四节 法律责任

经营者侵犯消费者的合法权益，依据侵害方式和程度的不同分别或同时承担民事、行政和刑事责任。

一、民事责任

民事责任分为违约责任和侵权责任。违约责任是违反合同的民事责任的简称，是指合同当事人一方不履行合同义务或履行合同义务不符合合同约定所应承担的民事责任。侵权责任是指因侵犯他人的财产权益与人身权益而产生的责任。《侵权责任法》填补了我国民法体系中的空白。违约责任与侵权责任的竞合，是指在一方当事人违约时，不仅造成了对方的合同权利即债权（相对权）的损害，违反了约定义务，而且侵害了对方的人身或者财产，造成了对方人身权或财产权（绝对权）的损害，违反了法定的义务，受害者既可请求对方承担违约责任，也可请求对方承担侵权责任。

（一）质量不合格的民事责任

《消费者权益保护法》第48条规定，经营者提供商品或者服务有下列情形之一的，除本法另有规定外，应当依照其他有关法律、法规的规定，承担民事责任：

①商品或者服务存在缺陷的；

②不具备商品应当具备的使用性能而出售时未作说明的；

③不符合在商品或者其包装上注明采用的商品标准的；

④不符合商品说明、实物样品等方式表明的质量状况的；

⑤生产国家明令淘汰的商品或者销售失效、变质的商品的；

⑥销售的商品数量不足的；

⑦服务的内容和费用违反约定的；

⑧对消费者提出的修理、重作、更换、退货、补足商品数量、退还货款和服务费用或者赔偿损失的要求，故意拖延或者无理拒绝的；

⑨法律、法规规定的其他损害消费者权益的情形。

经营者对消费者未尽到安全保障义务，造成消费者损害的，应当承担侵权责任。

（二）致人伤害、死亡的民事责任

经营者提供商品或者服务，造成消费者或者其他受害人人身伤害的，应当赔偿医疗费、护理费、交通费等为治疗和康复支出的合理费用，以及因误工减少的收入。造成残疾的，还应当赔偿残疾生活辅助器具费和残疾赔偿金。造成死亡的，还应当赔偿丧葬费和死亡赔偿金。

（三）侵犯消费者其他人身权的民事责任

经营者对消费者进行侮辱、诽谤，搜查消费者的身体及其随身携带的物品，侵害消费者的人格尊严或者侵犯消费者人身自由的，应当停止侵害、恢复名誉、消除影响、赔礼道歉，并赔偿损失。

（四）造成财产损害的民事责任

经营者提供商品或者服务，造成消费者财产损害的，应当按照消费者的要求，以修理、重作、更换、退货、补足商品数量、退还货款和服务费用或者赔偿损失等方式承担民事责任。消费者与经营者另有约定的，按照约定履行。

（五）违反约定的民事责任

①对国家规定或者经营者与消费者约定包修、包换、包退的商品，经营者应当负责修理、

更换或者退货。在保修期内两次修理仍不能正常使用的，经营者应当负责更换或者退货。

对包修、包换、包退的大件商品，消费者要求经营者修理、更换、退货的，经营者应当承担运输费等合理费用。

②经营者以邮购方式提供商品的，应当按照约定提供。未按照约定提供的，应当按照消费者的要求履行约定或者退回货款；并应当承担消费者必须支付的合理费用。

③经营者以预收款方式提供商品或者服务的，应当按照约定提供。未按照约定提供的，应当按照消费者的要求履行约定或者退回预付款；并应当承担预付款的利息、消费者必须支付的合理费用。

（六）提供不合格商品的民事责任

若经营者提供依法经有关行政部门认定为不合格的商品，消费者要求退货的，经营者应当负责退货。

（七）欺诈行为的民事责任

如果经营者在提供商品或者服务时有欺诈行为，经营者应当按照消费者的要求增加赔偿其受到的损失，增加赔偿的金额为消费者购买商品的价款或者接受服务的费用的一倍。

二、行政责任

经营者有下列情形之一，除承担相应的民事责任外，其他有关法律、法规对处罚机关和处罚方式有规定的，依照法律、法规的规定执行；法律、法规未作规定的，由工商行政管理部门或者其他有关行政部门责令改正，可以根据情节单处或者并处警告、没收违法所得、处以违法所得一倍以上十倍以下的罚款，没有违法所得的，处以 50 万元以下的罚款；情节严重的，责令停业整顿、吊销营业执照：

①提供的商品或者服务不符合保障人身、财产安全要求的；

②在商品中掺杂、掺假，以假充真，以次充好，或者以不合格商品冒充合格商品的；

③生产国家明令淘汰的商品或者销售失效、变质的商品的；

④伪造商品的产地，伪造或者冒用他人的厂名、厂址，篡改生产日期，伪造或者冒用认证标志等质量标志的；

⑤销售的商品应当检验、检疫而未检验、检疫或者伪造检验、检疫结果的；

⑥对商品或者服务进行虚假或者引人误解的宣传的；

⑦拒绝或者拖延有关行政部门责令对缺陷商品或者服务采取停止销售、警示、召回、无害化处理、销毁、停止生产或者服务等措施的；

⑧对消费者提出的修理、重作、更换、退货、补足商品数量、退还货款和服务费用或者赔偿损失的要求，故意拖延或者无理拒绝的；

⑨侵害消费者人格尊严、侵犯消费者人身自由或者侵害消费者个人信息依法得到保护的权利的；

⑩法律、法规规定的对损害消费者权益应当予以处罚的其他情形。

经营者有前款规定情形的，除依照法律、法规规定予以处罚外，处罚机关应当记入信用档案，向社会公布。

经营者承担行政责任的方式主要有：警告，没收违法所得，处以违法所得的 1~5 倍的罚款（没有违法所得的，罚款人民币 1 万元以下）；情节严重的，责令停业整顿，吊销营业执照等。经营者对行政处罚决定不服的，可以自收到处罚决定之日起 15 日内向上一级机关申请复议，对复议决定不服的，可以自收到复议决定书之日起 15 日内向人民法院提起诉讼，也可以直接向人民法院提起诉讼。

三、刑事责任

为更有效地保护消费者的合法权益，对那些侵犯消费者合法权益、造成严重后果的经营者或其他有关责任人，必须追究其刑事责任。我国《消费者权益保护法》第 42 条、第 59 条、第 61 条规定，在下列情况下，应当追究有关责任人的刑事责任：

①经营者违反规定提供商品或者服务，侵害消费者合法权益，构成犯罪的，依法追究刑事责任。

②经营者使用暴力、威胁等方法阻碍有关行政部门工作人员依法执行职务的。

③国家机关工作人员有玩忽职守或者包庇经营者侵害消费者合法权益的行为，情节严重，构成犯罪的。

对经营者及有关责任人员，将视上述情节分别处以拘役、有期徒刑、无期徒刑、死刑等刑罚。

此外，《中华人民共和国侵权责任法》第 4 条规定，"侵权人因同一行为应当承担行政责任或者刑事责任的，不影响依法承担侵权责任。因同一行为应当承担侵权责任和行政责任、刑事责任，侵权人的财产不足以支付的，先承担侵权责任。"

这个规定主要是考虑到国家和个人承受财产损失的能力差别很大，在不足以同时承担两种以上责任时，不缴纳罚款不会使国家发生经济上的困难，但如果不履行民事责任却可能使个人陷入极大困境。侵权责任赔偿优先原则体现了国家在保护公民、法人合法权益方面的一致性。本项原则与过去我们接受的利益分配次序，即国家、集体、个人的先后顺序不同，体现《中华人民共和国侵权责任法》以保护被侵权人合法权益为核心，以规范公权、保护私权为原则。

任务 3-2　旅游纠纷处理的法律规定

第一节　旅游纠纷概述

一、旅游纠纷的概念

根据《最高人民法院关于审理旅游纠纷案件适用法律若干问题的规定》（2010 年 9 月

13 日由最高人民法院审判委员会第 1496 次会议通过并予公布，自 2010 年 11 月 1 日起施行）规定，旅游纠纷是指旅游者与旅游经营者、旅游辅助服务者之间因旅游发生的合同纠纷或者侵权纠纷。其中，旅游经营者是指以自己的名义经营旅游业务，向公众提供旅游服务的人；旅游辅助服务者是指与旅游经营者存在合同关系，协助旅游经营者履行旅游合同义务，实际提供交通、游览、住宿、餐饮、娱乐等旅游服务的人。旅游者在自行旅游过程中与旅游景点经营者因旅游发生的纠纷，参照适用本规定。

二、旅游纠纷的分类

虽然法律法规规定了旅游活动各方当事人的行为规则，旅游活动的当事人也采取了相应措施以减少纠纷的发生。但是，由于旅游活动各参加者不同的利益要求，由于旅游需求的实现必须仰仗方方面面的配合和支持，当事人仍然会因为权利归属发生争议导致纠纷。从这个意义上讲，旅游纠纷产生有其客观性。在实践中，常见的旅游纠纷主要有三类：

①旅游企业和旅游者之间或旅游企业之间发生的纠纷。

②旅游管理部门与旅游企业或旅游者之间发生的纠纷。

③客源发生国和旅游接待国之间或者客源发生国企业和旅游接待国企业之间的纠纷。

三、旅游纠纷解决的主要途径

从目前我国法律规定来看，纠纷的解决途径或者方式，主要有两类：一类是诉讼方式。所谓诉讼方式，是指当事人之间发生纠纷后，将纠纷提交到司法机关即人民法院，由法院依据法律的规定进行审理裁决解决纠纷。另一类是非诉方式。非诉方式，是指当事人之间发生纠纷后，不将纠纷提交到法院解决，而是通过其他的方式如自行和解、第三人调解或者申请仲裁等方式解决纠纷。关于旅游纠纷的处理，旅游法第 92 条规定，旅游者与旅游经营者发生纠纷，可以通过下列途径解决：

①双方协商；

②向消费者协会、旅游投诉受理机构或者有关调解组织申请调解；

③根据与旅游经营者达成的仲裁协议提请仲裁机构仲裁；

④向人民法院提起诉讼。

本条对旅游者与旅游经营者之间纠纷解决途径的规定，概括了我国目前纠纷处理的四种途径。这样规定，有利于旅游者与旅游经营者之间发生纠纷后，方便选择符合自己意愿的纠纷处理方式，及时开展纠纷处理的相关工作，以维护自己的合法权益。

四、关于共同请求

旅游法第 94 条规定，旅游者与旅游经营者发生纠纷，旅游者一方人数众多并有共同请求的，可以推选代表人参加协商、调解、仲裁、诉讼活动。

本条对旅游者与旅游经营者发生纠纷时旅游者一方人数众多并有共同请求的可推选代表人参加纠纷解决活动做了规定。

1. 规定旅游者一方人数众多且有共同请求可推选代表人参加纠纷解决活动的必要性

在旅行社组团旅游中，一旦发生纠纷，旅游者一方往往人数较多。因此，为了方便、快捷解决争议，本条规定了旅游者一方人数众多并有共同请求的，可以推选代表人参加协商、调解、仲裁、诉讼活动。

2. 关于旅游者一方人数众多并有共同请求可推选代表人参加纠纷解决活动的具体要求

根据本条的规定，旅游者与旅游经营者发生纠纷，旅游者一方人数众多并有共同请求的，可以推选代表人参加协商、调解、仲裁、诉讼活动。推选代表人参加纠纷解决活动，包括以下几个方面的具体要求：

①可以推选代表人的一方当事人，只能是旅游者；

②旅游者一方推选代表人的条件之一，是“人数众多”。至于人数众多的具体认定标准，法律没有明确规定。按照《最高人民法院关于适用〈中华人民共和国民事诉讼法〉若干问题的意见》的规定，在民事诉讼中，“当事人一方人数众多”为“一般指 10 人以上”。

③旅游者一方推选代表人的条件之二，是“有共同请求”。有共同请求，是指当事人的请求标的为共同的或者属于同一种类的。

④代表人参加纠纷解决的活动，对其所代表的当事人发生效力。这里讲的代表人的活动，主要是指参加纠纷解决过程中的程序性活动，如提供证据、提出管辖异议、进行辩论、申请证据保全、申请顺延期间等不涉及当事人实体权利的行为。对此，我国民事诉讼法第 53 条中作了明确的规定，即“代表人的诉讼行为对其所代表的当事人发生效力，但代表人变更、放弃诉讼请求或者承认对方当事人的诉讼请求，进行和解，必须经被代表的当事人同意”。

⑤代表人可以委托代理人参加纠纷解决活动。代表人参加旅游纠纷解决活动，既可以自己亲自参加，也可以委托代理人参加。按照《最高人民法院关于适用〈中华人民共和国民事诉讼法〉若干问题的意见》的规定，在民事诉讼中，“每位代表人可以委托 1 至 2 人作为诉讼代理人”。根据民事诉讼法第 59 条的规定，委托他人代为诉讼，必须向人民法院提交由委托人签名或者盖章的授权委托书。授权委托书必须记明委托事项和权限。诉讼代理人代为承认、放弃、变更诉讼请求，进行和解，提起反诉或者上诉，必须有委托人的特别授权。

第二节　旅游投诉法律制度

一、旅游投诉的概念

旅游投诉制度是我国旅游活动中处理旅游纠纷方式中最具旅游特色的一项法规制度，它有别于一般投诉处理。依据《旅游投诉处理办法》，旅游投诉是指旅游者认为旅游经营者损害其合法权益，请求旅游行政管理部门、旅游质量监督管理机构或者旅游执法机构（以下统称“旅游投诉处理机构”），对双方发生的民事争议进行处理的行为。《中华人民共和国旅游法》第 8 章相关条款作了规定：县级以上人民政府应当指定或者设立统一的旅游投诉受理机构受理旅游投诉，并进行处理或者移交有关部门处理。

二、旅游投诉的管辖

旅游投诉管辖，是指各级旅游投诉管理机关和同级旅游投诉管理机关之间受理旅游投诉案件的分工和权限。旅游投诉由旅游合同签订地或者被投诉人所在地县级以上地方旅游投诉处理机构管辖。需要立即制止、纠正被投诉人的损害行为的，应当由损害行为发生地旅游投诉处理机构管辖。上级旅游投诉处理机构有权处理下级旅游投诉处理机构管辖的投诉案件。发生管辖争议的，旅游投诉处理机构可以协商确定，或者报请共同的上级旅游投诉处理机构指定管辖。

（一）级别管辖

级别管辖，是指划分上下级旅游投诉管理机关之间对处理投诉案件的分工和权限。国家旅游投诉管理机关（质监所）管辖在全国范围内有重大影响或者地方旅游投诉机关处理有困难的投诉案件重大的跨省、自治区、直辖市的旅游投诉。地方旅游投诉管理机关（质监所）管辖本区域内的旅游投诉案件，本地区重大的和跨地（州）、市的投诉案件及省级各部门的旅游企业的投诉案件。

（二）地域管辖

地域管辖，是指同级旅游投诉管理机关之间横向划分在各辖区内处理旅游投诉案件的分工和权限。即确定旅游行政管理部门实施其行政权利的地域范围。这个地域范围是根据各行政区划确定的。地域管辖以行为地作为确定管辖机关的标准。行为地是指侵权、违约行为发生时行为人所处的地域空间范围。根据我国的实际情况和旅游的特点，《投诉规定》确定了三个标准，即被投诉者所在地、损害行为发生地或者损害结果发生地。上述三个标准，没有先后顺序之分，可以本着完全尊重投诉者意愿的精神，允许投诉者自愿选择。

（三）移送管辖

移送管辖，是指旅游投诉管理机关受理投诉后，发现该投诉案件本投诉机关无权管辖，依据法律规定将其移送至有管辖权的旅游投诉管理机关审理。

（四）指定管辖

指定管辖，是指上级旅游投诉管理机关以决定方式指定下一级投诉管理机关对某一投诉案件行使管辖权。跨行政区的旅游投诉，由被投诉者所在地、损害行为发生地或者结果发生地的旅游投诉受理机关协商确定管理机关；或者由上一级旅游投诉受理机关协调指定管理机关。

三、旅游投诉的受理

《中华人民共和国旅游法》第 91 条规定：县级以上人民政府应当指定或者设立统一的旅游投诉受理机构。受理机构接到投诉，应当及时进行处理或者移交有关部门处理，并告知投诉者。

本条规定包含以下两个方面的内容：

第一，关于旅游投诉受理机构。旅游投诉受理机构，是指专门负责接受、处理旅游者旅游投诉的政府机构。按照本条的规定，县级以上人民政府应当指定或者设立统一的旅游投诉受理机构。

第二，关于旅游投诉受理机构的工作职责。县级以上人民政府在指定或者设立统一的旅游投诉受理机构时，应当明确该机构的工作职责。按照本条的规定，旅游投诉受理机构的工作职责包括以下两个方面：一是受理旅游投诉。即旅游者向政府提出的旅游投诉，统一由旅游投诉受理机构受理。旅游投诉受理机构应当建立旅游投诉受理的规章制度，健全相关工作机制，明确相关工作职责，切实做好旅游投诉的受理工作。二是开展相关的处理工作。旅游投诉受理机构在接到旅游者提出的旅游投诉以后，应当根据本级政府确定的职责，及时进行处理，或者移交有关部门进行处理，并将相关情况告知投诉者。

投诉人可以就下列事项向旅游投诉处理机构投诉：

①认为旅游经营者违反合同约定的；

②因旅游经营者的责任致使投诉人人身、财产受到损害的；

③因不可抗力、意外事故致使旅游合同不能履行或者不能完全履行，投诉人与被投诉人发生争议的；

④其他损害旅游者合法权益的。

下列情形不予受理：

①人民法院、仲裁机构、其他行政管理部门或者社会调解机构已经受理或者处理的；

②旅游投诉处理机构已经做出处理，且没有新情况、新理由的；

③不属于旅游投诉处理机构职责范围或者管辖范围的；

④超过旅游合同结束之日 90 天的；

⑤不符合本办法第 10 条规定的旅游投诉条件的；

⑥本办法规定情形之外的其他经济纠纷。

属于前款第③项规定的情形的，旅游投诉处理机构应当及时告知投诉人向有管辖权的旅游投诉处理机构或者有关行政管理部门投诉。旅游投诉处理机构接到投诉，应当在 5 个工作日内做出以下处理：

①投诉符合本办法的，予以受理；

②投诉不符合本办法的，应当向投诉人送达《旅游投诉不予受理通知书》，告知不予受理的理由；

③依照有关法律、法规和本办法规定，本机构无管辖权的，应当以《旅游投诉转办通知书》或者《旅游投诉转办函》，将投诉材料转交有管辖权的旅游投诉处理机构或者其他有关行政管理部门，并书面告知投诉人。

小贴士

旅游消费维权四大提示

旅游消费维权提示一：认清旅游广告

规范的旅游广告，应有旅行社的名称、许可证号和法人代表等内容。不规范的广告往往是非法经营旅行社业务的个人或机构，在广告中既无企业名称，又无办公场所，冠之以“某某假期”“某某之旅”的名称，联系方式仅为手机，旅游质量无法保证。

旅游消费维权提示二：确认旅行社资质

旅行社是许可经营的行业，出境游更是特许经营的业务。因此在选择旅行社时，要确认旅行社的经营范围。报名时要注意查看“一照”和“一证”。“一照”是指工商部门颁发的营业执照，“一证”是指旅游部门颁发的旅行社业务经营许可证。关于旅行社的资格，广大游客还可以通过“中国旅游网”查询。

旅游消费维权提示三：认真查看旅游合同内容并索要和保留好发票

合同、发票或收据都是重要证据。索要发票后要妥善保存好，日后一旦发生纠纷，可作为凭证。

旅游消费维权提示四：旅游维权要理性

旅游经营者损害旅游者合法权益的，旅游者可以向旅游行政管理部门、工商行政管理部门、价格主管部门、商务主管部门或者外汇管理部门投诉。旅游投诉的时效为旅游合同结束之日 90 天内。超过时效的请求不予处理，旅游者可以依法提起诉讼。旅游者在处理旅游纠纷中，要冷静对待，避免事态扩大，否则由此扩大的损失，旅游者要承担相应责任。（来源：法律快车网）

四、旅游投诉的构成要件

国家旅游局发布的《旅游投诉处理办法》（2010 年 1 月 4 日国家旅游局第 1 次局长办公会议审议通过并予公布，自 2010 年 7 月 1 日起施行）对旅游投诉的受理机构、管辖、受理、处理等作了规定。该办法规定，旅游投诉应当符合下列条件：一是投诉人与投诉事项有直接利害关系；二是有明确的被投诉人、具体的投诉请求、事实和理由。

旅游投诉一般应当采取书面形式，一式两份，并载明下列事项：

①投诉人的姓名、性别、国籍、通讯地址、邮政编码、联系电话及投诉日期；

②被投诉人的名称、所在地；

③投诉的要求、理由及相关的事实根据等。

投诉事项比较简单的，投诉人可以口头投诉，由旅游投诉处理机构进行记录或者登记，并告知被投诉人；对于不符合受理条件的投诉，旅游投诉处理机构可以口头告知投诉人不予受理及其理由，并进行记录或者登记。

投诉人委托代理人进行投诉活动的，应当向旅游投诉处理机构提交授权委托书，并载明委托权限。

投诉人 4 人以上，以同一事由投诉同一被投诉人的，为共同投诉。共同投诉可以由投诉人推选 1 至 3 名代表进行投诉。代表人参加旅游投诉处理机构处理投诉过程的行为，对全体投诉人发生效力，但代表人变更、放弃投诉请求或者进行和解，应当经全体投诉人同意。

五、旅游投诉的处理

旅游投诉处理机构处理旅游投诉，除本办法另有规定外，实行调解制度。旅游投诉处理机构应当在查明事实的基础上，遵循自愿、合法的原则进行调解，促使投诉人与被投诉人相互谅解，达成协议。

旅游投诉处理机构处理旅游投诉，应当立案办理，填写《旅游投诉立案表》，并附有关投诉材料，在受理投诉之日起 5 个工作日内，将《旅游投诉受理通知书》和投诉书副本送达被投诉人。对于事实清楚、应当即时制止或者纠正被投诉人损害行为的，可以不填写《旅游投诉立案表》和向被投诉人送达《旅游投诉受理通知书》，但应当对处理情况进行记录存档。

在投诉处理过程中，投诉人与被投诉人自行和解的，应当将和解结果告知旅游投诉处理机构；旅游投诉处理机构在核实后应当予以记录并由双方当事人、投诉处理人员签名或者盖章。

旅游投诉处理机构应当在受理旅游投诉之日起 60 日内，做出以下处理：

①双方达成调解协议的，应当制作《旅游投诉调解书》，载明投诉请求、查明的事实、处理过程和调解结果，由当事人双方签字并加盖旅游投诉处理机构印章；

②调解不成的，终止调解，旅游投诉处理机构应当向双方当事人出具《旅游投诉终止调解书》。

调解不成的，或者调解书生效后没有执行的，投诉人可以按照国家法律、法规的规定，向仲裁机构申请仲裁或者向人民法院提起诉讼。

在下列情形下，经旅游投诉处理机构调解，投诉人与旅行社不能达成调解协议的，旅游投诉处理机构应当做出划拨旅行社质量保证金赔偿的决定，或向旅游行政管理部门提出划拨旅行社质量保证金的建议：

①旅行社因解散、破产或者其他原因造成旅游者预交旅游费用损失的；

②因旅行社中止履行旅游合同义务、造成旅游者滞留，而实际发生了交通、食宿或返程等必要及合理费用的。

1.3 项目实施

任务 3-1　消费者权益保护法

- **任务目的：** 掌握消费者权益保护法关于消费者的权利、经营者的义务的规定及争议解决。

- 任务内容：摘录消费者权益保护法消费者权利及经营者义务条款，及争议解决办法，并收集现实中的案例进行解读。
- 任务时间：课余时间。
- 任务方法：将学生进行分组，每组 4~8 名同学，分别针对《中华人民共和国消费者权益保护法》的每个部分的内容进行摘录，结合旅游业发展实际，分析其对旅游业发展的重要影响，提出自己的见解。并在 Word 文档中进行图文资料的整理，在此基础上学生制作一份用于展示其成果的 PPT 文件。教师将 2 课时时间用于学生自行汇报展示其工作成果。

任务 3-2　旅游纠纷处理的法律规定

- 任务目的：掌握旅游纠纷处理办法及旅游投诉受理、处理规定。
- 任务内容：摘录《关于审理旅游纠纷案件适用法律若干问题的规定》《旅游投诉处理办法》及《中华人民共和国旅游法》有关旅游纠纷处理方面的条款，并收集现实中的案例进行解读。
- 任务时间：课余时间。
- 任务方法：将学生进行分组，每组 4~8 名同学，分别针对《关于审理旅游纠纷案件适用法律若干问题的规定》《旅游投诉处理办法》及《中华人民共和国旅游法》的每个部分的内容进行摘录，结合旅游业发展实际，进行基于案例的解读。并在 Word 文档中进行图文资料的整理，在此基础上学生制作一份用于展示其成果的 PPT 文件。教师将 2 课时时间用于学生自行汇报展示其工作成果。

1.4 项目练习

（1）简述消费者的权利和经营者的义务。

（2）简述旅游纠纷解决的主要途径。

1.5 项目拓展

消费者权益保护典型判例 26 条裁判要旨汇总

扫一扫，消费者权益保护典型判例 26 条裁判要旨汇总

http://www.360doc.com/content/16/0314/21/27412327_542225083.shtml

微信扫一扫

项目 04

导游人员管理法规

学习目标

- 熟悉和掌握《中华人民共和国旅游法》（以下简称《旅游法》）《导游人员管理条例》中关于导游人员的资格考试制度、执业证书制度、等级考核制度的内容、导游人员的权利和义务及其相关法律责任

1.1 项目导例

北京规定导游不能讲野史传闻　各国景区讲解词一览

据中国之声《全球华语广播网》报道，近日，《北京市旅游条例（草案修改稿）》提交北京市人大常委会审议，草案修改稿中明确指出，对于北京市列入世界文化遗产名录的故宫、天坛、颐和园等景区，应逐步实行讲解员管理制度，未取得景区讲解员证的人员不得在该景区从事旅游团队讲解服务。

记者探访发现，不同的旅行社导游在故宫、颐和园随团提供讲解服务时的解说词都是不一样的，甚至会随意穿插大量未经考证的传闻、野史。对此，颐和园导游服务中心党支部书记王若苓表示："所有讲解员都不能讲传闻、野史，必须讲有史料依据、有据可查的内容。"

放眼海外，其他国家的历史名胜古迹等景区，对导游的讲解词是否有规定？传闻、野史可以成为讲解词的一部分吗？对导游有哪些管理制度？

首先来看一下俄罗斯的情况。《全球华语广播网》俄罗斯观察员张舜衡介绍，俄罗斯目前还没有全国统一的导游证书，对于导游资质的考核，基本上是各个景点自主规范，集中培训后通过考核即可拿到该景点的导游证。尽管俄罗斯的导游在讲解过程中可以穿插传

闻、野史，但是要明确告诉游客哪些是事实，哪些是传闻。

比如，在莫斯科的导游证就无法在圣彼得堡使用，圣彼得堡不同的宫殿景点又有自己独立的导游证书培训和考试系统，不同景点的导游证也不可以乱用。俄罗斯也正是由于导游考核几乎都是各个景点自主规范，所以导游词按照路线和主题的不同，都有相对应的大致模板，内容实质相差无几。导游们的集中培训时间一般为 3 至 4 个月，通过考核后即可拿到该景点的导游证。当然，传闻和野史也是一个景点相对吸引游客的地方。导游完全可以穿插讲解，但必须要提前强调清楚，哪些是事实，哪些是传闻，绝对不可以歪曲历史，混淆视听。据有关报道，俄罗斯统一的导游管理制度将于 2017 年 1 月在相关法律修正案生效后得到解决。俄罗斯各地方也将有相应的考核委员会运作。导游至少应该接受过中等教育，而翻译导游则应该具备大学学历。

接下来我们来看看韩国的情况。韩国首尔大学留学生张帅介绍，今年 4 月的时候，韩国曾经出现了一批歪曲历史，持假证上岗的假导游。假导游连带制造假证的犯罪分子被警方一网打尽，由于近年来来韩国旅游的游客暴增，其中以中国游客最多，就使得中文导游的市场异常火热，加上韩国考导游证相对来讲比较困难，所以就出现了歪曲历史的假导游。张帅观察，在韩国要想取得导游资格证并不容易，除了外语考试外，还有笔试和面试。笔试有四个科目，分别是韩国史、观光法规、观光资源解说、观光学概论。这四个科目的满分是 100 分，每一科要超过 60 分及格以上才可算通过笔试，通过笔试后，将会有外语面试，外语面试的时候面试官会随机问一个韩国历史文物，考生要用相应的外语来进行解说，所以相对来讲还是比较难取得导游资格证的，但是如果没有导游资格证，却去做导游的话，将会被处以一年以下的有期徒刑以及一千万韩币，也就是折合人民币 58000 元左右的罚金。张帅告诉我们，在韩国的大部分景点都配有解说，一些景点还配有“观光警察”，帮助游客处理在旅行当中遇到的问题。韩国其实在各个景点大部分都配备有解说，一般是定时性的，比方说上午的 10 点是韩语，下午的 2 点 3 点是中文或者英语等。但是由于游客来的时间比较随机，所以大部分的导游还都是旅行公司自己的导游进行解说。在一些著名的景点还会有一些观光警察，他们会帮助协调一些散客在旅行中遇到的问题，游客也可以向观光警察告发或者投诉一些欺诈消费者的情况，这些警察也全部都会一两门外语，大部分是英语和中文。

最后我们再来了解一下澳大利亚的情况。《全球华语广播网》澳大利亚观察员胡方说，澳大利亚虽然没有全国性的统一导游机构，但是在澳大利亚的一些著名景点对于进入该景点的导游却有资格认证机制。澳大利亚并没有全国性的导游管理机构，换句话说，只要你认为你能够胜任导游工作，理论上谁都可以成为导游。但是大部分从事导游工作的人员，都会通过 1~2 年的学习，取得旅游专业证书或者是专科文凭。比如拥有著名的艾尔斯岩的澳大利亚乌鲁鲁－卡塔丘塔国家公园对于当地的土著居民来说，这是一片重要的精神和文化圣地。为了准确地传递当地土著历史文化，以及避免游客在不经意间冒犯当地的土著居民，自从 2011 年开始，该国家公园就规定，所有带队进入的导游必须通过该公园的导游课程考核，一旦违规将处以 5 千澳币约合 25000 元人民币的罚款，至今为止众多导游包括

使用中文的导游大都通过了资格考试，他们向游客传递的信息也较为规范，很少出现游客不满的现象。（来源：央广网）

1.2 项目知识平台

任务 4-1　导游人员资格考试及等级考核制度

第一节　导游人员资格考试制度

一、导游人员的分类

目前国家旅游局关于《导游人员管理条例》的征求意见稿还没有形成较为完备的规范性文件，因此，本节仍以介绍现行《导游人员管理条例》的内容为主。现行《导游人员管理条例》规定："本条例所称导游人员，是指依照本条例的规定取得导游证，接受旅行社委派，为旅游者提供向导、讲解及相关旅游服务的人员。"

根据不同的标准可以把导游人员划分成不同的种类。

（一）按导游语言分类

分为使用外国语的导游人员（如英语、日语、俄语、法语、德语、泰语、西班牙语、印尼语、阿拉伯语、意大利语等）、使用汉语普通话的导游人员、使用方言的导游人员（如广东话、闽南话等）、使用少数民族语言的导游人员（如蒙古语、维吾尔语、藏族语等）。

（二）按导游的服务范围分类

分为领队人员、全程陪同、地方陪同和定点陪同。

领队人员又称出境旅游领队人员，是指依照《出境旅游领队人员管理办法》的规定，取得出境旅游领队证，接受具有出境旅游业务经营权的国际旅行社的委派，从事出境旅游领队业务的人员。

全程陪同，是指受旅行社委派或聘用，为跨省、自治区、直辖市范围的旅游者提供全程导游服务的人员。全程陪同在旅游者（团）的整个行程中一直陪伴着他们，为他们安排旅行和游览事项，提供向导、讲解和旅途服务。

地方陪同，是指受旅行社委派或聘用，在省、自治区、直辖市范围内为旅游者提供导游服务的人员。在业务实践中，地方陪同只在当地帮助全程陪同，安排旅行和游览事项，提供讲解和旅途服务。

定点陪同，是指在旅游景区景点，如博物馆、自然保护区等为旅游者提供导游服务的人员，亦称讲解员。景区景点导游不需要考导游证，是由景区聘请来做景点向导的。

（三）按职业性质分类

分为专职导游人员和兼职导游人员。专职导游人员是指在一定时间内以导游工作为其主要职业的导游人员，目前，这类导游人员一般为旅行社的正式职员。他们是当前我国导游队伍的主体。兼职导游人员亦称业余导游人员，是指不以导游工作为其主要职业，而利用剩余时间从事导游工作的人员。

在西方国家还有一类导游人员，他们以导游为主要职业，但不是某家旅游公司的正式雇员，而是通过签订合同为多家旅游公司服务，他们是一批真正意义上的“自由职业导游人员”。他们构成了西方大部分国家导游队伍的主体。这类导游人员由专门的导游服务机构承担日常管理、教育培训和奖罚清退的管理责任。

（四）按技术等级分类

分为初级导游员、中级导游员、高级导游员和特级导游员。获导游人员资格证书后，按技能、业绩和资历对其进行考核，合格者自动成为初级导游人员。获初级导游人员资格两年以上，业绩明显，考核、考试合格者晋升为中级导游人员。中级导游人员是旅行社的业务骨干。取得中级导游人员资格 4 年以上，业绩突出，水平较高，在国内外同行和旅行商中有一定影响，考核、考试合格者晋升为高级导游人员。取得高级导游人员资格 5 年以上，业绩优异，有突出贡献，有高水平的科研成果，在国内外同行和旅行商中有较大影响，经考核合格者晋升为特级导游人员。

二、导游人员资格考试制度

实行统一的导游人员资格考试，是世界上许多旅游业发达国家的通行做法，而且都是以法律形式明确加以规定。依据《导游人员管理条例》规定，我国也实行全国统一的导游人员资格考试制度，经考试合格者，方可取得“导游员资格证书”。鉴于导游在旅游工作中所处的重要位置，为保证和提高我国导游人员队伍的素质，为旅游者提供高质量的导游服务，树立我国旅游业的良好形象，2000 年 9 月 27 日，国家旅游局根据《旅行社管理条例》《导游人员管理条例》发布了《关于改革导游人员资格考试、等级考核及旅行社经理资格认证工作的意见》，对导游人员，国家实行资格考试制度和登记考核，同时对导游证的取得与管理做出了明确规定。

（一）导游人员资格证书的含义

导游人员资格证书是指经参加导游人员资格考试合格的，由旅游行政管理部门颁发的，标志着获证人员具备从事导游职业的资格证明。导游人员资格证书属于职业资格证书的一种，它是从业者从事某一职业的必备证书，表明从业者具有从事该职业的学识和技能，反映特定职业的实际工作标准和规范，以及从业者从事这种职业所达到的实际能力水平，是从业者求职、任职的资格凭证，是用人单位招聘、录用从业者的主要依据。

（二）参加导游人员资格考试的条件

为提高我国旅游业的产业形象，根据《导游人员管理条例》规定：国家实行导游人员资格考试制度，只要符合以下四个条件的，任何人都可报名参加导游人员资格考试。

1. 国籍条件

参加导游人员资格考试的人员必须是具有中华人民共和国国籍的公民。我国法律规定导游人员只能由中国公民担任。外国人、无国籍的人，不能在我国从事导游工作。

2. 学历条件

报考者必须具有高级中学、中等专业学校或者以上学历。由于导游职业的特点，导游人员必须具备较广泛的文化知识，高级中学、中等专业学校以下学历很难达到这一要求。有两点需要明确：一是高中及中专肄业者不得报考导游资格，因此高中及中专毕业是学历条件的下限。二是高学历或取得高级职称者，没有任何减免考试科目或给予考核授予资格的优待。

3. 健康条件

报考者必须具有良好的身体素质，能适应导游工作的需要。导游工作非常辛苦，它是复杂的脑力劳动和艰苦的体力劳动的结合，同时由于各地气候条件、生活习惯等的不同，使导游人员经常处于精神和肉体的高度紧张状态，作息极不规律。因此，没有良好的身体条件难以胜任导游工作。这也是该职业具有年轻化特点的重要原因。

4. 业务能力条件

报考者必须具有适应导游工作需要的基本知识和语言表达能力。基本知识主要是指具有《导游人员管理条例》规定的文化程度和学历证明；同时，还应当参加各级旅游局根据国家旅游局统一部署而组织的导游人员资格考试和必要的培训。语言表达能力是导游员必不可少的基本条件，它体现在对景观风物知识的介绍、与旅游者和其他部门的交流沟通等。

（三）导游资格考试的内容

1. 考试的科目及语种

根据国家旅游局 2015 年 8 月印发的《关于完善“导游人员从业资格证书核发”行政审批事项有关工作的通知》（旅办发〔2015〕202 号），明确从 2016 年起，实行全国统一的导游人员资格考试。

全国导游人员资格考试科目包括：科目一“政策与法律法规”、科目二“导游业务”、科目三“全国导游基础知识”、科目四“地方导游基础知识”、科目五“导游服务能力”。

考试语种分为中文和外语两种，其中外语类包括英语、韩语、日语、法语、德语、西班牙语、葡萄牙语、俄语等。

2. 考试方式

考试形式分笔试与现场考试两种，科目一、科目二、科目三、科目四为笔试，科目五为现场考试。笔试科目实行机考，各地使用国家旅游局统一的计算机考试系统进行考试。现场考试以室内模拟考试方式进行，由省级考试单位根据标准组织本行政区域内考试。

科目一、科目二合并为 1 张试卷进行测试，考试时间为 90 分钟，其中科目一、科目二所占比率各 50%；科目三、科目四合并为 1 张试卷进行测试，考试时间为 90 分钟，其中科目四所占比率不少于 50%。考试题型均为客观题，分单项选择题和多项选择题两种。单项选择题每题有四个选项，有且只有一个选项正确；多项选择题每题有五个选项，可能有二至四个选项正确。每张试卷 130 题，其中单项选择题 60 题，每题 0.5 分，共 30 分；多项选择题 70 题，每题 1 分，共 70 分。

科目五考试采用现场考试的方式进行，中文类考生一般每人不少于 15 分钟，外语类考生一般每人不少于 25 分钟。各省各考区中文考生“景点讲解”考察范围不少于 8 个，外语类考生“景点讲解”考察范围不少于 3 个。

考试成绩采用百分制，中文类现场考试分为五大项：语言和礼貌仪态占 20%，景点讲解占 50%，导游服务规范占 10%，应变能力占 10%，综合知识占 10%。外语类现场考试分为六大项：语言和礼貌仪态占 30%，景点讲解占 30%，导游服务规范占 10%，应变能力占 5%，综合知识占 5%，口译占 20%。

（四）导游人员资格证书的取得与管理

1. 导游人员资格考试的管理部门及其职责

根据《导游人员管理条例》规定，经考试合格的，由国务院旅游行政管理部门或国务院旅游行政管理部门委托省、自治区、直辖市人民政府旅游行政管理部门颁发《导游人员资格证》。所谓国务院旅游行政管理部门是指国家旅游局；而各省、自治区、直辖市人民政府旅游行政管理部门则是指各省、自治区、直辖市旅游局或旅游委员会。

国家旅游局负责制定全国导游人员资格考试的政策、标准和对各地考试工作的监督管理。省级旅游行政管理部门负责组织、实施本行政区域内导游人员资格考试工作。

导游人员资格考试应当坚持考试和培训分开、培训自愿的原则，不得强迫考生参加培训。

2. 导游人员资格证书的取得与管理

参加导游人员资格考试合格的人员，由组织考试的旅游行政管理部门在考试结束之日起 30 个工作日内颁发《导游人员资格证》。导游员资格证书由国家旅游局统一印制，在中华人民共和国范围内使用。

三、导游证的取得

导游人员执业必须具有《导游人员资格证》，简称“导游证”，导游证是持证人依法进行导游员注册、能够从事导游活动的法定证件。要求导游人员执业必须具有导游证，是为了维护旅游声誉，保证导游服务质量，便于旅游行政管理人员的监督检查。因此，《导游人员管理条例》规定：“在中华人民共和国境内从事导游活动，必须取得导游证。”通过导游人员资格考试获得旅游行政管理部门颁发的导游资格证书是申请领取导游证的前提条件。

根据《导游人员管理条例》第 5 条规定，有下列情形之一的，不得颁发导游证。

1. 无民事行为能力或者限制民事行为能力的

具有行为能力的公民必须具备两个条件：一是达到一定的年龄，具有一定的社会活动经验和判断是非的能力；二是有正常的精神状态，能够理智地进行民事活动。根据《导游人员管理条例》规定，对无民事行为能力或限制民事行为能力的人，不得颁发导游证，也就是说，无民事行为能力的人和限制民事行为能力的人，不得充任导游人员，只有具有完全民事行为能力的公民，才能申请领取导游证，从事导游职业。

2. 患有传染性疾病的

对患有传染疾病的人员，之所以不得颁发导游证，是由导游这一职业特性所决定的。因为导游是与旅游者生活在一起的，如果患有传染疾病，就有可能将其疾病传染给旅游者，造成交叉传染。如肺结核、病毒性肝炎、伤寒、天花、麻风等。一个人是否有传染疾病，应当由医疗机构出具诊断证明。

3. 受过刑事处罚的（过失犯罪除外）

受过刑事处罚的人员，是指因其行为触犯了国家刑法而受到刑罚制裁的人。对受过刑事处罚的人，不得颁发导游证。但是，《导游人员管理条例》规定，对于过失犯罪的人，尽管其也受过刑事处罚，仍然可以申请领取导游证，旅游行政管理部门也可以颁发给其导游证。

4. 被吊销导游证的

《旅游法》第 103 条规定：“违反本法规定被吊销导游证、领队证的导游、领队和受到吊销旅行社业务经营许可证处罚的旅行社的有关管理人员，自处罚之日起未逾三年的，不得重新申请导游证、领队证或者从事旅行社业务。”

小贴士

“导游员资格证书”与“导游证”的关系

《导游人员资格证书》与《导游证》是两种既有联系又有区别的证书。“导游员资格证书”是取得“导游证”的必要前提。也就是说要取得“导游证”，首先必须获得“导游员资格证书”；但持有“导游员资格证书”，并不意味着必然取得“导游证”。它们的区别主要体现在以下几个方面。

（一）性质和作用不同

导游人员资格证书是表明某人具备导游职业的资格，而导游证则表明某人获准从事导游职业。前者是从业的资格，后者是从业的许可。

（二）颁证机构不同

导游人员资格证书是由国务院旅游行政部门或国务院旅游行政部门委托省、自治区、直辖市人民政府旅游部门颁发。而导游证则是由省、自治区、直辖市人民政府旅游部门颁发。

（三）领取程序不同

导游人员资格证书是参加导游人员资格考试成绩合格后，向旅游行政部门领取。而导游证则必须是取得导游人员资格证书并与旅行社订立劳动合同或者在导游服务公司登记后，方可向旅游行政部门申请领取。

（四）期限不同

《导游人员资格证书》没有期限规定，但获得导游人员资格证 3 年未从业的，资格证自动失效；而《导游证》是有期限规定的，导游证的有效期限为 3 年。《导游证》持有人需要在有效期届满后继续从事导游活动的，应当在有效期限届满 3 个月前，向省、自治区、直辖市人民政府旅游行政管理部门申请办理换发导游证。

第二节　导游员等级考核制度

为了加强导游员队伍建设，提高导游员素质和服务水平，客观、公正地评价和选拔人才，调动导游员的积极性，引入竞争机制，国家旅游局于 1994 年发布了《关于对全国导游人员实行等级评定的意见》和《导游人员职业等级标准》，开始了导游人员等级考核评定工作。

一、导游人员等级考核评定部门

国家旅游局组织设立全国导游人员等级考核评定委员会。全国导游人员等级考核评定委员会负责全国导游人员等级考核评定要作的组织实施。省、自治区、直辖市旅游行政管理部门组织设立导游人员等级考核评定办公室，在全国导游人员等级考核评定委员会的授权和指导下开展相应的工作。

参加省部级以上单位组织的导游技能大赛获得最佳名次的导游员，报全国导游人员等级考核评定委员会批准后，可晋升一级导游员等级。一人多次获奖只能晋升一次，晋升的最高等级为高级。

二、导游人员登记考核的划分及适用范围

导游员等级分为 2 个系列、4 个等级。所谓 2 个系列是指等级考核分为外语导游系列和中文导游系列；4 个级别是指通过考试考核，将导游员划分为初级导游员、中级导游员、高级导游员和特级导游员。

三、导游人员等级考核评定的标准和方法

对不同等级的导游员实行不同的考核方式，具体办法如下。

①对初级导游员采取考核方式。凡取得“导游员资格证书”后工作满 1 年的导游员，经考核合格，即可成为初级导游员。

②对中级导游员的考核采取笔试和面试相结合的方式。其中，中文导游员考试科目为“导游知识专题”和“汉语言文学知识”；外语导游员考试科目为“导游知识专题”和“外语”。

③对高级导游员的考核采取笔试方式，考试科目为“导游案例分析”和“导游词创作”。

④对特级导游员的考核采取论文答辩方式。

导游员的 4 个等级考核在中文导游员和外语导游员 2 个系列中同时进行。导游人员等级考核评定工作，按照“申请、受理、考核评定、告知、发证”的程序进行。

四、导游人员等级的管理

导游人员等级考核评定工作，遵循自愿申报、逐级晋升、动态管理的原则。国家旅游局负责导游人员等级考核评定标准、实施细则的制定工作，负责对导游人员等级考核评定工作进行监督检查。

导游人员等级证书由全国导游人员等级考核评定委员会统一印制。各等级资格有效期一般为 5 年。导游人员获得导游员资格证书和中级、高级、特级导游员证书后，可通过省、自治区、直辖市旅游行政管理部门申请办理相应等级的导游证。

旅行社和导游管理服务机构应当采取有效措施，鼓励导游员积极参加导游人员等级考核评定。

任务 4-2　导游员的权利和义务

第一节　导游人员的权利

导游员的权利，是指导游员依法享有的权能或利益。这种权能或利益表现为导游员可以自己做出一定行为，也可以要求他人做出或不做出一定的行为。导游员的义务是指导游员依法承担的必要履行的责任，它表现为必须做出或不做出一定的行为。

导游人员作为一般公民,依法享有我国宪法和法律规定的各项权利并履行其法定的义务，以下是《导游人员管理条例》及相关法律规范给导游人员所设定的权利。

一、导游员享有人格尊严不受侵犯权

《导游人员管理条例》第 10 条规定："导游人员进行导游活动时，其人格尊严应当受到尊重，其人身安全不受侵犯。导游人员有权拒绝旅游者提出的侮辱其人格尊严或者违反其职业道德的不合理要求。"由以上规定可见，导游员在执行导游职务活动中，享有人身安全及人格尊严不受侵犯的权利。人格权是人身权的一种，如生命、健康、名誉等，既是构成人的人格要素，也是人作为民事主体从事民事活动所必须具备的条件。

二、导游员享有调整或变更接待计划的权利

《导游人员管理条例》第 13 条规定："导游人员在引导旅游者旅行、游览过程中，遇有可能危及旅游者人身安全的紧急情形时，经征得多数旅游者的同意，可以调整或变更接待计划，但是应当立即报告旅行社。"

根据该规定，导游员享有调整或变更接待计划的权利。但是，导游员行使这一权利时，必须符合下列条件。

1. 必须是在引导旅游者旅行、游览过程中，也就是说，必须是在旅游活动开始后

在旅行、游览开始之前，导游人员不得行使这一权利。在旅游合同订立之后，旅游活动开始之前，如果出现不利于旅游活动的情形，应当由旅行社与旅游者进行协商，达成一致意见后，由旅行社调整或者变更旅游接待计划。

2. 必须是遇到可能危及旅游者人身安全的紧急情形时，导游人员才可以行使这一权利

为了避免可能危及旅游者人身安全的情形发生，导游人员就需要当机立断地调整或变更

旅游行程计划。

3. 必须经多数旅游者同意

在旅行、游览中导游人员如果要调整或变更接待计划，必须要征得旅游团中多数旅游者的同意。旅游合同一经双方确认订立后，就应当严格按照合同约定履行，如果需要调整或变更旅游计划，应当经过双方协商一致。但是，由于发生了可能危及旅游者人身安全的紧急情形，所以导游人员只要征得多数旅游者的同意，就可以调整或变更旅游接待计划，而不必得到全体旅游者的同意。

4. 必须立即报告旅行社

因为旅游接待计划是由旅行社确定的，是得到旅游者认可的，而导游人员是受旅行社的委派带团执行旅游接待计划，调整或变更旅游接待计划并不是导游人员的职责权限。但是，由于导游人员在执行带团旅游任务的途中，遇到可能危及旅游者人身安全的紧急情形，为了避免旅游者人身安全发生危害，在征得多数旅游者同意后，导游人员依法可以调整或变更接待计划。导游人员在调整或者变更接待计划后，必须立即报告旅行社，以得到旅行社的认可。

三、导游人员对旅游行政行为不服时，依法享有申请行政复议权和行政诉讼的权利

1. 导游人员对旅游行政行为不服时，依法享有申请行政复议权

《导游人员管理条例》规定了对导游人员违反条例的行政处罚。如果导游人员对旅游行政管理部门的具体行政行为不服时，依法享有向该部门的同级人民政府或其上级旅游行政管理部门申请行政复议的权利。

我国许多法律、法规均规定，当事人对行政管理机关做出的行政处罚不服，可以向其上一级行政管理机关申请复议。《导游人员管理条例》虽然没有行政复议的规定，但这并不意味着导游管理不实行行政复议制度，因为《中华人民共和国行政复议法》（以下简称《行政复议法》）明确规定了公民、法人或者其他组织向行政机关申请复议的权利。因此，导游人员对旅游行政机关做出的行政处罚不服时，有权向其上一级旅游行政机关申请复议，并不一定需要《导游人员管理条例》明确规定申请复议条款。

依据《行政复议法》的规定，结合旅游行政管理实际，导游人员对旅游行政部门的下列具体行政行为不服时，可以申请复议：

（1）对罚款、吊销导游证、责令改正、暂扣导游证等行政处罚不服的；

（2）认为符合法定条件申请行政机关颁发导游人员资格证书和导游证，旅游行政部门拒绝颁发或者不予答复的；

（3）认为旅游行政部门违法要求导游人员履行义务的；

（4）认为旅游行政部门侵犯导游人员人身权、财产权的；

（5）法律、法规规定可以提起行政诉讼或者可以申请复议的其他具体行政行为。

2. 导游人员对旅游行政部门的行政行为不服时，享有向人民法院提起行政诉讼的权力

《中华人民共和国行政诉讼法》规定：“公民、法人或者其他组织认为行政机关和行政

机关工作人员的具体行政行为侵犯其合法权益，有权依照本法规定向人民法院提起诉讼。”由此规定可见，导游人员对旅游行政管理部门所给予的行政处罚和有关行政行为，不仅享有申请复议权，还享有向人民法院提起行政诉讼的权力。导游人员对旅游行政部门的下列具体行政行为不服时，有权向人民法院提起诉讼：

（1）对行政处罚不服，可以提起诉讼。行政处罚是国家行政机关依法对违反行政管理法律、法规的公民、法人或其他组织给予的行政制裁。《导游人员管理条例》规定对导游人员违法行为的行政处罚主要有罚款、没收非法所得、责令改正、暂扣导游证、吊销导游证等。导游人员对旅游行政部门给予的行政处罚不服时，有权向人民法院提起诉讼。

（2）对符合法定条件向旅游行政部门申请颁发导游人员资格证书和导游证，旅游行政部门拒绝颁发或不予答复的，可以提起诉讼。

（3）对旅游行政机关违法要求导游人员履行义务的，可以提起诉讼。

（4）对旅游行政机关侵犯导游人员人身权、财产权的具体行政行为，可以提起诉讼。

另外，在导游活动过程中，旅游者如有侵犯导游员人身权或损害其财产的行为，导游员依法享有向人民法院提起民事诉讼的权利。

四、导游员享有的其他权利

导游员为了更好地履行职责应当享有参加培训的权利、获得晋升的权利、获取合理报酬的权利等。与旅行社签订了劳动合同的导游员还应享有最低工资保障、休息、休假、社会保险和福利，并获得劳动安全、卫生保护等。

第二节 导游人员的义务

一、导游人员应当不断提高自身业务素质和职业技能

导游员的业务素质和技能水平直接关系到导游服务质量，影响到能否为旅游者提供优良的导游服务。而旅游者也往往是通过导游员去认识一家旅行社、一个城市乃至一个民族、一个国家的。可以说，导游员的业务素质及其导游职业技能紧紧维系旅游业的发展。导游人员必须不断提高自身业务素质和职业技能以适应形势的发展，树立终生学习的思想。

二、导游人员进行导游活动时，应当佩戴导游证

导游证是国家准许从事导游工作的法定证件。导游员在导游工作中佩戴导游证，一是为了给旅游者提供规范服务的需要，便于旅游者识别导游员，及时得到导游员的帮助和服务；二是便于旅游行政管理部门的监督检查。《导游人员管理条例》规定导游人员佩戴导游证是导游人员执行导游任务时的一项法定义务。如导游人员在导游的活动中不佩戴导游证，由旅游行政部门责令改正，拒不改正的，处 500 元以下的罚款。（《导游人员管理条例》第 21

条规定）

三、导游人员进行导游活动，必须经旅行社委派

招徕、接待旅游者，为旅游者安排食宿等有偿服务，是旅行社的经营范围。导游人员作为旅行社的雇员，只能接受旅行社的委派，为旅游者提供向导、讲解及相关旅游服务，而不得私自承揽或者以其他任何方式直接承揽导游业务。

《导游人员管理条例》第 19 条规定："对导游人员未经旅行社委派，私自承揽或者以其他方式直接承揽导游业务，进行导游活动的，由旅游行政部门责令改正，处 1 千元以上 3 万元以下的罚款；有违法所得的，并处没收违法所得；情节严重的，由省、自治区、直辖市人民政府旅游行政管理部门吊销导游证并予以公告。

四、导游人员进行导游活动时，应当自觉维护国家利益和民族尊严，不得有损害国家利益和民族尊严的言行

维护国家利益和民族尊严，是每一个公民的基本义务。《中华人民共和国宪法》规定："中华人民共和国公民有维护祖国的安全、荣誉和利益的义务，不得有危害祖国的安全、荣誉和利益的行为。"导游员作为文化和友谊的传播者，其言行和举止有着重要的代表意义。因此，导游人员在导游活动中必须自觉维护国家利益和民族尊严，这是导游人员必须具备的政治条件和业务要求。

《导游人员管理条例》第 20 条规定，导游人员进行导游活动时，有损害国家利益和民族尊严的言行的，由旅游行政部门责令改正；情节严重的，由省、自治区、直辖市人民政府旅游行政部门吊销导游证并予以公告；对该导游人员所在的旅行社给予警告直至责令停业整顿。

五、导游人员进行导游活动时，应当遵守职业道德，着装整洁，礼貌待人，尊重旅游者的宗教信仰、民族习俗和生活习惯

导游员进行导游活动时，应当向旅游者讲解旅游地的人文和自然情况，介绍风土人情和习俗。但是，不得迎合个别旅游者的低级趣味，不得在讲解、介绍中掺杂庸俗下流的内容。导游员进行导游活动时，应着装整洁，礼貌待人，尊重旅游者的宗教信仰、民族风俗和私生活习惯。这是导游人员在讲解、导游过程中应当遵循的业务要求。

六、导游人员应当严格按照旅行社确定的接待计划安排旅游者的旅行、游览活动，不得擅自增加、减少旅游项目或者中止导游活动

导游员接受旅行社的委派带团旅游时，应当严格按照旅行社确定、经旅游者认可的旅游接待计划完成导游活动，不得擅自增加、减少旅游项目或者中止导游活动。这不仅是《导游人员管理条例》所规定的，而且《中华人民共和国合同法》也规定，当事人应当按照约定全面履行自己的义务。否则，就要承担违约责任。

导游人员擅自增加、减少旅游项目或者中止导游活动，就可能对旅游者违约。但导游人

员在引导旅游者旅行、游览的过程中，遇有可能危及旅游者人身安全的紧急情形时，经征得多数旅游者同意，可调整或者变更接待计划，并立即报告旅行社。

导游人员不得擅自中止导游活动。一般来说，构成中止导游活动的行为，必须同时具备以下条件：

第一，必须在导游活动已经开始尚未结束之前，是出现在执行旅游接待计划的过程中；

第二，必须是擅自中止。这是中止导游活动最主要的特征，这就排除了由于旅行社的决定或其他外部作用的影响而导致的导游人员中止导游活动；

第三，必须是彻底中止。即导游人员彻底放弃了原来的导游活动。如果导游人员因某种原因，暂时放弃了正在进行的导游活动，待该原因消失后又继续进行导游活动的，是导游活动的中断进行，而不是导游活动的中止。

《导游人员管理条例》第 22 条规定："导游人员擅自增加或者减少旅游项目的，擅自变更接待计划的，擅自中止导游活动的，由旅游行政管理部门责令改正，暂扣导游证 3 至 6 个月；情节严重的，由省、自治区、直辖市人民政府旅游行政管理部门吊销导游证并予以公告。"

七、导游人员在引导旅游者旅行、游览过程中，应当就可能发生危及旅游者人身、财物安全的情况，向旅游者做出真实说明和明确警示，并按照旅行社的要求采取防护措施

旅游是一种体验或者经历活动。尤其是在探险旅游中，可能危及旅游者人身、财物安全的情形往往是客观存在的。遇有这类情形，导游员应当就可能发生危及旅游者人身、财物安全的情况，向旅游者做出真实的说明和明确的警示。说明和警示要求真实、准确、通俗易懂，不致发生歧义；同时，导游员要按照旅行社的要求采取防止危害发生的措施，否则导游员和旅行社就要承担相应的法律责任。

八、导游人员进行导游活动，不得向旅游者兜售物品或者购买旅游者的物品，不得以明示或者暗示的方式向旅游者索要小费

导游员在进行导游活动时的职责，即他应该做的是为旅游者提供向导、讲解及相关的旅游服务，而向旅游者兜售物品或者购买旅游者的物品，不属于其职责范围，也是与其身份不相称的。

小费是指在旅游活动中旅游者额外给予导游人员等旅游服务人员的金钱。服务良好的导游人员得到客人自愿给予的小费，是旅游者对其工作的肯定和奖励。但是以明示或者暗示的方式向旅游者索要小费，是我国旅游法规禁止的。

《导游人员管理条例》第 23 条规定："导游人员进行导游活动，向旅游者兜售物品或者购买旅游者的物品的，或者以明示或暗示的方式向旅游者索要小费的，由旅游行政部门责令改正，处 1 千元以上 3 万元以下的罚款；有违法所得的，并处没收违法所得；情节严重的，由省、自治区、直辖市人民政府旅游行政管理部门吊销导游证并予以公告；对委派该导游人

员的旅行社给予警告直至责令停业整顿。”

九、导游人员进行导游活动，不得欺骗、胁迫旅游者消费或者与经营者串通欺骗、胁迫旅游者消费

欺骗，是指导游员，或导游员与经营者串通，故意告知旅游者虚假情况，或者故意隐瞒真实情况，诱使旅游者做出错误的意思表示的行为。这种欺骗行为分两种情形：一是导游员故意欺骗旅游者消费；二是导游员与经营者串通起来欺骗旅游者消费。

胁迫，是指导游员，或导游员与经营者串通起来，以给旅游者及其亲友的生命健康、名誉、荣誉、财产等造成损害为要挟，或以丢团、甩团为要挟，迫使旅游者做出违背真实的消费意思表示的行为。

欺骗、胁迫旅游者消费或者与经营者串通欺骗、胁迫旅游者消费的行为，是严重侵害旅游者合法权益的行为，应当受到法律的严厉制裁。《导游人员管理条例》第 24 条规定：“导游人员进行导游活动，欺骗、胁迫旅游者消费或者与经营者串通欺骗、胁迫旅游者消费的，由旅游行政管理部门责令改正，处 1 千元以上 3 万元以下的罚款；有违法所得的，并处没收违法所得；情节严重的，由省、自治区、直辖市人民政府旅游行政管理部门吊销导游证并予以公告；对委派该导游人员的旅行社予以警告直至责令停业整顿；构成犯罪的，依法追究其刑事责任。”

1.3 项目实施

任务 4-1　导游人员资格考试及等级考核制度

- **任务目的**：通过对《导游人员管理条例》的学习，能够掌握成为一名正式导游人员的基本条件和要求。
- **任务内容**：如何成为一名正式的导游人员。
- **任务时间**：课余时间。
- **任务方法**：将学生进行分组，每组 4~8 名同学，组内由学生自行分工合作，收集社会各群体对《导游人员管理条例》相关条款的深度解读文件及案例，并在文档中进行图文资料的归类整理，在此基础上学生制作一份用于展示成果的 PPT 文件。教师将 2 课时时间用于学生自行汇报展示其工作成果。

任务 4-2　导游员的权利和义务

- 任务目的：掌握导游人员的权利，掌握导游人员的义务和法律责任。
- 任务内容：解读导游人员如何更有效的保护自己。
- 任务时间：课余时间。
- 任务方法：将学生进行分组，每组 4~8 名同学，组内由学生自行分工合作，搜集《旅游法》《导游人员管理条例》等相关文件精神的官方和民间解读资料，在文档中进行图文资料的整理归纳，在此基础上学生制作一份用于展示成果的 PPT 文件。教师将 2 课时时间用于学生自行汇报展示其工作成果。

1.4 项目练习

（1）简述导游证的申领条件及程序。

（2）简述导游人员的权利和义务。

（3）简述导游自由执业的条件及注意事项。

1.5 项目拓展

导游自由执业与导游管理

扫一扫，导游自由执业与导游管理

http://www.ctnews.com.cn/2glyb/html/2016-02/17/content122644.htm?div=-1.

微信扫一扫

项目 05

旅行社管理法规

学习目标

- 熟悉和掌握《中华人民共和国旅游法》（以下简称《旅游法》）《旅行社条例》《旅行社条例实施细则》关于旅行社设立、经营范围、经营原则、经营规范、旅行社的权利义务等法律制度及其相关法律责任的规定
- 熟悉《旅游法》《旅行社责任保险管理办法》等法律、法规对责任保险及其旅游意外保险的相关规定

1.1 项目导例

国家旅游局发文规范在线旅游经营服务

2014 年 6 月 11 日，国家旅游局发布《旅行社产品第三方网络交易平台经营和服务要求》（以下简称要求）。要求对旅行社产品第三方网络交易平台的分类、交易流程、经营的基本要求、服务的基本要求、对旅行社的要求等做了明确说明。

其中，经营的基本要求包括经营资质要求、信息公开要求和经营要求。平台应取得工商营业执照、电信与信息服务业务经营许可证（ICP），完成经营性网站备案，并在网站主页面显著位置公示相关信息；应制定并公布交易规则和相关规章制度；应与合作的旅行社订立进场经营合同，监督旅行社发布的旅行社产品及其相关信息；可设立信用评价制度以对旅行社进行信用评价和管理，信用等级评价制度应提前公示，并为旅游者提供信用等级查询服务。平台信用评价结果可作为“涉税信用认证机构”对旅行社涉税信用认证年审依据之一；歇业或者其他原因终止经营的，应提前一个月通知旅行社和旅游者，并及时结

清欠款、办结相关手续。

服务的基本要求包括信息和数据服务的要求、交易服务的要求、售后服务要求和投诉处理。其中，信息和数据服务方面要求，平台交易双方数据的保存时间自其最后一次登录之日起不少于三年。可查询的交易数据保存时间自交易发生之日起不少于三年。售后服务方面要求，应建立售后服务制度，制定有效的售后服务流程；设置 24 小时应急服务电话，建立在线留言等交互方式；采取必要的措施保护旅游者的合法权益不受侵害，为旅游者提供评价旅行社产品质量及旅行社服务的渠道。

平台对旅行社的要求包括平台对旅行社的基本要求、平台对旅行社的运营要求、平台对旅行社产品信息要求、平台对信息发布与更新要求、平台对旅行社的投诉处理要求等。平台应要求旅行社提供营业执照、税务登记证和旅行社业务经营许可证、旅游服务质量保证金缴纳证明、旅行社责任保险投保证明；对旅行社提供的旅行社产品信息进行审核，审查内容包括涉及的酒店、度假村，应具备住宿企业营业执照、符合 GB/T 14308 的规定，涉及的餐厅应符合 GB/ 16153 的规定，涉及的机票代理业务商应具备机票代理业务资质，涉及的车辆租赁业务提供商应具备车辆租赁行业营运执照。（来源：中国青年报）

1.2 项目知识平台

为了加强对旅行社的管理，保障旅游者和旅行社的合法权益，维护旅游市场秩序，促进旅游业的健康发展，国务院于 2009 年 1 月 21 日发布了《旅行社条例》（以下简称《条例》）。2016 年 12 月 6 日国家旅游局第 17 次局长办公会议审议通过，2016 年 12 月 12 日国家旅游局令第 42 号公布施行了新修订的《旅行社条例实施细则》（以下简称《实施细则》）。另外，国家及有关主管部门还制定了一些有关旅行社行业的管理法规，这对规范旅行社的经营管理，发挥着重要作用。

任务 5-1 如何成立一家旅行社

第一节 旅行社的概念及内涵

一、旅行社的概念及其特征

（一）概念

《条例》规定：“本条例所称旅行社，是指从事招徕、组织、接待旅游者等活动，为旅游者提供相关旅游服务，开展国内旅游业务、入境旅游业务或者出境旅游业务的企业。”旅行社是旅游消费者与各种旅游服务供应（或生产）者之间的中介，它把旅游者需要的多种服务集中起来，一次性地销售给旅游者。同时，旅行社又对不同的旅游服务供应者（如饭店、餐馆、车船公司、旅游景点）的产品进行推销，为各类旅游服务供应者招徕旅游者。旅行社既满足了旅游者的消费需求，又促进了旅游产品的生产和销售，从而起到了促进旅游业发展的作用。

（二）法律特征

1. 旅行社是经旅游行政管理部门审批设立的（依法设立）

从新《条例》的规定分析，旅行社是从事旅游业务经营、获取有偿服务、实现经营利润的社会经济组织。旅行社是从事旅游服务，属于许可经营的行业。它的设立，必须经有审批权的旅游行政管理部门的审批，未经审批，任何单位或个人均不得经营旅游业务。世界上绝大多数国家的有关法律、法规都规定，经营旅行社业务必须经旅游行政管理部门的审批。

2. 旅行社的业务是从事招徕、组织和接待旅游者，为旅游者提供相关旅游服务

招徕，是指旅行社按照法律规定并在经主管部门批准的经营范围内开展宣传营销活动，组织招徕游客的工作。组织和接待，是指旅行社根据与旅游者（团）的约定，安排食宿、交通、游览、导游、购物、娱乐等活动，组织旅行游览。为了实现招徕和接待旅游者的业务，旅行社也为旅游者代办出境、入境和签证手续。

3. 旅行社是以营利为目的，实行独立核算的经济实体

旅行社作为独立的企业法人，应当自主经营、自负盈亏，以自己的名义独立承担民事责任，依法享有权利和承担相应的义务。旅行社对自己的经营成果要承担经济责任和享有相应的经济权利，如果不是以营利为目的，在经营中不能获得一定利润，那么旅行社只能倒闭破产。旅行社为了实现营利的目的，为了合理地做到有偿服务，应当开拓旅游招徕和接待业务，增加旅游收入，开展精确的核算活动，节省经营中的人力、物力、财力消耗，做到以收抵支，并有盈余，取得较好的经济效益。

可以看出，必须同时具备经旅游行政管理部门审批并获得旅行社业务经营许可证、从事旅游业务、有营利目的这三个要件的企业，才可以称之为旅行社。这里所称的旅行社，还包括了依法设立的从事旅游业务的旅游公司、旅游服务公司、旅行服务公司、旅游咨询公司和其他同类性质的企业。

二、旅行社的业务经营范围

（一）业务范围

根据《实施细则》第 2 条规定，所称招徕、组织、接待旅游者提供的相关旅游服务，主要包括：

①安排交通服务；

②安排住宿服务；

③安排餐饮服务；

④安排观光游览、休闲度假等服务；

⑤导游、领队服务；

⑥旅游咨询、旅游活动设计服务。

旅行社还可以接受委托，提供下列旅游服务：

①接受旅游者的委托，代订交通客票、代订住宿和代办出境、入境、签证手续等；

②接受机关、事业单位和社会团体的委托，为其差旅、考察、会议、展览等公务活动，代办交通、住宿、餐饮、会务等事务；

③接受企业委托，为其各类商务活动、奖励旅游等代办交通、住宿、餐饮、会务、观光游览、休闲度假等事务；

④其他旅游服务。

前款所列出境、签证手续等服务，应当由具备出境旅游业务经营权的旅行社代办。

（二）业务界定

根据《实施细则》第 3 条规定：

国内旅游业务，是指旅行社招徕、组织和接待中国内地居民在境内旅游的业务。

入境旅游业务，是指旅行社招徕、组织、接待外国旅游者来我国旅游，香港特别行政区、澳门特别行政区旅游者来内地旅游，台湾地区居民来大陆旅游，以及招徕、组织、接待在中国内地的外国人，在内地的香港特别行政区、澳门特别行政区居民和在大陆的台湾地区居民在境内旅游的业务。

出境旅游业务，是指旅行社招徕、组织、接待中国内地居民出国旅游，赴香港特别行政区、澳门特别行政区和台湾地区旅游，以及招徕、组织、接待在中国内地的外国人、在内地的香港特别行政区、澳门特别行政区居民和在大陆的台湾地区居民出境旅游的业务。

第二节　旅行社的设立

旅行社同其他企业一样，是国民经济的一个基层单位和经济实体，任何单位或个人建立旅行社都必须具备一定的条件。从外部条件来说，旅行社的开办要受到旅游市场的制约，受到国家对旅行社行业管理所制定的有关政策与法规的规范；从内部条件来说，旅行社的开办要受到自身的人力、物力、财力和组织管理诸因素的影响。

一、旅行社的设立条件

《旅游法》第 28 条规定：设立旅行社，招徕、组织、接待旅游者，为其提供旅游服务，应当具备下列条件，取得旅游主管部门的许可，依法办理工商登记。

（一）有固定的营业场所

《条例》中所称的固定的营业场所，是指在较长的一段时间里为旅行社拥有或能为旅行社所使用的固定的营业场所。旅行社拥有的固定营业场所是其固定资产；能为旅行社所使用的营业场所是租用其他单位的营业用房，要有租赁期至少一年的房屋租赁合同。《实施细则》第 6 条规定，旅行社的经营场所应当符合下列要求：

①申请者拥有产权的营业用房，或者申请者租用的、租期不少于 1 年的营业用房；

②营业用房应当满足申请者业务经营的需要。

（二）有必要的营业设施

《实施细则》第 7 条规定，旅行社的营业设施应当至少包括下列设施、设备：

① 2 部以上的直线固定电话；

②传真机、复印机；

③具备与旅游行政管理部门及其他旅游经营者联网条件的计算机。

（三）有符合规定的注册资本

注册资本是指旅行社用于正常经营活动所应拥有的固定资金和流动资金，也是向有关行政管理部门申请营业的重要依据。根据《条例》规定，经营国内旅游业务和入境旅游业务的旅行社，注册资本不得少于 30 万元人民币。

（四）有必要的经营管理人员和导游

根据《旅游法》的规定，设立旅行社应有经培训并持有省、自治区、直辖市以上人民政府旅游行政管理部门颁发的资格证书的经营人员。这项规定，要求旅行社高级管理人员和重要部门的中层管理人员必须经过培训，持证上岗。凡是不具有旅游行政管理部门规定的任职资格的人员，不得担任旅行社的高级管理职务。

（五）法律、行政法规规定的其他条件

根据《旅行社条例》第 7 条规定，申请经营国内旅游业务和入境旅游业务的，应当向所在地省、自治区、直辖市旅游行政管理部门或者其委托的设区的市级旅游行政管理部门提出申请，并提交符合本条例第 6 条规定的相关证明文件。受理申请的旅游行政管理部门应当自受理申请之日起 20 个工作日内做出许可或者不予许可的决定。予以许可的，向申请人颁发旅行社业务经营许可证；不予许可的，书面通知申请人并说明理由。申请获得批准后，申请人持旅行社业务经营许可证向工商行政管理部门领取营业执照。未取得旅行社业务经营许可证的，不得从事旅游业务。

《条例》规定：旅行社取得经营许可满两年，且未因侵害旅游者合法权益受到行政机关罚款以上处罚的，可以申请经营出境旅游业务。

《条例》规定：经营国内旅游业务和入境旅游业务的旅行社，应存入 20 万质量保证金，增设一个分社增加 5 万元。经营出境旅游业务的，需增存 120 万质量保证金，增设一个分社增加 30 万元。

二、旅行社的设立程序

在我国，旅行社业是属于进行前期归口审批、实行业务许可证制的行业。凡拟设立旅行社的单位，都必须严格按照《条例》的规定，经申请、审批、核准、登记后，方可正式成立旅行社。

（一）申请开办旅行社应提交的文件

根据《实施细则》第 8 条规定，申请设立旅行社，经营国内旅游业务和入境旅游业务的，应当向省、自治区、直辖市旅游行政管理部门（简称省级旅游行政管理部门，下同）提交下列文件：

①设立申请书。内容包括申请设立的旅行社的中英文名称及英文缩写，设立地址，企业形式、出资人、出资额和出资方式，申请人、受理申请部门的全称、申请书名称和申请的时间；

②法定代表人履历表及身份证明；

③企业章程；

④经营场所的证明；

⑤营业设施、设备的证明或者说明；

⑥工商行政管理部门出具的《企业法人营业执照》。

（二）设立旅行社的审批程序

1. 经营国内和入境旅游业务的旅行社

（1）审核部门——应当向所在地省、自治区、直辖市旅游行政管理部门或者其委托的设区的市级旅游行政管理部门提出申请，并提交符合《条例》第 6 条规定的相关证明文件。

（2）审批期限——受理申请的旅游行政管理部门应当自受理申请之日起 20 个工作日内做出许可或者不予许可的决定。予以许可的，向申请人颁发旅行社业务经营许可证，申请人持旅行社业务经营许可证向工商行政管理部门办理设立登记；不予许可的，书面通知申请人并说明理由。

《旅行社业务经营许可证》（以下简称《许可证》）是旅行社经营旅游业务的资格证明，它表明设立申请者已经具备了经营旅游业务的条件。未取得《许可证》的单位，一律不得从事旅游业务。

（3）工商登记——申请人应当在收到许可证后，持许可证到工商行政管理部门办理注册登记。工商行政管理部门应当在受理申请后 30 个工作日内做出核准登记或不予核准登记的决定。旅行社领取营业执照后，即告成立。

（4）税务登记——旅行社成立后，申请人应当在 30 个工作日内，到当地税务部门办理开业税务登记，手续完清后才能对外营业。

2. 经营出境旅游业务的旅行社

（1）条件——《条例》规定，旅行社取得经营许可满两年，且未因侵害旅游者合法权益受到行政机关罚款以上处罚的，可以申请经营出境旅游业务。

（2）审核部门——旅行社申请出境旅游业务的，应当向国务院旅游行政主管部门或者其委托的省、自治区、直辖市旅游行政管理部门提交原许可的旅游行政管理部门出具的，证明其经营旅行社业务满两年、且连续两年未因侵害旅游者合法权益受到行政机关罚款以上处罚的文件。

（3）审批期限——根据《行政许可法》的规定：旅游行政管理部门应当自收到申请之日

起 20 个工作日内，做出批准或不批准的决定，不予许可的，书面通知申请人并说明理由。旅行社取得出境旅游经营业务许可的，由国务院旅游行政主管部门换发旅行社业务经营许可证。

（4）工商登记——旅行社取得出境旅游经营业务许可的，由国务院旅游行政主管部门换发旅行社业务经营许可证。旅行社持旅行社业务经营许可证向工商行政管理部门办理经营范围变更登记。

（三）旅行社的变更和终止

旅行社变更名称、经营场所、法定代表人等登记事项或者终止经营的，应当到工商行政管理部门办理相应的变更登记或者注销登记，并在登记办理完毕之日起 10 个工作日内，向原许可的旅游行政管理部门备案，换领或者交回旅行社业务经营许可证。

三、旅行社分支机构的设立

根据《实施细则》第 18 条规定，旅行社分社（简称分社，下同）及旅行社服务网点（简称服务网点，下同），不具有法人资格，以设立分社、服务网点的旅行社（简称设立社，下同）的名义从事《条例》规定的经营活动，其经营活动的责任和后果，由设立社承担。

设立社应当加强对分社和服务网点的管理，对分社实行统一的人事、财务、招徕、接待制度规范，对服务网点实行统一管理、统一财务、统一招徕和统一咨询服务规范。

（一）旅行社分社的设立

根据《实施细则》第 19 条规定，设立社向分社所在地工商行政管理部门办理分社设立登记后，应当持下列文件向分社所在地与工商登记同级的旅游行政管理部门备案：

①分社的《营业执照》；

②分社经理的履历表和身份证明；

③增存质量保证金的证明文件。

没有同级的旅游行政管理部门的，向上一级旅游行政管理部门备案。

《实施细则》第 20 条规定，分社的经营场所、营业设施、设备，应当符合本实施细则第 6 条、第 7 条规定的要求。分社的名称中应当包含设立社名称、分社所在地地名和“分社”或者“分公司”字样。

（二）旅行社服务网点的设立

根据《实施细则》第 21 条，服务网点是指旅行社设立的，为旅行社招徕旅游者，并以旅行社的名义与旅游者签订旅游合同的门市部等机构。设立社可以在其所在地的省、自治区、直辖市行政区划内设立服务网点；设立社在其所在地的省、自治区、直辖市行政区划外设立分社的，可以在该分社所在地设区的市的行政区划内设立服务网点。分社不得设立服务网点。设立社不得在前款规定的区域范围外，设立服务网点。

根据《实施细则》第 22 条，服务网点应当设在方便旅游者认识和出入的公众场所。服务网点的名称、标牌应当包括设立社名称、服务网点所在地地名等，不得含有使消费者误解为是旅行社或者分社的内容，也不得作易使消费者误解的简称。服务网点应当在设立社的经营范围内，招徕旅游者、提供旅游咨询服务。

根据《实施细则》第 23 条，设立社向服务网点所在地工商行政管理部门办理服务网点设立登记后，应当在 3 个工作日内，持下列文件向服务网点所在地与工商登记同级的旅游行政管理部门备案：

①服务网点的《营业执照》；

②服务网点经理的履历表和身份证明。

没有同级的旅游行政管理部门的，向上一级旅游行政管理部门备案。

四、外商投资旅行社的有关规定

外商投资旅行社，包括外国旅游经营者同中国投资者依法共同投资设立的中外合资经营旅行社、中外合作经营旅行社和外国旅游经营者依法设立的外商独资旅行社。

设立外商投资旅行社，由投资者向国务院旅游行政主管部门提出申请，并提交符合《条例》第 6 条、第 18 条规定的相关证明文件。国务院旅游行政主管部门应当自受理申请之日起 30 个工作日内审查完毕。同意设立的，出具外商投资旅行社业务许可审定意见书；不同意设立的，书面通知申请人并说明理由。

申请人持外商投资旅行社业务许可审定意见书、章程以及合资、合作双方签订的合同向国务院商务主管部门提出设立外商投资企业的申请。国务院商务主管部门应当依照有关法律、行政法规的规定，做出批准或者不予批准的决定。予以批准的，颁发外商投资企业批准证书，并通知申请人向国务院旅游行政主管部门领取旅行社业务经营许可证；不予批准的，书面通知申请人并说明理由。

申请人持旅行社业务经营许可证和外商投资企业批准证书向工商行政管理机关办理工商设立登记。

外商投资旅行社不得经营中国内地居民出国旅游业务以及赴中国香港特别行政区、中国澳门特别行政区和中国台湾地区旅游的业务，但是国务院决定或者我国签署的自由贸易协定另有规定的除外。

任务 5-2　如何经营管理一家旅行社

第一节　旅行社业务经营许可证制度

一、旅行社业务经营许可证制度概述

旅行社经营许可证制度所指的许可证，是经营旅游业务的资格证明，有根据旅游局统一印制，由具有审批权的旅游行政管理部门颁发。旅行社业务经营许可证不得转让、出租或出借。许可证有效期为三年，旅行社应当在许可证到期前三个月内，持许可证到原颁证单位换发。许可证及副本毁损或遗失的，旅行社应当向原许可的旅游行政管理部门申请换发或补办。

二、旅行社持证经营规定

（一）未取得旅行社业务营业许可证的，不得从事旅游业务

1. 营业许可证的取得

《旅游法》第28条规定：设立旅行社，招徕、组织、接待旅游者，为其提供旅游服务，应当具备下列条件，取得旅游主管部门的许可，依法办理工商登记。

设立任何类型旅行社，都必须要向相关的旅游行政管理部门提出申请。申请时，应将事先准备好的文件呈交受理申请的旅游行政管理部门，申请获得批准后，旅游行政管理部门应当向申请获批准的申请人颁发旅行社营业许可证，申请人持旅行社营业许可证向工商行政管理部门领取营业执照。未取得旅行社业务营业许可证的，不得从事旅游业务。

2. 营业许可证的使用

根据《实施细则》，旅行社及其分社、服务网点，应当将《旅行社业务经营许可证》《旅行社分社备案登记证明》或者《旅行社服务网点备案登记证明》，与营业执照一起，悬挂在经营场所的显要位置。

旅行社设立的办事处、代表处或者联络处等办事机构，不得从事旅行社业务经营活动。旅行社以互联网形式经营旅行社业务的，除符合法律、法规规定外，其网站首页应当载明旅行社的名称、法定代表人、许可证编号和业务经营范围，以及原许可的旅游行政管理部门的投诉电话。

3. 法律责任

对未经许可经营旅行社业务的单位和个人，《旅游法》第95条规定：违反本法规定，未经许可经营旅行社业务的，由旅游主管部门或者工商行政管理部门责令改正，没收违法所得，并处1万元以上10万元以下罚款；违法所得10万元以上的，并处违法所得1倍以上5倍以下罚款；对有关责任人员，处2千元以上2万元以下罚款。

《实施细则》第57条规定，擅自引进外商投资、设立服务网点未在规定期限内备案，或者旅行社及其分社、服务网点未悬挂旅行社业务经营许可证、备案登记证明的，由县级以上旅游行政管理部门责令改正，可以处1万元以下的罚款。

（二）未经许可不能经营出境旅游业务、边境旅游业务

《旅游法》第29条规定：旅行社可以经营下列业务：境内旅游、出境旅游、边境旅游、入境旅游、其他旅游业务。但旅行社经营出境旅游、边境旅游业务，应当取得相应的业务经营许可，具体条件由国务院规定。

《旅行社条例》第8条规定：旅行社取得经营许可满两年，且未因侵害旅游者合法权益受到行政机关罚款以上处罚的，可以申请经营出境旅游业务。

对未经许可经营出境旅游业务、边境旅游业务的旅行社，《旅游法》第95条规定：旅行社未经许可经营出境旅游、边境旅游业务，或者出租、出借旅行社业务经营许可证，或者以其他方式非法转让旅行社业务经营许可的，除依照前款规定处罚外，并责令停业整顿；情节严重的，吊销旅行社业务经营许可证；对直接负责的主管人员，处2千元以上2万元以下罚款。

《旅行社条例》第 23 条规定：外商投资旅行社不得经营中国内地居民出国旅游业务以及赴香港特别行政区、澳门特别行政区和台湾地区旅游的业务，但是国务院决定或者我国签署的自由贸易协定和内地与香港、澳门关于建立更紧密经贸关系的安排另有规定的除外。

《旅行社条例》第 51 条规定：外商投资旅行社经营中国内地居民出国旅游业务以及赴香港特别行政区、澳门特别行政区和台湾地区旅游业务的，由旅游行政管理部门责令改正，没收违法所得，违法所得 10 万元以上的，并处违法所得 1 倍以上 5 倍以下的罚款；违法所得不足 10 万元或者没有违法所得的，并处 10 万元以上 50 万元以下的罚款；情节严重的，吊销旅行社业务经营许可证。

（三）旅行社不得非法转让经营许可证

《旅游法》第 30 条规定：旅行社不得出租、出借旅行社业务经营许可证，或者以其他形式非法转让旅行社业务经营许可证。

对此，《实施细则》进一步说明，旅行社业务经营许可证不得转让、出租或者出借。旅行社的下列行为属于转让、出租或者出借旅行社业务经营许可证的行为：

①除招徕旅游者和符合本实施细则第四十条第一款规定的接待旅游者的情形外，准许或者默许其他企业、团体或者个人，以自己的名义从事旅行社业务经营活动的；

②准许其他企业、团体或者个人，以部门或者个人承包、挂靠的形式经营旅行社业务的。

对出租、出借旅行社业务经营许可证，或者以其他形式非法转让旅行社业务经营许可的旅行社，《旅行社条例》第 47 条规定：旅行社转让、出租、出借旅行社业务经营许可证的，由旅游行政管理部门责令停业整顿 1 个月至 3 个月，并没收违法所得；情节严重的，吊销旅行社业务经营许可证。受让或者租借旅行社业务经营许可证的，由旅游行政管理部门责令停止非法经营，没收违法所得，并处 10 万元以上 50 万元以下的罚款。

第二节 旅游服务质量保证金制度

一、旅游服务质量保证金制度概述

为加强对旅行社服务质量的监督和管理，保护旅游者的合法权益，保障旅行社规范经营，维护我国旅游业声誉，国家旅游局根据《旅行社管理条例》的有关规定，按照旅行社的经营特点，参照国际惯例，经国务院批准，对旅行社实行质量保证金制度。1995 年 1 月 1 日国家旅游局发布了《旅行社质量保证金暂行规定》以及《旅行社质量保证金暂行规定实施细则》（以下简称《暂行规定》《暂行规定实施细则》）。2009 年的《旅行社条例》实施对旅行社质量保证金内容作了较大的调整与更新。2013 年，国家旅游局为规范对旅游服务质量保证金的管理，根据《中华人民共和国旅游法》《中华人民共和国商业银行法》《中华人民共和国担保法》《中华人民共和国合同法》和《旅行社条例》的规定，制定并印发《旅行社质量保证金存取管理办法》。原《旅行社质量保证金财务管理暂行办法》及其补充规定予以废止。2013 年 9 月 26 日，国家旅游局办公室以旅办发〔2013〕170 号印发《关于将〈旅行社质量保证金存取管理办法〉修改为〈旅游服务质量保证金存取管理办法〉的通知》，将《旅行社质量保证金存取管理办法》修改为《旅游服务质量保证金存取管理办法》（以下简称《办法》）。

（一）旅游服务质量保证金的概念

《办法》第 2 条规定："旅游服务质量保证金（以下简称"保证金"）是指根据《中华人民共和国旅游法》及《旅行社条例》的规定，由旅行社在指定银行缴存或由银行担保提供的一定数额用于旅游服务质量赔偿支付和团队旅游者人身安全遇有危险时紧急救助费用垫付的资金。"

旅行社缴纳的保证金为现金形式，其他有价证券无效。根据规定，旅行社缴纳保证金的金额为：

①经营国内旅游业务的和入境旅游业务的旅行社 20 万元人民币。

②特许经营出国（出境）旅游业务的旅行社增存 120 万元人民币。

③设立分社：经营国内和入境旅游业务的旅行社每设一个分社，增加 5 万元。经营出境旅游业务的每增设一个分社，增存 30 万元。

根据《旅行社条例》第 13 条的规定，旅行社应当自取得旅行社业务经营许可证之日起 3 个工作日内，在国务院旅游行政主管部门指定的银行开设专门的质量保证金账户，存入质量保证金，或者向做出许可的旅游行政管理部门提交依法取得的担保额度不低于相应质量保证金数额的银行担保。

（二）保证金的管理

1. 所有权属于旅行社（包括利息在内）

质量保证金属于缴纳的旅行社所有。旅游行政管理部门按规定比例从其利息中提取管理费。也就是说，保证金的所有权归旅行社，旅游行政管理部门行使代管职责，提取利息也必须按规定。利息一次性退还给旅行社，其余作为保证金管理费用，用于处理旅游投诉和赔偿过程中的相关支出。

2. 管理权属于旅游行政管理部门

保证金的管理实行"统一制度、统一标准、分级管理"的原则，国家旅游局统一制定保证金的制度、标准和具体办法。各级旅游行政管理部门按照规定的权限实施管理，依据有关法规、规章和程序，做出支付保证金赔偿的决定。

3. 质量保证金应设立独立账户，存期不得少于一年

依据《旅行社条例》规定，为旅行社开设保证金专用账户或提供保证金担保业务的银行，由国家旅游局指定。国家旅游局本着公平、公开、公正的原则，指定符合法律、法规和本办法规定并提出书面申请的中国境内（不含港澳台地区）商业银行作为保证金的存储银行。《办法》第 8 条规定，为最大限度提高资金效益、简化续存手续，银行按照不少于一年定期、到

期自动结息转存方式管理保证金，中途提取部分改按活期结算利息。

4. 质量保证金必须满额

根据《旅行社条例》第 18 条规定，旅行社在旅游行政管理部门使用质量保证金赔偿旅游者的损失，或者依法减少质量保证金后，因侵害旅游者合法权益受到行政机关罚款以上处罚的，应当在收到旅游行政管理部门补交质量保证金的通知之日起 5 个工作日内补足质量保证金。

5. 质量保证金缴纳标准的降低

根据《旅行社条例》第 17 条规定，旅行社自交纳或者补足质量保证金之日起三年内未因侵害旅游者合法权益受到行政机关罚款以上处罚的，旅游行政管理部门应当将旅行社质量保证金的交存数额降低 50%，并向社会公告。旅行社可凭省、自治区、直辖市旅游行政管理部门出具的凭证减少其质量保证金。

二、旅游服务质量保证金的存取

（一）存款

旅行社需要存缴保证金时，须持《营业执照》副本、《旅行社业务经营许可证》副本到银行办理存款手续。存缴保证金的旅行社须与银行签订《旅游服务质量保证金存款协议书》，并将复印件送许可的旅游行政主管部门备案。

为防止保证金存单质押，银行应在存单上注明“专用存款不得质押”字样。银行提出保证金担保的，由银行向许可的旅游行政主管部门出具《旅游服务质量保证金银行担保函》。银行担保期限不得少于一年。担保期限届满前 3 个工作日，应续办担保手续。

（二）取款

保证金是专用基金，必须专款专用，只用于对旅游者损失的赔偿。任何单位和个人不得以任何理由把保证金挪作他用。

1. 旅行社提取保证金

旅行社因解散或破产清算、业务变更或撤减分社减交、三年内未因侵害旅游者合法权益受到行政机关罚款以上处罚而降低保证金数额 50% 等原因，需要支取保证金时，须向许可的旅游行政主管部门提出，许可的旅游行政主管部门审核出具《旅游服务质量保证金取款通知书》。银行根据《旅游服务质量保证金取款通知书》，将相应数额的保证金退还给旅行社。

发生《旅行社条例》第 15 条规定的两种情形，即①旅行社违反旅游合同约定，侵害旅游者合法权益，经旅游行政管理部门查证属实的；②旅行社因解散、破产或者其他原因造成旅游者预交旅游费用损失的。银行应根据旅游行政主管部门出具的《旅游服务质量保证金取款通知书》及《旅游行政主管部门划拨旅游服务质量保证金决定书》，经与旅游行政主管部门核实无误后，在 5 个工作日内将保证金以现金或转账方式直接向旅游者支付。

2. 旅游垫付保证金

发生《旅游法》第 31 条规定的旅游者人身安全遇有危险时紧急救助费用垫付的情形，

旅行社提出申请的，旅游行政主管部门应立即予以审核；旅游行政主管部门决定垫付的，需按实际所需确定垫付额度。申请额度和决定垫付额度均应在保证金账户现有额度内。银行根据旅游行政主管部门出具的《旅游服务质量保证金取款通知书》及《关于使用旅游服务质量保证金垫付旅游者人身安全遇有危险时紧急救助费用的决定书》后24小时内，经与旅游行政主管部门核实无误后，将保证金以现金或转账方式直接向《旅游服务质量保证金取款通知书》中确定的单位或账户提供。

3. 违约侵权导致的赔偿支付

发生《旅行社条例》第16条规定的情形，即人民法院判决、裁定及其他生效的法律文书认定旅行社损害旅游者合法权益，旅行社拒绝或者无力赔偿的，人民法院可以从旅行社的质量保证金账户上划拨赔偿款。银行根据人民法院判决、裁定及其他生效的法律文书执行。

提供保证金担保的银行，因发生《旅行社条例》第15条、第16条规定的情形，在收到《旅游服务质量保证金取款通知书》及《旅游行政主管部门划拨旅游服务质量保证金决定书》或人民法院判决、裁定及其他生效法律文书5个工作日内履行担保责任；因发生《旅游法》第31条旅游者人身安全遇有危险时紧急救助费用垫付的情形，在收到《旅游服务质量保证金取款通知书》及《关于使用旅游服务质量保证金垫付旅游者人身安全遇有危险时紧急救助费用的决定书》24小时内履行担保责任。

（三）不适用质量保证金赔偿的情形

在实际工作中，仍然有旅行社为了解决与其他旅行社的经济纠纷，向债务人所在的旅游行政管理部门或人民法院提出动用保证金的申请。为了维护旅行社质量保证金的严肃性和权威性，保证旅游者的合法权益，2001年1月8日，最高人民法院发布的《关于执行旅行社质量保证金问题的通知》再次强调："人民法院在执行涉及旅行社的案件时，遇有下列情形而旅行社不承担或无力承担赔偿责任的，可以执行旅行社质量保证金：①旅行社因自身过错未达到合同约定的服务质量标准而造成旅游者经济权益损失的；②旅行社的服务未达到国家或行业规定的标准而造成旅游者经济权益损失的；③旅行社因解散、破产或者其他原因造成旅游者预交旅游费用损失的；④人民法院判决、裁定及其他生效法律文书认定的、旅行社损害旅游者合法权益的情形。"除上述情形之外，不得执行旅行社质量保证金。下列情形不适用保证金赔偿案件的审理。

1. 旅行社因不可抗力因素不能履行合同的

不可抗力是人力不可抗拒的自然灾害或社会重大事件，是当事人不能预见、不可避免并不可克服的客观情况。自然灾害如地震、台风、海啸、山体滑坡等，社会重大事件如战争、罢工等。

2. 旅游者在旅游期间发生人身、财物意外事故的

3. 适用保证金情形之外的其他经济纠纷

保证金不能用于企业间的经济纠纷，也不适用于在旅游期间发生的其他经济纠纷。

4. 超过规定时效期限的

旅游者向质监所请求用保证金赔偿的时效期限为90天。时效期限从请求人受侵害事实

发生时计算。超过时效的请求可以不予受理。

5. 司法机关已经受理的

在旅游途中发生的打架斗殴、财物被盗等案件（导游、游客、事发地所在单位都有义务和责任及时向当地公安机关报案，敦促公安机关受理，并开展案件的调查侦破工作），以及游客就旅行社的服务质量等问题直接向人民法院提起民事诉讼，人民法院已经受理的案件，都不适用保证金赔偿的范围。

三、质量保证金赔偿标准

为提高旅游服务质量，规范旅行社经营，打击违法违规行为，保护旅游者合法权益，在《旅行社质量保证金赔偿试行标准》基础上，国家旅游局总结归纳了近年来各地调解旅游投诉纠纷的实践经验，并广泛吸收了社会各界意见，2011 年 4 月 12 日，国家旅游局办公室印发了《旅行社服务质量赔偿标准》（以下简称《赔偿标准》），指出今后在调解旅游纠纷时，以《旅行社服务质量赔偿标准》为调解赔偿依据。旅行社与旅游者以合同约定的方式，解决旅游服务质量纠纷。只有在旅游者和旅行社对旅行社服务质量赔偿没有做出合同约定时，才适用《旅行社服务质量赔偿标准》。

（一）旅行社故意或过失未达到合同约定的服务质量标准的赔偿标准

（1）旅行社与旅游者订立合同或收取旅游者预付旅游费用后，因旅行社原因不能成行的，旅行社应在合理期限内通知旅游者，否则按下列标准承担赔偿责任。

①国内旅游应提前 7 日（不含 7 日）通知旅游者，否则应向旅游者全额退还预付旅游费用，并按下述标准向旅游者支付违约金：出发前 7 日（含 7 日）至 4 日，支付旅游费用总额 10% 的违约金；出发前 3 日至 1 日，支付旅游费用总额 15% 的违约金；出发当日，支付旅游费用总额 20% 的违约金。

②出境旅游（含赴台游）应提前 30 日（不含 30 日）通知旅游者，否则应向旅游者全额退还预付旅游费用，并按下述标准向旅游者支付违约金：出发前 30 日至 15 日，支付旅游费用总额 2% 的违约金；出发前 14 日至 7 日，支付旅游费用总额 5% 的违约金；出发前 6 日至 4 日，支付旅游费用总额 10% 的违约金；出发前 3 日至 1 日，支付旅游费用总额 15% 的违约金；出发当日，支付旅游费用总额 20% 的违约金。

（2）因旅行社原因造成旅游者未能乘坐预订的公共交通工具的，旅行社应赔偿旅游者的直接经济损失，并支付直接经济损失 20% 的违约金。

（3）旅行社安排的旅游活动及服务档次与合同不符，造成旅游者经济损失的，旅行社应退还旅游者合同金额与实际花费的差额，并支付同额违约金。

（4）旅行社未经旅游者同意，擅自将旅游者转团、拼团的，旅行社应向旅游者支付旅游费用总额 25% 的违约金。解除合同的，还应向未随团出行的旅游者全额退还预付旅游费用，向已随团出行的旅游者退还未实际发生的旅游费用。

（二）导游违规的理赔标准

（1）导游或领队未按照国家或旅游行业对旅游者服务标准提供导游或者领队服务，影响旅游服务质量的，旅行社应向旅游者支付旅游费用总额 1%~5% 的违约金。

（2）导游违反旅行社与旅游者的合同约定，损害了旅游者的合法权益，旅行社应当对旅游者进行赔偿。

①擅自缩短游览时间、遗漏旅游景点、减少旅游服务项目的，旅行社应赔偿未完成约定旅游服务项目等合理费用，并支付同额违约金。遗漏无门票景点的，每遗漏一处旅行社向旅游者支付旅游费用总额 5% 的违约金。

②未经旅游者签字确认，擅自安排合同约定以外的用餐、娱乐、医疗保健、参观等另行付费项目的，旅行社应承担另行付费项目的费用。

③未经旅游者签字确认，擅自违反合同约定增加购物次数、延长停留时间的，每次向旅游者支付旅游费用总额 10% 的违约金。

④强迫或者变相强迫旅游者购物的，每次向旅游者支付旅游费用总额 20% 的违约金。

⑤旅游者在合同约定的购物场所所购物品系假冒伪劣商品的，旅行社应负责挽回或赔偿旅游者的直接经济损失。

⑥私自兜售商品，旅行社应全额退还旅游者购物价款。

（3）导游在旅游行程期间，擅自离开旅游团队，造成旅游者无人负责，旅行社应承担旅游者在被中止旅游服务期间所订的同等级别住宿、用餐、交通等必要费用，并向旅游者支付旅游费用总额 30% 的违约金。

第三节 旅行社的经营规范

《条例》规定，旅行社在经营活动中应当遵循自愿、平等、公平、诚实信用的原则，提高服务质量，维护旅游者的合法权益。

一、旅行社的经营规定及相应的法律责任

《条例》对旅行社的经营活动作了详细的规定。

（1）向旅游者提供的旅游服务信息必须真实可靠，不得作虚假宣传。

旅行社招徕、组织、接待旅游者，其选择的交通、住宿、餐饮、景区等企业，应当符合具有合法经营资格和接待服务能力的要求。

旅行社为接待旅游者选择的交通、住宿、餐饮、景区等企业，不具有合法经营资格或者接待服务能力的，由县级以上旅游行政管理部门责令改正，没收违法所得，处违法所得 3 倍以下但最高不超过 3 万元的罚款，没有违法所得的，处 1 万元以下的罚款。

违反本条规定，旅行社向旅游者提供的旅游服务信息含有虚假内容或者作虚假宣传的，由工商行政管理部门依法给予处罚。

（2）经营出境旅游业务的旅行社不得组织旅游者到国务院旅游行政主管部门公布的中国公民出境旅游目的地之外的国家和地区旅游。

违反本条规定，经营出境旅游业务的旅行社组织旅游者到国务院旅游行政主管部门公布的中国公民出境旅游目的地之外的国家和地区旅游的，由旅游行政管理部门责令改正，没收违法所得，违法所得 10 万元以上的，并处违法所得 1 倍以上 5 倍以下的罚款；违法所得不足 10 万元或者没有违法所得的，并处 10 万元以上 50 万元以下的罚款；情节严重的，吊销旅行社业务经营许可证。

（3）旅行社为旅游者安排或者介绍的旅游活动不得含有违反有关法律、法规规定的内容。

《条例》及《实施细则》对旅行社不得安排的活动有详细的规定，主要包括：

①含有损害国家利益和民族尊严内容的；

②含有民族、种族、宗教歧视内容的；

③含有淫秽、赌博、涉毒内容的；

④其他含有违反法律、法规规定内容的。

违反本条规定，旅行社为旅游者安排或者介绍的旅游活动含有违反有关法律、法规规定的内容的，由旅游行政管理部门责令改正，没收违法所得，并处 2 万元以上 10 万元以下的罚款；情节严重的，吊销旅行社业务经营许可证。

（4）旅行社不得以低于旅游成本的报价招徕旅游者。未经旅游者同意，旅行社不得在旅游合同约定之外提供其他有偿服务。

在签订旅游合同时，旅行社不得要求旅游者必须参加旅行社安排的购物活动或者需要旅游者另行付费的旅游项目。同一旅游团队中，旅行社不得因下列因素提出与其他旅游者不同的合同事项：

①旅游者拒绝参加旅行社安排的购物活动或者需要旅游者另行付费的旅游项目的；

②旅游者存在的年龄或者职业上的差异。但旅行社提供了与其他旅游者相比更多的服务，或者旅游者主动要求的除外。

在旅游行程中，旅游者有权拒绝参加旅行社在旅游合同之外安排的购物活动或者需要旅游者另行付费的旅游项目。旅行社及其委派的导游人员和领队人员不得因旅游者拒绝参加旅行社安排的购物活动或者需要旅游者另行付费的旅游项目等情形，以任何借口、理由，拒绝继续履行合同、提供服务，或者以拒绝继续履行合同、提供服务相威胁。

根据《实施细则》第 61 条，要求旅游者必须参加旅行社安排的购物活动、需要旅游者另行付费的旅游项目，或者对同一旅游团队的旅游者提出与其他旅游者不同合同事项的，由县级以上旅游行政管理部门责令改正，处 1 万元以下的罚款。

（5）旅行社为旅游者提供服务，应与旅游者签订旅游合同并载明下列事项：

①旅行社的名称及其经营范围、地址、联系电话和旅行社业务经营许可证编号；

②旅行社经办人的姓名、联系电话；

③签约地点和日期；

④旅游行程的出发地、途经地和目的地；

⑤旅游行程中交通、住宿、餐饮服务安排及其标准；

⑥旅行社统一安排的游览项目的具体内容及时间；

⑦旅游者自由活动的时间和次数；

⑧旅游者应当交纳的旅游费用及交纳方式；

⑨旅行社安排的购物次数、停留时间及购物场所的名称；

⑩需要旅游者另行付费的游览项目及价格；

⑪解除或者变更合同的条件和提前通知的期限；

⑫违反合同的纠纷解决机制及应当承担的责任；

⑬旅游服务监督、投诉电话；

⑭双方协商一致的其他内容。

旅行社在与旅游者签订旅游合同时，应当对旅游合同的具体内容做出真实、准确、完整的说明。旅行社和旅游者签订的旅游合同约定不明确或者对格式条款的理解发生争议的，应当按照通常理解予以解释；对格式条款有两种以上解释的，应当做出有利于旅游者的解释；格式条款和非格式条款不一致的，应当采用非格式条款。

违反本条规定，旅行社有下列情形之一的，由旅游行政管理部门责令改正，处 2 万元以上 10 万元以下的罚款；情节严重的，责令停业整顿 1 个月至 3 个月：未与旅游者签订旅游合同；与旅游者签订的旅游合同未载明《条例》第 28 条规定的事项。

（6）旅行社不得要求导游人员和领队人员接待不支付接待和服务费用或者支付的费用低于接待和服务成本的旅游团队，不得要求导游人员和领队人员承担接待旅游团队的相关费用。

根据《条例》和《实施细则》规定，旅行社不得要求导游人员和领队人员承担接待旅游团队的相关费用，主要包括：

①垫付旅游接待费用；

②为接待旅游团队向旅行社支付费用；

③其他不合理费用。

违反本条规定，旅行社要求导游人员和领队人员接待不支付接待和服务费用、支付的费用低于接待和服务成本的旅游团队，或者要求导游人员和领队人员承担接待旅游团队的相关费用的，由旅游行政管理部门责令改正，处 2 万元以上 10 万元以下的罚款。

《实施细则》第 31 条规定，旅行社为组织旅游者出境旅游委派的领队，应当具备下列条件：

①取得导游证；

②具有大专及以上学历；

③取得相关语言水平测试等级证书或通过外语语种导游资格考试，但为赴港澳台地区旅游委派的领队除外；

④具有两年以上旅行社业务经营、管理或者导游等相关从业经历；

⑤与委派其从事领队业务的取得出境旅游业务经营许可的旅行社订立劳动合同。

赴台旅游领队还应当符合《大陆居民赴台湾地区旅游管理办法》规定的要求。

《实施细则》第 32 条规定，旅行社应当将本单位领队信息及变更情况，报所在地设区的市级旅游行政管理部门备案。领队备案信息包括身份信息、导游证号、学历、语种、语言等级（外语导游）、从业经历、所在旅行社、旅行社社会保险登记证号等。

《实施细则》第 33 条规定，领队从事领队业务，应当接受与其订立劳动合同的取得出境旅游业务许可的旅行社委派，并携带导游证、佩戴导游身份标识。

《实施细则》第 34 条规定，领队应当协助旅游者办理出入境手续，协调、监督境外地接社及从业人员履行合同，维护旅游者的合法权益。

《实施细则》第 35 条规定，不具备领队条件的，不得从事领队业务。领队不得委托他人代为提供领队服务。

《实施细则》第 36 条规定，旅行社委派的领队，应当掌握相关旅游目的地国家（地区）语言或者英语。

领队委托他人代为提供领队服务，由县级以上旅游行政管理部门责令改正，可以处 1 万元以下的罚款。

（7）旅行社违反旅游合同约定，造成旅游者合法权益受到损害的，应当采取必要的补救措施，并及时报告旅游行政管理部门。

违反本条规定，旅行社违反旅游合同约定，造成旅游者合法权益受到损害，不采取必要补救措施的，由旅游行政管理部门或者工商行政管理部门责令改正，处 1 万元以上 5 万元以下的罚款；情节严重的，由旅游行政管理部门吊销旅行社业务经营许可证。

（8）旅行社需要对旅游业务做出委托的，应当委托给具有相应资质的旅行社，征得旅游者的同意，并与接受委托的旅行社就接待旅游者的事宜签订委托合同，确定接待旅游者的各项服务安排及其标准，约定双方的权利、义务。

根据《实施细则》第 40 条规定，旅行社需要将在旅游目的地接待旅游者的业务做出委托的，应当按照《条例》第 36 条的规定，委托给旅游目的地的旅行社并签订委托接待合同。旅行社对接待旅游者的业务做出委托的，应当按照《条例》第 36 条的规定，将旅游目的地接受委托的旅行社的名称、地址、联系人和联系电话，告知旅游者。

《实施细则》第 41 条规定，旅游行程开始前，当发生约定的解除旅游合同的情形时，征得旅游者的同意，旅行社可以将旅游者推荐给其他旅行社组织、接待，并由旅游者与被推荐的旅行社签订旅游合同。未经旅游者同意的，旅行社不得将旅游者转交给其他旅行社组织、接待。

违反规定，旅行社有下列情形之一的，由旅游行政管理部门责令改正，处 2 万元以上 10 万元以下的罚款；情节严重的，责令停业整顿 1 个月至 3 个月：

①未取得旅游者同意，将旅游业务委托给其他旅行社；

②将旅游业务委托给不具有相应资质的旅行社；

③未与接受委托的旅行社就接待旅游者的事宜签订委托合同。

（9）旅行社将旅游业务委托给其他旅行社的，应当向接受委托的旅行社支付不低于接待和服务成本的费用；接受委托的旅行社不得接待不支付或者不足额支付接待和服务费用的旅游团队。

违反本条规定，有下列情形之一的，由旅游行政管理部门责令改正，停业整顿 1 个月至 3 个月；情节严重的，吊销旅行社业务经营许可证。

①旅行社不向接受委托的旅行社支付接待和服务费用的；

②旅行社向接受委托的旅行社支付的费用低于接待和服务成本的；

③接受委托的旅行社接待不支付或者不足额支付接待和服务费用的旅游团队的。

（10）旅行社应当投保旅行社责任险。旅行社责任险的具体方案由国务院旅游行政主管部门会同国务院保险监督管理机构另行制定。

违反本条规定，旅行社不投保旅行社责任险的，由旅游行政管理部门责令改正；拒不改正的，吊销旅行社业务经营许可证。

（11）旅行社对可能危及旅游者人身、财产安全的事项，应当向旅游者做出真实的说明和明确的警示，并采取防止危害发生的必要措施。

《实施细则》第 45 条规定，旅行社及其委派的导游人员、领队人员，应当对其提供的服务中可能危及旅游者人身、财物安全的事项，向旅游者做出真实的说明和明确的警示。在旅游行程中的自由活动时间，旅游者应当选择自己能够控制风险的活动项目，并在自己能够控制风险的范围内活动。

《实施细则》第 46 条规定，为减少自然灾害等意外风险给旅游者带来的损害，旅行社在招徕、接待旅游者时，可以提示旅游者购买旅游意外保险。鼓励旅行社依法取得保险代理资格，并接受保险公司的委托，为旅游者提供购买人身意外伤害保险的服务。

《实施细则》第 48 条规定，在旅游行程中，旅行社及其委派的导游人员、领队人员应当提示旅游者遵守文明旅游公约和礼仪。

违反本条规定，旅行社及其委派的导游人员、领队人员对发生危及旅游者人身安全的情形，未采取必要的处置措施并及时报告的，由旅游行政管理部门责令改正，对旅行社处 2 万元以上 10 万元以下的罚款；对导游人员、领队人员处 4 千元以上 2 万元以下的罚款；情节严重的，责令旅行社停业整顿 1 个月至 3 个月，或者吊销旅行社业务经营许可证、导游证、领队证。

（12）旅游者在境外滞留不归的，旅行社委派的领队人员应当及时向旅行社和中华人民共和国驻该国使领馆、相关驻外机构报告。旅行社接到报告后应当及时向旅游行政管理部门和公安机关报告，并协助提供非法滞留者的信息。

违反本条规定，旅行社及其委派的导游人员、领队人员有下列情形之一的，由旅游行政管理部门责令改正，对旅行社处 2 万元以上 10 万元以下的罚款；对导游人员、领队人员处 4 千元以上 2 万元以下的罚款；情节严重的，责令旅行社停业整顿 1~3 个月，或者吊销旅行社业务经营许可证、导游证、领队证。一是旅行社组织出境旅游的旅游者非法滞留境外，旅行社未及时报告并协助提供非法滞留者信息的；二是旅行社接待入境旅游的旅游者非法滞留境内，旅行社未及时报告并协助提供非法滞留者信息的。

对旅行社做出停业整顿行政处罚的，旅行社在停业整顿期间，不得招徕旅游者、签订旅游合同；停业整顿期间，不影响已签订的旅游合同的履行。

二、减轻或免除旅行社法律责任的条件

1. 遇到了来自自然和社会的不可抗力

不可抗力是人力不可抗拒的自然灾害或社会重大事件，是当事人不能预见、不可避免并不可克服的客观情况。自然灾害如地震、台风、海啸、山体滑坡等，社会重大事件如战争、罢工等，这些不可抗力的事件若发生在旅游活动过程中，由此给旅游者造成的后果和损害，除了法律有特别规定的外，旅行社可以免除法律责任。

2. 由旅游者要求修改旅游内容和日程而造成的损失，由旅游者自己补偿

如果旅游团成员都要求增加一天游览内容，可能造成原来预订的交通票需要签字或作废，旅行社向游客讲明后果，旅游团成员仍要求增加一天并愿意承担后果，旅行社可免除与交通部门的合同违约责任。

3. 由于旅游者自身的过错造成的损失

如果旅游者不听从旅行社工作人员的安排和劝阻，擅自从事危险活动或冒险活动，造成人身伤害的，旅行社可以不承担责任。

4. 由于第三方的责任

因民航、铁路、车船等交通部门的原因而被迫变更旅游日程所造成的损失，旅行社可以不承担责任。旅行社带团搭乘飞机、火车、轮船或者在饭店、餐馆等各项旅游设施中受到损害，应当由与旅行社签订服务合同的第三方承担责任。如某旅行社带团下榻于某饭店，饭店失火，造成游客在火灾中受伤和行李物品损失。游客向旅行社起诉索赔，法院判决旅行社不承担责任，最后由饭店赔偿游客损失。由第三方的责任造成旅游者人身权、财产权损害的，在有些情况下，应由旅行社先对旅游者承担责任，然后由旅行社依据其与第三方签订的合同向第三方追赔。

5. 由于混合过错

在有些情况下，旅行社与旅游者之间、旅行社与第三方之间都有过错。在承担法律责任时，对不属于旅行社方面的那部分原因，旅行社不承担责任，即按照各方过错的大小分别承担相应的法律责任。

6. 旅行社工作人员非职务行为造成的损害

对于旅行社工作人员与职务无关的行为，而给对方造成损害的，旅行社可免除责任。如果受损害方提起赔偿请求，应由该工作人员自己承担赔偿责任；其行为构成犯罪的，由司法机关追究刑事责任。

7. 关于擅自改变旅游行程的规定

《实施细则》第 42 条规定， 旅行社及其委派的导游人员和领队人员的下列行为，属于擅自改变旅游合同安排行程：

①减少游览项目或者缩短游览时间的；

②增加或者变更旅游项目的；

③增加购物次数或者延长购物时间的；

④其他擅自改变旅游合同安排的行为。

同时，《实施细则》第 43 条规定，在旅游行程中，当发生不可抗力、危及旅游者人身、财产安全，或者非旅行社责任造成的意外情形，旅行社不得不调整或者变更旅游合同约定的行程安排时，应当在事前向旅游者做出说明；确因客观情况无法在事前说明的，应当在事后做出说明。

二、旅行社责任险

为了保障旅游者和旅行社的合法权益，国家旅游局与中国保监会 2010 年 11 月 25 日发布了《旅行社责任保险管理办法》（以下简称《办法》），2011 年 2 月 1 日施行。同时废止了国家旅游局 2001 年 5 月 15 日发布了《旅行社投保旅行社责任保险规定》（以下简称《责任保险规定》）。

（一）旅行社责任保险的概念

《办法》所称旅行社责任保险，是指以旅行社因其组织的旅游活动对旅游者和受其委派并为旅游者提供服务的导游或者领队人员依法应当承担的赔偿责任为保险标的的保险。旅行社责任保险具有以下特征：

①旅行社责任保险的投保人、被保险人是经营旅游业务的旅行社；

②旅行社责任保险是保险公司对应由旅行社承担的责任，承担赔偿保险金责任的行为。

③旅行社责任保险属于强制保险。旅行社从事旅游经营活动必须投保旅行社责任保险，否则，将受到旅游行政管理部门依法给予的行政处罚。

小贴士

旅行社责任险与旅游意外险的投保人

旅行社责任保险，就是承保旅行社在组织旅游活动过程中因疏忽、过失造成事故所应承担的法律赔偿责任的险种，该险种的投保人为旅行社。投保后，一旦发生责任事故，将由保险公司在第一时间对无辜的受害旅客进行赔偿。旅行社责任险具有很强的社会公益性。旅行社责任险投保人（同被保险人）必须是在中华人民共和国境内依法登记注册、并持有旅行社业务经营许可证的公司，符合此资质要求的可以投保旅行社责任险并享受基本保障。

但如俱乐部、自助游组织、会务公司等不具备旅行社业务经营许可证的各种组织或公司尚不可投保旅行社责任险，因此在组织出游的过程中存在很大的风险隐患。虽然此类团体在组织旅游活动前一般都会明示风险自担、保险自理等内容，但在真正发生意外事故时，组织者的责任往往是不可推卸的。而旅游意外险的投保人可以是法人、也可以是自然人，只要被保险人（旅游者）同意投保人为其投保的，就符合要求，可以投保。投保旅游意外险后就能将保险责任范围内的意外事故造成的风险进行转移，减少或弥补旅游组织者的损失。

（二）旅行社责任保险的投保范围

旅行社责任保险的保险责任，应当包括旅行社在组织旅游活动中依法对旅游者的人身伤亡、财产损失承担的赔偿责任和依法对受旅行社委派并为旅游者提供服务的导游或者领队人员的人身伤亡承担的赔偿责任。具体包括下列情形：

①因旅行社疏忽或过失应当承担赔偿责任的；

②因发生意外事故旅行社应当承担赔偿责任的；

③国家旅游局会同中国保险监督管理委员会（以下简称中国保监会）规定的其他情形。

（三）旅行社责任保险期限和保险金额

旅行社责任保险期限为 1 年。旅行社应当在保险合同期满前及时续保。责任限额可以根据旅行社业务经营范围、经营规模、风险管控能力、当地经济社会发展水平和旅行社自身需要，由旅行社与保险公司协商确定，但每人人身伤亡责任限额不得低于 20 万元人民币。

（四）旅行社责任保险的投保

旅行社投保旅行社责任保险的，应当与保险公司依法订立书面旅行社责任保险合同（以下简称保险合同）。保险合同成立后，旅行社按照约定交付保险费。保险公司应当及时向旅行社签发保险单或者其他保险凭证，并在保险单或者其他保险凭证中载明当事人双方约定的合同内容，同时按照约定的时间开始承担保险责任。

（五）索赔

旅行社在组织旅游活动中发生本办法第 4 条所列情形的，保险公司依法根据保险合同约定，在旅行社责任保险责任限额内予以赔偿。

旅行社组织的旅游活动中发生保险事故，旅行社按照保险合同请求保险公司赔偿保险金时，应当向保险公司提供其所能提供的与确认保险事故的性质、原因、损失程度等有关的证明和资料。

旅行社对旅游者、导游或者领队人员应负的赔偿责任确定的，根据旅行社的请求，保险公司应当直接向受害的旅游者、导游或者领队人员赔偿保险金。旅行社怠于请求的，受害的旅游者、导游或者领队人员有权就其应获赔偿部分直接向保险公司请求赔偿保险金。

保险公司收到赔偿保险金的请求和相关证明、资料后，应当及时做出核定；情形复杂的，应当在 30 日内做出核定，但合同另有约定的除外。保险公司应当将核定结果通知旅行社以及受害的旅游者、导游、领队人员；对属于保险责任的，在与旅行社达成赔偿保险金的协议后 10 日内，履行赔偿保险金义务。

（六）违法责任

违反本办法的规定，旅行社解除保险合同但未同时订立新的保险合同，保险合同期满前未及时续保，或者人身伤亡责任限额低于 20 万元人民币的，由县级以上旅游行政管理部门依照《旅行社条例》第 49 条的规定处罚。

第四节　旅行社监督检查制度

一、旅行社监督检查部门及职责

旅游行政管理部门是旅行社的监督检查部门，负责对旅行社经营业务、对外报价、资产状况、服务质量、旅游安全、财务管理、资格认证等进行监督检查。

国务院旅游行政主管部门负责全国旅行社的监督管理工作。

县级以上地方人民政府管理旅游工作的部门按照职责负责本行政区域内旅行社的监督管理工作。

县级以上各级人民政府工商、价格、商务、外汇等有关部门，应当按照职责分工，依法对旅行社进行监督管理。

县级以上旅游行政主管部门，可以在其法定权限内，委托符合法定条件的同级旅游质量监督执法机构实施监督检查。

二、旅游行政管理部门的权利与义务

（一）旅游行政管理部门的权利

（1）接受备案权。受理旅行社申请或者备案的旅游行政管理部门，可以要求申请人或旅行社，对申请设立旅行社、办理《旅行社条例》规定的备案时提交的证明文件、材料的原件，提供复印件并盖章确认，交由旅游行政管理部门留存。

（2）营业现场检查权。县级以上旅游行政主管部门对旅行社及其分支机构实施监督检查时，可以加入其经营场所，查阅招徕、组织、接待旅游者的各类合同、相关文件、资料，以及财务账簿、交易记录和业务单据等材料，旅行社及其分支机构应当给予配合。县级以上旅游行政管理部门，可以在其法定权限内，委托符合法定条件的同级旅游质监执法机构实施监督检查。旅行社未妥善保存各类旅游合同及相关文件、资料，保存期不够两年，或者泄露旅游者个人信息的，由县级以上旅游行政管理部门责令改正，没收违法所得，处违法所得 3 倍以下但最高不超过 3 万元的罚款；没有违法所得的，处 1 万元以下的罚款。

（3）公告监督检查情况权。《条例》第 17 条、第 42 条规定的各项公告，县级以上旅游行政管理部门应当通过本部门或者上级旅游行政管理部门的政府网站向社会发布。质量保证金存缴数额降低、旅行社业务经营许可证的颁发、变更和注销的，国务院旅游行政主管部门或者省级旅游行政管理部门应当在做出许可决定或者备案后 20 个工作日内向社会公告。旅行社违法经营或者被吊销旅行社业务经营许可证的，由做出行政处罚决定的旅游行政管理部门，在处罚生效后 10 个工作日内向社会公告。旅游者对旅行社的投诉信息，由处理投诉的旅游行政管理部门每季度向社会公告。

（4）处理投诉权。因下列情形之一，给旅游者的合法权益造成损害的，旅游者有权向县级以上旅游行政管理部门投诉：①旅行社违反《条例》和本实施细则规定的；②旅行社提

供的服务，未达到旅游合同约定的服务标准或者档次的；③旅行社破产或者其他原因造成旅游者预交旅游费用损失的。

（5）依法划拨质量保证金。划拨旅行社质量保证金的决定，应当由旅行社或者其分社所在地处理旅游者投诉的县级以上旅游行政管理部门做出。

（6）旅行社运营监管权。旅行社应当按年度将下列经营和财务信息等统计资料，在次年 4 月 15 日前，报送原许可的旅游行政管理部门，具体包括：

①旅行社的基本情况：企业形式、出资人、员工人数、部门设置、分支机构、网络体系等。

②旅行社的经营情况：营业收入、利税等。

③旅行社的组织接待情况：国内旅游、入境旅游、出境旅游的组织接待人数等。

④旅行社的安全、质量、信誉情况，包括投保旅行社责任险、认证认可和奖惩等。

（7）行政处罚权。省级以上旅游行政管理部门在权限范围内，可以依法做出停业整顿、吊销旅行社业务经营许可证、吊销导游证及领队证、罚款等行政处罚。

对旅行社做出停业整顿行政处罚的，旅行社在停业整顿期间，不得招徕旅游者、签订旅游合同；停业整顿期间，不影响已签订的旅游合同的履行。

（二）旅游行政管理部门的义务

（1）县级以上旅游行政主管部门对旅行社及其分支机构实施监督检查时，应当由两名以上持有旅游行政执法证件的执法人员进行，不符合要求的，旅行社及其分支机构有权拒绝检查。

（2）对旅行社报送其经营和财务信息等统计资料中涉及旅行社商业秘密的内容，旅游行政管理部门应当给予保密。

（3）旅游、工商、价格、商务、外汇等有关部门工作人员不得接受旅行社的任何馈赠，不得参与由旅行社支付费用的购物活动或者游览项目，不得通过旅行社为自己、亲友或者其他个人、组织牟取私利。

1.3 项目实施

任务 5-1　如何成立一家旅行社

- **任务目的**：通过对《旅行社条例》的学习，能够掌握旅行社的设立条件及业务范围。
- **任务内容**：《旅行社条例》的解读。
- **任务时间**：课余时间。

- 任务方法：将学生进行分组，每组 4~8 名同学，组内由学生自行分工合作，搜集我国导旅行社管理相关法律法规，并在文档中进行图文资料的整理，在此基础上学生制作一份用于展示其成果的 PPT 文件。教师将 2 课时时间用于学生自行汇报展示其工作成果。

任务 5-2　如何经营管理一家旅行社

- 任务目的：通过对旅行社条例的学习，了解旅行社的违规情况，掌握旅行社经营许可证制度、质量保证金制度、监督检查制度。
- 任务内容：旅行社违规情况调查。
- 任务时间：课余时间。
- 任务方法：将学生进行分组，每组 4~8 名同学，组内由学生自行分工合作，到学校所在地附件的旅游局调研及搜寻旅游局网站资料，了解上年度本地区旅行社违规情况、违规种类，并在 Word 文档中进行图文资料的整理，在此基础上学生制作一份用于展示其成果的 PPT 文件。教师将 2 课时时间用于学生自行汇报展示其工作成果。

1.4 项目练习

（1）简述旅行社的设立条件及设立程序。

（2）简述旅行社的权利和义务。

1.5 项目拓展

国家旅游局修改《旅行社条例实施细则》

扫一扫，国家旅游局修改《旅行社条例实施细则》：
http://travel.sohu.com/20161221/n476479563.shtml

微信扫一扫

项目 06

旅游资源保护法规

学习目标

- 熟悉《风景名胜区条例》关于风景名胜区管理、保护和合理利用的规定及其相关法律责任的规定；
- 熟悉《中华人民共和国文物保护法》关于文物及文物保护的规定及其相关法律责任的规定；
- 熟悉《中华人民共和国自然保护区条例》关于自然保护区区域构成、管理、保护和合理利用的规定及其相关法律责任的规定；
- 了解《保护世界文化和自然遗产公约》关于文化遗产和自然遗产的定义、国家保护和国际保护的规定。

1.1 项目导例

中国拟学美国建国家公园系统　保护野生环境

参考消息网 2016 年 9 月 4 日报道：外媒称，在 100 年的历史里，美国国家公园一直是别国建立自己保护区网络的榜样。现在，中国正在悄悄计划建立自己的国家公园系统。

据《今日美国报》网站 8 月 29 日报道，与之前的哥斯达黎加和印度一样，中国人也在向美国学习。

驻北京的科技记者凯瑟琳·麦克劳克林说："他们参观了美国的几个地方，从根本上想要获得美国公园管理的理念。"

中国当前已经拥有麦克劳克林在《科学》杂志文章中所说的"国家保护区、半保护森林和省级公园的混合体"。

2013年，中国在一份规划文件中表明了发展国家公园系统的意图。

报道称，中国计划建立约24个国家公园，规模像从华盛顿特区国家广场这样的小型城市公园到中国东北一个比黄石公园两倍多大、保护东北虎和花豹的公园。

麦克劳克林在接受采访时说，中国政府禁止在即将成为东北虎公园的区域内伐木并打击盗猎者，他们计划雇佣三万名伐木工、猎人和偷猎者成为公园员工。

麦克劳克林说："他们确实在努力保护森林的自然状态，并恢复森林。"

麦克劳克林说，虎类专家估算，如果中国政府按计划保护森林，将最终为150头东北虎开辟栖息地。

他说，国家媒体提到的另外三个公园将旨在保护亚洲象、大熊猫和藏羚羊。

他说："过去30年，中国一直在经济各方面奋力追赶，因此国家公园是一个没有时间或金钱考虑的奢侈品。现在，他们最终要做了，他们已经意识到保护野生环境的重要性了。"（来源：参考消息网）

1.2 项目知识平台

任务6-1 旅游资源保护法规概述

旅游资源是发展旅游业的基础。目前，世界各国在大力发展旅游业，充分开发利用旅游资源的同时，也非常重视旅游资源的保护问题，并把其视为旅游业能否持续发展的根本保证。

第一节 旅游资源的概念与分类

一、旅游资源的概念与分类

（一）旅游资源的概念

2003年2月24日，中华人民共和国国家质量监督检验检疫总局发布的《旅游资源分类、调查与评价》（GB/T 18972-2003）对旅游资源的概念做出了如下表述：自然界和人类社会凡能对旅游者产生吸引力，可以为旅游业开发利用，并可产生经济效益、社会效益和环境效益的各种事物和因素都称为旅游资源。2007年9月4日由国家旅游局发布并实施《旅游资源保护暂行办法》第2条规定对旅游资源的做了相同的定义。旅游资源是一个发展的概念，随着旅游业的发展和科学技术的进步，资源潜能的不断发挥，人们对旅游资源的内涵会有更深的理解与认识。从上述旅游资源的概念可概括出其具有如下特征：

（1）旅游资源是客观存在的。旅游资源是客观存在的旅游活动的客体，可以是物质的，也可以是精神的、非物质的；可以是已被开发利用的，也可以是尚未被开发利用的。

（2）能对旅游者产生吸引力。旅游资源具有美学特征，能满足旅游者求新、求异、求知、求美等精神需求，吸引旅游者参加旅游活动，是旅游资源的核心特征。

（3）旅游资源能被旅游业所利用，产生经济效益、社会效益和环境效益。

（二）旅游资源的分类

旅游资源的内涵十分丰富，涉及自然、社会和人文多个方面，对旅游资源的分类也就因角度的差异而有不同的方法。目前应用最广的分类方法，是按照资源的性质和成因，可以划分为自然旅游资源和人文旅游资源两大类。由各种自然环境、自然要素、自然物质、自然现象构成的自然景观，凡是能够引起人们较大兴趣且具有观赏、游览、休养或科学价值的，都属于自然旅游资源。如山川河流、自然风景区、动植物保护区、岩溶、海滩、气候等。由各种社会环境、社会生活、历史、文化、民族风情和物质生产构成的人文景观，由于各有自己的传统特色而成为旅游者游览、观赏的对象，都属于人文旅游资源。如古文化遗址、古建筑、古代陵墓、古典园林、宗教文化、社会风情、文化名城、现代都市等。

《旅游资源分类、调查与评价》依据旅游资源现存状况、形态和特征，把旅游资源分为地文景观、水域风光、生物景观、天象与气候景观、遗址遗迹、建筑与设施、旅游商品和人文活动 8 个主类、31 个亚类、155 个基本类型。从属性上来看，这 8 个主类旅游资源仍然是从自然旅游资源和人文旅游资源的角度进行划分的，前 4 个主类和后 4 个主类都分属人们已熟知的自然旅游资源与人文旅游资源。

自然旅游资源与人文旅游资源的划分不是绝对的，如我国的泰山、黄山，作为世界文化与自然双重遗产，既有自然旅游资源的属性，又有人文旅游资源的属性。

二、旅游资源的保护

旅游资源在遭受不太严重的破坏之后，有些可以自然恢复，例如植被，但需要很长的时间；有些可以利用人力重新复原，例如建筑物等，当然需付出很大的经济代价，也需要相当长的时间。但有些旅游资源，例如山体、洞穴、古生物化石、文物古迹等，一经破坏便不可能恢复。这就使它们具有了不可替代性。至于近年来重建的历史建筑都属于新建筑，绝不再属于历史文物，不再具有历史价值。人们只能从这些新建物中追思其历史风貌而已。当然，很久以后它们会重新获得历史价值，但这要从重建年代开始。

（一）旅游资源立法

世界旅游组织于 1980 年发表的《马尼拉宣言》指出，各国的旅游资源，由自然财富和物质财富所构成，对这些资源必须加以有节制地利用，否则将遭受破坏和毁坏的，满足旅游需求不应损害旅游地区人民的社会和经济利益，以及环境和重要的自然资源。所有旅游资源都是人类文化遗产的组成部分，各国和整个国际社会都必须采取必要的步骤加以保护。1972 年 11 月联合国教科文组织通过了《保护世界文化和自然遗产公约》，并从 1985 年开始分批公布了世界遗产目录，强调保护自然和文化遗产对整个人类的重要性。现已有包括中国在内的 160 多个缔约国。该公约承认所有缔约国对保护独特的文化与自然遗产应承担义务，“考虑到某些文化遗产和自然遗产具有突出的重要性，因而需要作为全人类世界遗产的一部分加以保护。”

我国政府十分重视旅游资源的保护工作，1982 年 11 月 19 日第 5 届全国人民代表大会常务委员会第 25 次会议通过、2002 年 10 月 28 日第 9 届全国人大常委会第 30 次会议修改，2015 年 4 月 24 日第十二届全国人民代表大会常务委员会第十四次会议第四次修正了《中华人民共和国文物保护法》，2006 年 9 月 19 日国务院发布了《风景名胜区条例》，1989 年 12 月 26 日第 7 届全国人大常委会第 11 次会议通过了《中华人民共和国环境保护法》，1994 年 9 月 2 日国务院发布了《中华人民共和国自然保护区条例》，2007 年 9 月 4 日由国家旅游局发布并实施《旅游资源保护暂行办法》等，使旅游资源的保护逐步走上了法制化的道路。2013 年 4 月 25 日第 12 届全国人大常委会第二次会议通过的《中华人民共和国旅游法》对旅游资源的保护，有了明确的规定。除此以外，我国其他相关的法律法规中也有关于保护旅游资源的相关条款，如《中华人民共和国森林法》《中华人民共和国草原法》《中华人民共和国海洋环境保护法》《城市绿化园林管理条例》等。各省、自治区、直辖市也根据当地的具体情况发布了相应的地方法规。在法律的保障下，我国旅游资源的保护工作取得了较大的成绩。

（二）旅游资源保护法规的基本内容

旅游资源法是指调整在对旅游资源进行有效利用、合理开发与保护过程中所形成的各种社会关系的法律规范的总称。由于旅游资源包括的范围较广，因此，凡是调整旅游资源开发、利用与保护的法律规范统称为旅游资源法。

旅游资源保护法规的基本内容主要包括以下几个方面。

1. 规定了旅游资源保护的范围

有关旅游资源保护的法律、法规，首先确定了要保护的范围。如《中华人民共和国文物保护法》第 2 条规定：在中华人民共和国境内，下列具有历史、艺术、科学价值的文物受国家保护。

①具有历史、艺术、科学价值的古文化遗址、古墓葬、古建筑、石窟寺和石刻；

②与重要历史事件、革命运动和著名人物有关的，具有重要纪念意义、教育意义和史料价值的建筑物、遗址、纪念物；

③历史上各时代珍贵的艺术品、工艺美术品；

④重要的革命文献资料以及具有历史、艺术、科学价值的手稿、古旧图书资料等；

⑤反映历史上各时代、各民族社会制度、社会生产、社会生活的代表性实物。

2007 年 9 月 4 日由国家旅游局颁布并实施的《旅游资源保护暂行办法》第 2 条规定：旅游资源保护的范围“包括已开发的各类自然遗产、文化遗产、地质、森林、风景名胜、水利、文物、城市公园、科教、工农业、湿地、海岛、海洋等各类旅游资源，也包括未开发的具有旅游利用价值的各种物质和非物质资源”。

2. 规定了旅游资源保护的原则

旅游资源保护法明确规定了旅游资源开发、利用和保护的原则。任何与旅游资源事务有关的单位，都应严格遵守这些原则。如对风景名胜区、文物评定等级和分级管理的原则；保护环境和自然资源、防治污染和其他公害的原则；各级人民政府制定城乡建设规划时，事先要由城市规划部门会同文化行政管理部门商定对本行政区各级文物保护单位的保护措施，纳入规划等。

《中华人民共和国旅游法》第 21 条规定：对自然资源和文物等人文资源进行旅游利用，必须严格遵守有关法律、法规的规定，符合资源、生态保护和文物安全的要求，尊重和维护当地传统文化和习俗，维护资源的区域整体性、文化代表性和地域特殊性，并考虑军事设施保护的需要。有关主管部门应当加强对资源保护和旅游利用状况的监督检查。

3. 规定了旅游资源管理机构的职权和任务

为了使有关旅游资源开发、利用、保护的各种法律、法规得到落实，国家设立了专门的旅游资源保护机构，如文物保护机构、风景名胜区管理机构、自然保护区管理机构、环境保护机构等，对这些机构的组织、职权和任务，都在相应的法律、法规中做出了明确的规定。

4. 规定了各级旅游资源管理机构和旅游者的义务

旅游资源各级主管机构和旅游者在享有开发利用旅游资源权利的同时，必须承担相应的保护义务。如风景名胜区内的居民和旅游者应当爱护风景名胜区内的景物、村庄、植物、野生动物和各项设施，遵守有关法规和规章制度。随着改革开放的深化和我国旅游业的发展，越来越多的外国旅游者进入我国，他们在中国境内也必须遵守中国关于旅游资源和环境保护方面的法律法规。如《中华人民共和国环境保护法》规定："凡进入或经过中国领土、领水、领空的外国航空器、船舶、车辆、物资、生物等都必须遵守本法及其他有关规定。"这样，便可较为有效地防止外来因素对中国旅游资源和环境的破坏。

5. 有关的法律责任

为了保证有关法律法规的实施，对违反法律法规、破坏旅游资源或保护旅游资源失职者，都规定有相应的处罚，违反法律规定的义务时，要承担相应的法律责任。在我国，承担法律责任的方式主要有民事责任、刑事责任、行政责任等。

三、旅游景区质量等级划分与评定

为加强旅游景区质量等级的评定和管理，提升旅游景区服务质量和管理水平，树立旅游景区行业良好形象，促进旅游业可持续发展，依据国家有关法律、法规和中华人民共和国国家标准《旅游景区质量等级的划分与评定》及相关评定细则，制定《旅游景区质量等级管理办法》（以下简称《办法》）。该《办法》于 2012 年 4 月 16 日由国家旅游局以旅办发〔2012〕166 号印发。《办法》分总则、评定机构与证书标牌、申请与评定、检查员、管理与监督、附则共 6 章 31 条，自 2012 年 5 月 1 日起施行。

根据《办法》规定：旅游景区是指可接待旅游者，具有观赏游憩、文化娱乐等功能，具备相应旅游服务设施并提供相应旅游服务，且具有相对完整管理系统的游览区。可以从以下几个方面来理解这一定义：它是一个有明确地域范围的区域；它以旅游吸引物为依托；从事旅游休闲活动；有统一的管理机构。通常所说的旅游度假区和风景名胜区都是从属于旅游景区的一个亚区。

（一）旅游景区质量等级的申请与评定

凡在中华人民共和国境内正式开业一年以上的旅游景区，均可申请质量等级。旅游景区质量等级划分为 5 个等级，从低到高依次为 1A、2A、3A、4A、5A。其中，3A 级及以下等级旅游景区由全国旅游景区质量等级评定委员会授权各省级旅游景区质量等级评定委员会负责评定，省级旅游景区评定委员会可向条件成熟的地市级旅游景区评定委员会再行授权。4A 级旅游景区由省级旅游景区质量等级评定委员会推荐，全国旅游景区质量等级评定委员会组织评定。5A 级旅游景区从 4A 级旅游景区中产生。被公告为 4A 级三年以上的旅游景区可申报 5A 级旅游景区。5A 级旅游景区由省级旅游景区质量等级评定委员会推荐，全国旅游景区质量等级评定委员会组织评定。

（二）对申报 5A 级旅游景区的评定程序

①资料审核。全国旅游景区质量等级评定委员会依据景区评定标准和细则规定，对景区申报资料进行全面审核，审核内容包括景区名称、范围、管理机构、规章制度及发展状况等。通过审核的景区，进入景观评估程序，未通过审核的景区，一年后方可再次申请重审。

②景观价值评价。全国旅游景区质量等级评定委员会组建由相关方面专家组成的评议组，听取申报景区的陈述，采取差额投票方式，对景区资源吸引力和市场影响力进行评价，评价内容包括景区观赏游憩价值、历史文化科学价值、知名度、美誉度与市场辐射力等。通过景观评价的景区，进入现场检查环节，未通过景观评价的景区，两年后方可再次申请重审。

③现场检查。全国旅游景区质量等级评定委员会组织国家级检查员成立评定小组，采取暗访方式对景区服务质量与环境质量进行现场检查，检查内容包括景区交通等基础服务设施，安全、卫生等公共服务设施，导游导览、购物等游览服务设施，电子商务等网络服务体系，对历史文化、自然环境保护状况，引导游客文明旅游等方面。现场检查达标的景区，进入社会公示程序，未达标的景区，一年后方可再次申请现场检查。

④社会公示。全国旅游景区质量等级评定委员会对达到标准的申报景区，在中国旅游网上进行七个工作日的社会公示。公示阶段无重大异议或重大投诉的旅游景区通过公示，若出现重大异议或重大投诉的情况，将由全国旅游景区质量等级评定委员会进行核实和调查，做出相应决定。

⑤发布公告。经公示无重大异议或重大投诉的景区，由全国旅游景区质量等级评定委员会发布质量等级认定公告，颁发证书和标牌。

第二节 风景名胜区的保护与管理

一、风景名胜区的概念与功能

（一）风景名胜区的概念

关于风景区的称谓，一度比较混乱，如自然风景区、旅游风景区、风景游览区、风景旅游区、风景保护区等。2006 年 9 月 19 日国务院颁布，2006 年 12 月 1 日实施的《风景名胜区条例》规定了“风景名胜区”的特有含义：具有观赏、文化或者科学价值，自然景观、人文景观比较集中，环境优美，可供人们游览或者进行科学、文化活动的区域。这是从立法的角度对风景名胜区所做的概括和界定。

（二）风景名胜区的功能

1. 生态功能

风景区有保护自然资源、维护生态平衡、防止自然灾害等生态防护功能。首先，保护生物遗传的多样性。设立风景名胜区具有保存大自然物种，保护有代表性的动植物种群的功能。其次，提供了保护性的环境。风景名胜区内生态系统成熟，甚至包括高级别的生物群落，对调节近地小气候，维持二氧化碳与氧气的动态平衡，对生态环境和防风防灾，都有重要的意义。

2. 游憩功能

风景名胜区有良好的生态环境，有美丽的自然风光和丰富的文物古迹，给人提供游憩、陶冶身心、促进人与自然协调发展的游憩健身功能。在景区内可进行的游憩活动包括野外游憩、审美欣赏、科技教育、娱乐体育、休养保健等项目。

3. 景观功能

风景区是由自然界中各种物体的形、色、质、光、声、态因素相互影响、相互交织、相互配合而成使人感受到险、秀、雄、幽、旷、奥、坦等千变万化的自然之美和各种瑰丽多彩的人文之美。风景区中由植物群落而组成的各类植物景观，给风景空间增加了生命的活力和季相的变化，使人们更感到大自然的亲切和爱抚，孕育着心灵的美感。不同的植物群落具有不同的艺术特征，层次多、季节色彩丰富多变的植物景观具有自然美特色，大片的单纯植物景观，色彩单一又具有壮丽广阔的气魄。典型的自然地貌被看做是区域“地标”，是一些民族文化和国家形象的象征。

4. 科教功能

风景区内有独特的地形地貌、稀有的生物、历史古迹、宗教与民族乡土建筑，它们都具有一定的文化气息，因此风景区成为了科学考察、传播文化和进行爱国主义教育的重要场所。

5. 经济性功能

风景区有第一、第二、第三产业的潜能，有推动旅游经济、调节城乡结构、带动地区全面发展的经济催化功能。风景区本身不产生直接经济价值，而是通过其自然景观、人文景观及风景环境供人们游览来吸引游人，再通过为提供吃住行游娱购服务供应等经济活动而产生经济价值。此外，各级风景名胜区在增加就业岗位方面发挥越来越大的作用。

二、风景名胜区的设立

（一）设立风景名胜区的条件

（1）具有观赏、文化或者科学价值。

（2）自然景观、人文景观比较集中。

（3）可供人们游览或者进行科学文化活动。

（二）风景名胜区的等级

依照《风景名胜区管理条例》规定，风景名胜区按其景物的观赏、文化、科学价值和环境质量、规模大小、游览条件划分为两个等级。

1. 国家级风景名胜区

自然景观和人文景观能够反映重要自然变化过程和重大历史文化发展过程，景区环境特别优美、景物比较集中，且基本处于自然状态或者保持历史原貌，具有国家代表性的，规模和范围特别宏大，能为人们提供特别优越的游览条件的风景区可以申请设立国家级风景名胜区。设立国家级风景名胜区，由省、自治区、直辖市人民政府提出申请，国务院建设主管部门、林业主管部门、文物主管部门等有关部门组织论证，提出审查意见，报国务院批准公布。

2. 省级风景名胜区

具有区域代表性的，可以申请设立省级风景名胜区。设立省级风景名胜区，由县级人民政府提出申请，省、自治区人民政府建设主管部门或者直辖市人民政府风景名胜区主管部门，会同其他有关部门组织论证，提出申请意见，报省、自治区、直辖市人民政府批准公布。

自 1982 年起，国务院总共公布了 8 批、225 处国家级风景名胜区。其中，第一批至第六批原称国家重点风景名胜区，2007 年起改称中国国家级风景名胜区。逐次分别是：第一批：1982 年 11 月 08 日发布，共 44 处，第二批：1988 年 08 月 01 日发布，共 40 处，第三批：1994 年 01 月 10 日发布，共 35 处，第四批：2002 年 05 月 17 日发布，共 32 处，第五批：2004 年 01 月 13 日发布，共 26 处，第六批：2005 年 12 月 31 日发布，共 10 处，第七批：2009 年 12 月 28 日发布，共 21 处，第八批：2012 年 10 月 31 日发布，共 17 处。如北京的八达岭—十三陵、黑龙江的镜泊湖、山东的泰山、江苏的太湖、广西的桂林漓江、云南的路南石林等。这些景区，不仅观赏、文化、科学价值都很高，而且环境质量好，具有相当大的规模和良好的游览条件。

（三）设立风景名胜区的注意事项

设立风景名胜区，应当有利于保护和合理利用风景名胜资源。新设立的风景名胜区与自然保护区不得重合或者交叉；已设立的风景名胜区与自然保护区重合或者交叉的，风景名胜区规划与自然保护区规划应当相协调。

风景名胜区内的土地、森林等自然资源和房屋等财产的所有权人、使用权人的合法权益受法律保护。申请设立风景名胜区的人民政府应当在报请审批前，与风景名胜区内的土地、森林等自然资源和房屋等财产的所有权人、使用权人充分协商。因设立风景名胜区对风景名胜区内的土地、森林等自然资源和房屋等财产的所有权人、使用权人造成损失的，应当依法给予补偿。

三、风景名胜区的规划

《风景名胜区条例》第 3 条规定：国家对风景名胜区实行科学规划、统一管理、严格保护、永续利用的原则。风景区名胜区规划是保护培育、开发利用和经营管理风景区，并发挥其多种功能作用的统筹部署和具体安排。经相应的人民政府审查批准后的风景区规划，具有法律权威，必须严格执行。《风景名胜区条例》第 12 条规定：风景名胜区规划分为总体规划和详细规划。

（一）风景名胜区总体规划

风景名胜区总体规划的编制应当体现人与自然和谐相处、区域协调发展和经济社会全面进步的要求，坚持保护优先、开发服从保护的原则，突出风景名胜资源的自然特性、文化内涵和地方特色。

总体规划应当包括风景资源评价；生态资源保护措施、重大建设项目布局、开发利用强度；风景名胜区的功能结构和空间布局；禁止开发和限制开发的范围；风景名胜区的游客容量；有关专项规划等内容。

风景名胜区应当自设立之日起2年内编制完成总体规划，总体规划的规划期一般为20年。

（二）风景名胜区详细规划

风景名胜区详细规划应当根据核心景区和其他景区的不同要求编制，确定基础设施、旅游设施、文化设施等建设项目的选址、布局与规模，并明确建设用地范围和规划设计条件。

风景名胜区详细规划，应当符合风景名胜区总体规划。

四、风景名胜区的保护、利用和管理

（一）风景名胜区保护的原则和措施

《风景名胜区条例》规定：国家对风景名胜区实行科学规划、统一管理、严格保护、永续利用的原则。风景名胜区内的景观和自然环境，应当根据可持续发展的原则，严格保护，不得破坏或随意改变。风景名胜区管理机构应当建立健全风景名胜资源保护的各项管理制度。风景名胜区管理机构应当对风景名胜区的重要景观进行调查、鉴定，并制定相应的保护措施。风景名胜区内的居民和游览者应当保护风景名胜区的景物、水体、林草植被、野生动物和各项设施。

风景名胜区内的建设项目应当符合风景名胜区规划，并与景观相协调，不得破坏景观、污染环境、妨碍游览。在风景名胜区内进行建设活动的，建设单位、施工单位应当制定污染防治和水土保持方案，并采取有效措施，保护好周围景物、水体、林草植被、野生动物资源和地形地貌。

（二）风景名胜区的利用与管理

保护与开发风景名胜区旅游资源的目的就是充分利用风景名胜区旅游资源的特点，开展健康有益的游览活动，产生可观的经济效益和社会效益。但在充分利用旅游资源的同时，也应加强风景名胜区的管理工作，保证可持续发展。如何使风景名胜区的旅游资源合理利用并进行有效管理，《风景名胜区管理条例》规定：

①风景名胜区管理机构应当根据风景名胜区的特点，保护民族民间传统文化，开展健康有益的游览观光和文化娱乐活动，普及历史文化和科学知识。

②风景名胜区管理机构应当根据风景名胜区规划，合理利用风景名胜资源，改善交通、服务设施和游览条件。风景名胜区管理机构应当在风景名胜区内设置风景名胜区标志和路标、安全警示等标牌。

③风景名胜区内宗教活动场所的管理，依照国家有关宗教活动场所管理的规定执行。风景名胜区内涉及自然资源保护、利用、管理和文物保护以及自然保护区管理的，还应当执行国家有关法律、法规的规定。

④国务院建设主管部门应当对国家级风景名胜区的规划实施情况、资源保护状况进行监督检查和评估。对发现的问题，应当及时纠正、处理。

⑤风景名胜区管理机构应当建立健全安全保障制度，加强安全管理，保障游览安全，并督促风景名胜区内的经营单位接受有关部门依据法律法规进行的监督检查。禁止超过允许容量接纳游客和在没有安全保障的区域开展游览活动。

⑥进入风景名胜区的门票，由风景名胜区管理机构负责出售。门票价格依照有关价格的法律、法规的规定执行。风景名胜区内的交通、服务等项目，应当由风景名胜区管理机构依照有关法律法规和风景名胜区规划，采用招标等公平竞争的方式确定经营者。风景名胜区管理机构应当与经营者签订合同，依法确定各自的权利、义务。经营者应当缴纳风景名胜资源有偿使用费。

⑦风景名胜区的门票收入和风景名胜资源有偿使用费，实行收支两条线管理。风景名胜区的门票收入和风景名胜资源有偿使用费应当专门用于风景名胜资源的保护和管理以及风景名胜区内财产的所有权人、使用权人损失的补偿。具体管理办法，由国务院财政部门、价格主管部门会同国务院建设主管部门等有关部门制定。

⑧风景名胜区管理机构不得从事以营利为目的的经营活动，不得将规划、管理和监督等行政管理职能委托给企业或者个人。风景名胜区管理机构的工作人员，不得在风景名胜区内的企业兼职。

五、法律责任

2006 年 12 月 1 日起实施的《风景名胜区条例》专门设立了“法律责任”一章，对违法行为，给予比较严厉的处罚。

（1）有下列行为之一的，由风景名胜区管理机构责令停止违法行为、恢复原状或者限期拆除，没收违法所得，并处 50 万元以上 100 万元以下的罚款：

①在风景名胜区内进行开山、采石、开矿等破坏景观、植被、地形地貌的活动的；

②在风景名胜区内修建储存爆炸性、易燃性、放射性、毒害性、腐蚀性物品的设施的；

③在核心景区内建设宾馆、招待所、培训中心、疗养院以及与风景名胜资源保护无关的其他建筑物的。

县级以上地方人民政府及其有关主管部门批准实施本条第 1 款规定的行为的，对直接负责的主管人员和其他直接责任人员依法给予降级或者撤职的处分；构成犯罪的，依法追究刑事责任。

（2）在风景名胜区内从事禁止范围以外的建设活动，未经风景名胜区管理机构审核的，由风景名胜区管理机构责令停止建设、限期拆除，对个人处 2 万元以上 5 万元以下的罚款，对单位处 20 万元以上 50 万元以下的罚款。

（3）在国家级风景名胜区内修建缆车、索道等重大建设工程，项目的选址方案未经国务院建设主管部门核准，县级以上地方人民政府有关部门核发选址意见书的，对直接负责的主管人员和其他直接责任人员依法给予处分；构成犯罪的，依法追究刑事责任。

（4）个人在风景名胜区内进行开荒、修坟立碑等破坏景观、植被、地形地貌的活动的，由风景名胜区管理机构责令停止违法行为、限期恢复原状或者采取其他补救措施，没收违法所得，并处 1 千元以上 1 万元以下的罚款。

（5）在景物、设施上刻划、涂污或者在风景名胜区内乱扔垃圾的，由风景名胜区管理机构责令恢复原状或者采取其他补救措施，处 50 元的罚款；刻划、涂污或者以其他方式故意损坏国家保护的文物、名胜古迹的，按照治安管理处罚法的有关规定予以处罚；构成犯罪的，依法追究刑事责任。

（6）未经风景名胜区管理机构审核，在风景名胜区内进行下列活动的，由风景名胜区管理机构责令停止违法行为、限期恢复原状或者采取其他补救措施，没收违法所得，并处 5 万元以上 10 万元以下的罚款；情节严重的，并处 10 万元以上 20 万元以下的罚款：设置、张贴商业广告的；举办大型游乐等活动的；改变水资源、水环境自然状态的活动的；其他影响生态和景观的活动。

（7）施工单位在施工过程中，对周围景物、水体、林草植被、野生动物资源和地形地貌造成破坏的，由风景名胜区管理机构责令停止违法行为、限期恢复原状或者采取其他补救措施，并处 2 万元以上 10 万元以下的罚款；逾期未恢复原状或者采取有效措施的，由风景名胜区管理机构责令停止施工。

（8）国务院建设主管部门、县级以上地方人民政府及其有关主管部门有下列行为之一的，对直接负责的主管人员和其他直接责任人员依法给予处分；构成犯罪的，依法追究刑事责任：

①违反风景名胜区规划在风景名胜区内设立各类开发区的；

②风景名胜区自设立之日起未在 2 年内编制完成风景名胜区总体规划的；

③选择不具有相应资质等级的单位编制风景名胜区规划的；

④风景名胜区规划批准前批准在风景名胜区内进行建设活动的；

⑤擅自修改风景名胜区规划的；

⑥不依法履行监督管理职责的其他行为。

（9）风景名胜区管理机构有下列行为之一的，由设立该风景名胜区管理机构的县级以上地方人民政府责令改正；情节严重的，对直接负责的主管人员和其他直接责任人员给予降级或者撤职的处分；构成犯罪的，依法追究刑事责任：

①超过允许容量接纳游客或者在没有安全保障的区域开展游览活动的；

②未设置风景名胜区标志和路标、安全警示等标牌的；

③从事以营利为目的的经营活动的；

④将规划、管理和监督等行政管理职能委托给企业或者个人行使的；

⑤允许风景名胜区管理机构的工作人员在风景名胜区内的企业兼职的；

⑥审核同意在风景名胜区内进行不符合风景名胜区规划的建设活动的；发现违法行为不予查处的。

第三节　世界文化和自然遗产

世界遗产概念的提出是人类文明发展到一定阶段的标志，它代表了对自然的尊重，对人类创造的总结和礼赞。

一、世界遗产的概念

联合国教育、科学及文化组织大会于 1972 年 10 月 17 日至 11 月 21 日在巴黎举行的第十七届会议上通过了《保护世界文化和自然遗产公约》，该公约将世界遗产定义为：世界遗产是指前代所遗留的，对人类生存和发展具有特殊价值而为国际社会特别加以保护的自然和文化遗产。中国于 1985 年 12 月 12 日加入《保护世界文化和自然遗产公约》，成为缔约方。1999 年 10 月 29 日，中国当选为世界遗产委员会成员。

二、世界遗产的分类

世界遗产是全人类公认的具有突出意义和普遍价值的文物古迹及自然景观。狭义的世界遗产包括“世界文化遗产”“世界自然遗产”“世界文化与自然遗产”和“文化景观”四类。广义概念，根据形态和性质，世界遗产分为文化遗产、自然遗产、文化和自然双重遗产、记忆遗产、非物质文化遗产、文化景观。

（一）文化遗产

文化遗产是指具有历史学、美学、考古学、科学、民族学或人类学价值的纪念地、建筑群和遗址。《保护世界文化和自然遗产公约》规定，属于下列各类内容之一者，可列为文化遗产（Cultural Heritage），具体包括以下三类。

①文物：从历史、艺术或科学角度看，具有突出、普遍价值的建筑物、雕刻和绘画，具有考古意义的成分或结构，铭文、洞穴、住区及各类文物的综合体；

②建筑群：从历史、艺术或科学角度看，因其建筑的形式、同一性及其在景观中的地位，具有突出、普遍价值的单独或相互联系的建筑群；

③遗址：从历史、美学、人种学或人类学角度看，具有突出、普遍价值的人造工程或人与自然的共同杰作以及考古遗址地带。

除了具有物质实体的文化遗产外，联合国教科文组织 1998 年通过决议设立非物质文化遗产评选。所谓非物质文化遗产（又称无形文化遗产）指被各群体、团体或有时为个人视为其文化遗产的各种实践、表演、表现形式、知识和技能及有关的工具、实物、工艺品和文化场所，包括口头传说和表述，包括作为非物质文化遗产媒介的语言；表演艺术；社会风俗、礼仪、节庆；有关自然界和宇宙的知识及实践；传统的手工艺技能。它是确定文化特性、激发创造力和保护文化多样性的重要因素，在不同文化相互宽容、协调中起着至关重要的作用。

（二）自然遗产

自然遗产（Natural Heritage）是指具有突出价值的自然生物学和地质学形态，濒危动植物物种栖息地，以及具有科学、美学和保护价值的地区。具体包括以下三类。

①从审美或科学角度看具有突出的普遍价值的由物质和生物结构或这类结构群组成的自然面貌。

②从科学或保护角度看具有突出的普遍价值的地质和自然地理结构以及明确划为受威胁的动物和植物栖息地。

③从科学、保护或自然美角度看具有突出的普遍价值的天然名胜或明确划分的自然区域。

凡提名列入《世界遗产名录》的自然遗产项目，必须符合下列一项或几项标准方可获得批准：代表地球演化历史中重要阶段的突出例证；代表进行中的重要地质过程、生物演化过程以及人类与自然环境相互关系的突出例证；独特、稀有或绝妙的自然现象、地貌或具有罕见自然美地域；尚存的珍稀或濒危动植物栖息地。

（三）自然遗产与文化遗产混合体

文化与自然混合遗产（Mixed Site）简称“混合遗产”“复合遗产”“双重遗产”。按照《实施保护世界文化与自然遗产公约的操作指南》，只有同时部分满足《保护世界文化与自然遗产公约》中关于文化遗产和自然遗产定义的遗产项目才能成为文化与自然混合遗产。如泰山、黄山、峨眉山——乐山大佛。

（四）文化景观

文化景观（Cultural Landscape）这一概念是 1992 年 12 月在美国圣菲召开的联合国教科文组织世界遗产委员会第 16 届会议时提出并纳入《世界遗产名录》中的。文化景观即《保护世界文化和自然遗产公约》第 1 条所表述的“自然与人类的共同作品”，是人类活动所造成的景观，它反映文化体系的特征和一个地区的地理特征。文化景观的形成是个长期过程，每一历史时代人类都按照其文化标准对自然环境施加影响，并把它们改变成文化景观。文化景观的内容除一些具体事物外. 还有一种可以感觉到而难以表达出来的“气氛”，它往往与宗教教义、社会观念和政治制度等因素有关，是一种抽象的观感。具体包括以下三类。

①由人类有意设计和建筑的景观。包括出于美学原因建造的园林和公园景观，它们经常（但并不总是）与宗教或其他纪念性建筑物或建筑群有联系。

②有机进化的景观。它产生于最初始的一种社会、经济、行政以及宗教需要。并通过与周围自然环境的联系或适应而发展到目前的形式。它又包括两种次类别：一是残遗物（或化石）景观，代表一种过去某段时间已经完结的进化过程，不管是突发的或是渐进的，它们之所以具有突出、普遍价值，还在于显著特点依然体现在实物上；二是持续性景观，它在当今与传统生活方式相联系的社会中。保持一种积极的社会作用，而且其自身演变过程仍在进行之中，同时也展示了历史上其演变发展的物证。

③关联性文化景观。这类景观列入《世界遗产名录》，以与自然因素、强烈的宗教、艺术或文化相联系为特征，而不是以文化物证为特征。

此外，列入《世界遗产名录》的古迹遗址、自然景观一旦受到某种严重威胁，经过世界遗产委员会调查和审议，可列入《处于危险之中的世界遗产名录》，以待采取紧急抢救措施。

（五）非物质文化遗产

人类非物质文化遗产（Intangible Cultural Heritage），是指经联合国教科文组织评选确定而列入《人类非物质文化遗产代表作名录》的遗产项目，是指被各社区、群体，有时是个人，视为其文化遗产组成部分的各种社会实践、观念表述、表现形式、知识、技能以及相关的工具、实物、手工艺品和文化场所，是相对于有形遗产，即可传承的物质遗产而言的概念。2003 年 10 月通过的《保护非物质文化遗产国际公约》指出，非物质文化遗产应涵盖五个方面的项目：

①口头传统和表现形式，包括作为非物质文化遗产媒介的语言；

②表演艺术；

③社会实践、仪式、节庆活动；

④有关自然界和宇宙的知识和实践；

⑤传统手工艺。

中国有国家级非物质文化遗产名录，申报联合国非物质文化遗产代表作需先入国家级名录。

（六）记忆遗产

世界记忆遗产（Memory of the World）又称世界记忆工程或世界档案遗产，是联合国教科文组织于 1992 年启动的一个文献保护项目，是世界文化遗产保护项目的延伸，侧重于文献记录，包括博物馆、档案馆、图书馆等文化事业机构保存的任何介质的珍贵文件、手稿、口述历史的记录以及古籍善本等。其目的是对世界范围内正在逐渐老化、损毁、消失的文献记录，通过国际合作与使用最佳技术手段进行抢救，从而使人类的记忆更加完整。

三、我国世界遗产名录

1976 年，《保护世界文化和自然遗产公约》的管理机构是联合国教科文组织的世界的遗产委员会成立，同时建立《世界遗产名录》，将认为具有世界意义和突出价值而需要全人类共同承担保护责任的遗产编入其中。列入目录的世界遗产获得国际社会提供援助并安排保护、恢复等工作。自1987年世界遗产委员会第11届会议批准中国的故宫等6处遗产列入《世界遗产名录》，截至2016年7月，中国已有50处自然文化遗址和自然景观列入《世界遗产名录》。其中世界文化遗产31项（含文化景观4项），世界自然遗产10项，文化和自然混合遗产4项，人类口述和非物质遗产 / 无形遗产36项、记忆遗产9项。

（一）世界文化遗产（31项）

①甘肃敦煌莫高窟 1987.12

②周口店北京人遗址 1987.12

③长城 1987.12

④陕西秦始皇陵及兵马俑 1987.12

⑤明清皇宫：北京故宫（北京）1987.12、沈阳故宫（辽宁）2004.7

⑥湖北武当山古建筑群 1994.12

⑦山东曲阜三孔（孔庙、孔府及孔林）1994.12

⑧河北承德避暑山庄及周围寺庙 1994.12

⑨西藏布达拉宫（大昭寺、罗布林卡）1994.12

⑩苏州古典园林 1997.12

⑪山西平遥古城 1997.12

⑫云南丽江古城 1997.12

⑬北京天坛 1998.11

⑭北京颐和园 1998.11

⑮重庆大足石刻 1999.12

⑯安徽古村落：西递、宏村 2000.11

⑰明清皇家陵寝：明显陵（湖北钟祥市）、清东陵（河北遵化市）、清西陵（河北易县）2000.11、明孝陵（江苏南京市）、明十三陵（北京昌平区）2003.7、盛京三陵（辽宁沈阳市）2004.7

⑱河南洛阳龙门石窟 2000.11

⑲四川青城山和都江堰 2000.11

⑳云冈石窟 2001.12

㉑吉林高句丽王城、王陵及贵族墓葬 2004.7.1

㉒澳门历史城区 2005

㉓中国安阳殷墟 2006.7.13

㉔开平碉楼与古村落 2007.6.28

㉕福建土楼 2008.7.7

㉖嵩山“天地之中”古建筑群 2010.7.30

㉗元上都遗址 2012.6.29

㉘中国大运河 2014.6.22

㉙丝绸之路：长安—天山廊道的路网 2014.6.22

㉚土司遗址 2015.7.4

㉛左江花山岩画文化景观 2016.7.15

（二）自然遗产（11 项）

①四川黄龙国家级名胜区 1992.12

②湖南武陵源国家级名胜区 1992.12

③四川九寨沟国家级名胜区 1992.12

④云南“三江并流”自然景观 2003.7

⑤四川大熊猫栖息地 2006.7.12

⑥中国南方喀斯特 2007.6.27(2014..6.23 增补二期）

⑦江西三清山 2008.7.8

⑧“中国丹霞”2010.8.1

⑨澄江化石地 2012.7.1

⑩新疆天山 2013.6.15

⑪湖北神农架 2016.7.17

（三）世界文化与自然双重遗产（4 项）

①山东泰山：泰山（山东泰安市）、岱庙（山东泰安市）、灵岩寺（山东济南市）1987.12 文化与自然双重遗产（世界首个双重遗产）

②安徽黄山 1990.12

③四川峨眉山—乐山风景名胜区 1996.12

④福建省武夷山 1999.12

（四）文化景观（4 项）

①江西庐山风景名胜区 1996.12

②山西五台山 2009.6.26

③杭州西湖文化景观 2011.6.24

④红河哈尼梯田文化景观 2013.6.15

（五）人类口述和非物质文化遗产代表

人类口述和非物质遗产代表作的评选从 2001 年开始，每两年一次，鼓励多国联合申报，不占名额。截至目前，联合国教科文组织收录的《人类口述和非物质遗产代表名录》共有 251 项。其中各批次具体情况如下：第一批（2001 年，19 项）、第二批（2003 年，28 项）、第三批（2005 年，43 项）、第四批（2009 年，76 项）、第五批（2010 年，51 项）、第六批（2014 年，34 项）。

1. 人类口述和非物质文化遗产 / 无形遗产（36 项）

截至 2013 年年底，我国入选联合国教科文组织的非遗名录（含“急需保护名录”）的项目已达 37 个，也是目前世界上拥有世界非物质文化遗产数量最多的国家。

（1）人类非物质文化遗产代表作名录。

2001 年通过的：昆曲；

2003 年通过的：古琴艺术；

2005 年通过的：新疆维吾尔木卡姆艺术、蒙古族长调民歌；

2009 年通过的：中国蚕桑丝织技艺、福建南音、南京云锦、安徽宣纸、贵州侗族大歌、广东粤剧、《格萨尔》史诗、浙江龙泉青瓷、青海热贡艺术、藏戏、新疆《玛纳斯》、蒙古族呼麦、甘肃花儿、西安鼓乐、朝鲜族农乐舞、书法、篆刻、剪纸、雕版印刷、传统木结构营造技艺、端午节、妈祖信俗；

2010 年通过的：京剧、中医针灸。

2011 年通过的：皮影戏；

2013 年通过的：珠算。

（2）急需保护的非物质文化遗产名录。

2009 年列入的：羌年、黎族传统纺染织绣技艺、中国木拱桥传统营造技艺；

2010 年列入的：新疆的麦西热甫、福建的中国水密隔舱福船制造技艺以及中国活字印刷术。

2011 年列入的：赫哲族伊玛堪说唱。

2. 记忆遗产（10 项）

传统音乐录音档案（1997，中国艺术研究院图书馆）

清朝内阁秘本档有关十七世纪在华西洋传教士活动的档案（1999，中国第一历史档案馆）

清代大金榜（2003，中国第一历史档案馆）

纳西东巴古籍文献（2005，云南省社会科学院东巴文化研究所）

中国清代“样式雷”建筑图档案（2007，中国国家图书馆等）

《本草纲目》（2010，1593 年金陵版）

《黄帝内经》（2010，1339 年胡氏古林书堂印刷出版）

侨批档案—海外华侨银信（2013，广东省档案局与福建省档案局）

中国元代西藏官方档案（2013，西藏自治区档案馆）

南京大屠杀档案（2015，中国国家档案局）

小贴士

南京大屠杀档案

中国国家档案局提交的南京大屠杀档案共有 11 组，可分为 3 个部分，即 1937—1938 年日本侵略军占领南京期间大肆杀戮中国军人和平民的档案；1945—1947 年中华民国军事法庭对日本战犯调查和审判的档案；1952—1956 年中华人民共和国司法机构的文件。具体档案包括：

①身处国际安全区的金陵女子文理学院舍监程瑞芳日记；

②美国牧师约翰·马吉 16 毫米摄影机及其胶片母片；

③南京市民罗瑾冒死保存下来16张侵华日军自拍的屠杀平民及调戏、强奸妇女的照片；

④中国人吴旋向南京临时参议会呈送的日军暴行照片；

⑤南京军事法庭审判日本战犯谷寿夫判决书的正本；

⑥美国人贝德士在南京军事法庭上的证词；

⑦南京大屠杀幸存者陆李秀英证词；

⑧南京市临时参议会南京大屠杀案敌人罪行调查委员会调查表；

⑨南京军事法庭调查罪证；

⑩南京大屠杀案市民呈文；

⑪外国人日记："占领南京——目击人记述"。

四、世界遗产的保护

对于世界遗产的保护，《保护世界文化和自然遗产公约》规定：在尊重遗产所在国的主权，不使所在国规定的财产权受到损失的前提下，承认它是世界遗产的一部分，整个国际社会有责任合作予以保护；缔约国应为承认并保证本国各类世界遗产的确定、保护、保存和展出；该国将为此目的竭尽全力，最大限度地利用本国资源，必要时利用所能获得的国际援助和合作，特别是财政、艺术、科学及技术方面的援助和合作。为保护、保存和展出本国领土内的文化和自然遗产采取积极有效的措施，各缔约国应视本国具体情况尽力做到以下几点：

通过一项旨在使文化和自然遗产在社会生活中起一定作用并把遗产保护工作纳入全面规划计划的总政策；如本国内尚未建立负责文化和自然遗产的保护、保存和展出的机构，则建立一个或几个此类机构，配备适当的工作人员和为履行其职能所需的手段；发展科学和技术研究，并制定出能够抵抗威胁本国文化或自然遗产的危险的实际方法；采取为确定、保护、保存、展出和恢复这类遗产所需的适当的法律、科学、技术、行政和财政措施；促进建立或发展有关保护、保存和展出文化和自然遗产的国家或地区培训中心，并鼓励这方面的科学研究。

任务 6-2　自然资源的保护

第一节　自然资源保护法律概述

1872年，世界上第一个自然保护区——美国黄石公园建立。从此以后，世界各国都认识到建立自然保护区的重要意义。在全球建立起数量众多的自然保护区，形成了广泛的自然保护区网。自然保护区所具有的优良的生态景观对旅游者产生着极大的吸引力，使自然保护区成为旅游开发的对象。

一、我国自然资源的保护与立法工作

新中国成立后，我国颁布了一系列法律、法规，强化对自然资源的保护工作，其中最重要的有《中华人民共和国旅游法》《中华人民共和国环境保护法》《中华人民共和国森林法》《中华人民共和国草原法》《中华人民共和国海洋环境保护法》《中华人民共和国水法》《风景名胜区条例》《中华人民共和国自然保护区条例》《中华人民共和国水土保护条例》等。这些法规和宪法以及其他法律中的相关条款共同构成了我国的自然旅游资源保护法。因此自然旅游资源保护法不是一个法，而是国家以管理和保护自然旅游资源为主要内容的一系列法律规范的总和。以法律手段保护自然旅游资源，就是保护自然生态系统、保护旅游业自身的发展，也是造福子孙后代的千秋大业。

为了加强自然保护区的建设和管理，保护自然环境和自然资源，国务院于 1994 年 9 月 2 日第 24 次常委会讨论通过了《中华人民共和国自然保护区条例》。该条例自 1994 年 12 月 1 日起实施，标志着我国自然保护区的建设和管理走上了法制化的道路。

二、自然保护区的概念

自然保护区是指对有代表性的自然生态系统，珍稀濒危野生动植物物种的天然集中分布区和有特殊意义的自然遗址等保护对象所在的陆地、水体或者海域，依法划出一定面积予以特殊保护和管理的区域。

自然保护区因其保护的对象有不同的类型，因而有不同的名称，世界各国使用的名称有国家公园、自然公园、保护公园、生物保护区、森林保护区、狩猎动物保护区等。我国一般称自然保护区、国家森林公园等。

按保护对象和目的可分为以下 6 种类型。

（一）以保护完整的综合自然生态系统为目的的自然保护区

例如，以亚热带常绿阔叶林为保护对象的广东鼎湖山自然保护区，以保护温带山地生态系统及自然景观为主的长白山自然保护区，以保护亚热带生态系统为主的武夷山自然保护区和保护热带自然生态系统的云南西双版纳自然保护区等。

（二）以保护某些珍贵动物资源为主的自然保护区

例如，四川卧龙和王朗等自然保护区以保护大熊猫为主，黑龙江扎龙和吉林向海等自然保护区以保护丹顶鹤为主，四川铁布自然保护区以保护梅花鹿为主，福建文昌鱼自然保护区以保护文昌鱼为主等。

（三）以保护珍稀孑遗植物及特有植被类型为目的的自然保护区

例如，广西花坪自然保护区以保护银杉和亚热带常绿阔叶林为主；黑龙江丰林自然保护区及凉水自然保护区以保护红松林为主；福建万木林自然保护区则主要保护亚热带常绿阔叶林等。

（四）以保护自然风景为主的自然保护区和国家公园

例如，四川九寨沟、缙云山自然保护区、江西庐山自然保护区、台湾省的玉山国家公园等。

（五）以保护特有的地质剖面及特殊地貌类型为主的自然保护区

例如，以保护火山遗迹和自然景观为主的黑龙江五大连池自然保护区；保护珍贵地质剖面的天津蓟县地质剖面自然保护区；保护重要化石产地的山东临朐山旺万卷生物化石保护区等。

（六）以保护沿海自然环境及自然资源为主要目的的自然保护区

主要有我国台湾地区的淡水河口保护区，兰阳、苏花海岸等沿海保护区；海南省的东寨港保护区和清澜港保护区、广西山口国家红树林生态自然保护区（保护海涂上特有的红树林）等。

由于建立了一系列的自然保护区，中国的大熊猫、金丝猴、麋鹿、扬子鳄等一些珍贵野生动物已得到初步保护，有些种群得以逐步发展。

第二节 自然保护区的保护与管理

一、自然保护区的建立和分级

（一）自然保护区建立的条件

根据我国《自然保护区条例》的规定，凡具有下列条件之一的，应当建立自然保护区。

①典型的自然地理区域、有代表性的自然生态系统区域以及已经遭受破坏但经保护能够恢复的同类自然生态系统区域；

②珍稀、濒危野生动植物物种的天然集中分布区域；

③具有特殊保护价值的海域、海岸、岛屿、湿地、内陆水域、森林、草原和荒漠；

④具有重大科学文化价值的地质构造、著名溶洞、化石分布区、冰川、火山、温泉等自然遗迹；

⑤经国务院或者省、自治区、直辖市人民政府批准，需要予以特殊保护的其他自然区域。

（二）自然保护区的分级

我国自然保护区分为国家级自然保护区和地方级自然保护区。

——国家级自然保护区指在国内外有典型意义、在科学上有重大国际影响或者有特殊科学研究价值的自然保护区。

——地方级自然保护区指国家级自然保护区以外，其他具有典型意义或者重要科学研究价值的自然保护区。

（三）自然保护区的建立程序

申请建立自然保护区，应当按照国家有关规定填报建立自然保护区申报书。国家自然保护区的建立，由自然保护区所在省、自治区、直辖市人民政府向国务院有关自然保护区行政管理部门提出申请，经国家级自然保护区评审委员会评审后，由国务院环境保护行政主管部门进行协调并提出审批意见，报国务院批准。

地方级自然保护区的建立，由自然保护区所在县、市、自治县、自治州人民政府或省级人民政府自然保护行政主管部门提出申请，经地方自然保护区评审委员会评审后，由省、自治区、直辖市人民政府批准，报国务院环境保护行政主管部门和国务院有关自然保护区行政主管部门备案。

跨两个以上行政区域的自然保护区的建立，由有关行政区域的人民政府协商一致后提出申请，并按照前两种规定的程序审批。

建立海上自然保护区，须经国务院批准。自然保护区的范围和界限，由批准建立的人民政府确定，并标明区界，予以公告。

（四）我国已建成的自然保护区

世界各国划出一定的范围来保护珍贵的动、植物及其栖息地已有很长的历史渊源，但国际上一般都把 1872 年经美国政府批准建立的第一个国家公园——黄石公园看做是世界上最早的自然保护区。20 世纪以来自然保护区事业发展很快，特别是第二次世界大战后，在世界范围内成立了许多国际机构，从事自然保护区的宣传、协调和科研等工作，如“国际自然及自然资源保护联盟”、联合国教科文组织的“人与生物圈计划”等。目前全世界自然保护区的数量和面积不断增加，并成为一个国家文明与进步的象征之一。

为了加强自然保护区的建设和管理，保护自然资源和环境，国务院于 1994 年 9 月 2 日第二十四次常务会议讨论通过了《中华人民共和国自然保护区条例》，该条例的实施标志着我国对自然保护区的建设和管理走上了法制化的道路。自 1956 年我国在广东肇庆建立保护亚热带雨林为主的第一个自然保护区——鼎湖山自然保护区以来，我国已基本形成类型比较齐全、布局基本合理、功能相对完善的自然保护区体系。截至目前，全国已建立 2740 处自然保护区，总面积 147 万平方千米。全国超过 90% 的陆地自然生态系统都建有代表性的自然保护区，89% 的国家重点保护野生动植物种类以及大多数重要自然遗迹在自然保护区内得到保护，部分珍稀濒危物种野外种群逐步恢复。大熊猫野外种群数量达到 1800 多只，东北虎、东北豹、亚洲象、朱鹮等物种数量明显增加。

2013 年年底建成国家级自然保护区有 407 个，其中 28 处国家级自然保护区已被联合国教科文组织的“人与生物圈计划”列为国际生物圈保护区，他们是长白山自然保护区、卧龙自然保护区、鼎湖山自然保护区、梵净山自然保护区、武夷山自然保护区、锡林郭勒草原自然保护区、神农架自然保护区、博格达峰自然保护区、盐城自然保护区、西双版纳自然保护区、天目山自然保护区、茂兰自然保护区、九寨沟自然保护区、丰林自然保护区、南麂列岛自然保护区、山口自然保护区、白水江自然保护区、黄龙自然保护区 、高黎贡山自然保护区 、宝天曼自然保护区 、赛罕乌拉自然保护区、达赉湖自然保护区 、五大连池自然保护区、亚丁自然保护区、珠峰自然保护区、佛坪自然保护区、黑龙江兴凯湖自然保护区、广东车八岭自然保护区。

二、自然保护区的管理机构及其职责

（一）自然保护区的管理机构

我国对自然保护区实行综合管理和部门管理相结合的管理体制。国务院环境保护行政主管部门负责全国自然保护区的综合管理。国务院林业、农业、地质矿产、水利、海洋等有关行政主管部门在各自的职责范围内，主管有关的自然保护区。

国家级自然保护区，由其所在地的省、自治区、直辖市人民政府有关自然保护区行政主管部门或者国务院有关自然保护区行政主管部门管理。地方级自然保护区，由其所在地的县级以上地方人民政府有关自然保护区行政主管部门管理。有关自然保护区行政主管部门应当在自然保护区内设立专门的管理机构，配备专业技术人员，负责自然保护区的具体管理工作。

（二）自然保护区管理机构的职责

根据《自然保护区条例》的规定，自然保护区管理机构的主要职责如下。

①贯彻执行国家有关自然保护的法律、法规和方针、政策；

②制定自然保护区的各项管理制度，统一管理自然保护区；

③调查自然资源并建立档案，组织环境监测，保护自然保护区内的自然环境和自然资源；

④组织或者协助有关部门开展自然保护区的科学研究工作；

⑤进行自然保护的宣传教育；

⑥在不影响保护自然保护区的自然环境和自然资源的前提下，组织开展参观、旅游等活动。

三、自然保护区保护和管理

为了保护和管理自然保护区，国家规定了一系列的保护管理措施。

（一）自然保护区界标的规定

自然保护区的范围和界线由批准建立自然保护区的人民政府确定，并标明区界，予以公告。任何单位和个人不得移动自然保护区的界标。

（二）分区保护的规定

为了对自然保护区内不同级别的资源进行有针对性的保护和管理，自然保护区可以分为核区、缓冲区和实验区，在不同的区域内实行不同的保护手段。

核心区，是指自然保护区内保存完好的天然状态的生态系统以及珍稀、濒危动植物的集中分布地，应当划为核心区。除经省级以上人民政府有关自然保护区行政管理部门批准外，禁止任何单位和个人进入，也不允许进入从事科学研究活动。

缓冲区，是指核心区外围可以划定一定面积的缓冲区。该区域内只准进入从事科学研究观测活动。

实验区，缓冲区外围划为实验区，可以进入从事科学试验、教学实习、参观考察、旅游以及驯化、繁殖珍稀、濒危野生动植物等活动。

原批准建立自然保护区的人民政府认为必要时，可以在自然保护区的外围划定一定面积的外围保护地带。

（三）经营活动管理规定

①在自然保护区组织参观、旅游活动的，必须按照批准的方案进行，并加强管理；进入自然保护区参观、旅游的单位和个人，应当服从自然保护区管理机构的管理。

②禁止在自然保护区内进行砍伐、放牧、狩猎、捕捞、采药、开垦、烧荒、开矿、采石、挖沙等活动；但是，法律、行政法规另有规定的除外。

③禁止在自然保护区的缓冲区开展旅游和生产经营活动。因教学科研需要进入该缓冲区内进行工作的须经保护区管理机构批准。

④在自然保护区的核心区和缓冲区内，不得建设任何生产设施。在自然保护区的实验区内，不得建设污染环境、破坏环境或者景观的生产设施。

⑤外国人进入地方级自然保护区时，接待单位应事先报经省、自治区、直辖市人民政府有关自然保护区行政主管部门批准。进入自然保护区的外国人，应当遵守有关自然保护区的法律、法规和规定。

四、法律责任

（1）有下列行为之一的单位和个人，由自然保护区管理机构责令其改正，并可以根据不同情节处以100元以上5千元以下的罚款：擅自移动或者破坏自然保护区界标的；未经批准进入自然保护区或者在自然保护区内不服从管理机构管理的；经批准在自然保护区的缓冲区内从事科学研究、教学实习和标本采集的单位和个人，不向自然保护区管理机构提交活动成果副本的。

（2）在自然保护区进行砍伐、放牧、狩猎、捕捞、采药、开垦、烧荒、开矿、采石、挖沙等活动的单位和个人，除可以依照有关法律、行政法规规定给予处罚的以外，由县级以上人民政府有关自然保护区行政主管部门或者其授权的自然保护区管理机构没收违法所得，责令停止违法行为，限期恢复原状或者采取其他补救措施；对自然保护区造成破坏的，可以处以300元以上1万元以下的罚款。

（3）自然保护区管理机构违反本条例规定，拒绝环境保护行政主管部门或者有关自然保护区行政主管部门监督检查，或者在被检查时弄虚作假的，由县级以上人民政府环境保护行政主管部门或者有关自然保护区行政主管部门给予300元以上3千元以下的罚款。

（4）自然保护区管理机构违反本条例规定，有下列行为之一的，由县级以上人民政府有关自然保护区行政主管部门责令限期改正；对直接责任人员，由其所在单位或者上级机关给予行政处分：未经批准在自然保护区开展参观、旅游活动的；开设与自然保护区保护方向不一致的参观、旅游项目的；不按照批准的方案开展参观、旅游活动的。

（5）造成自然保护区重大污染或者破坏事故，导致公私财产重大损失或者人身伤亡的严重后果，构成犯罪的，对直接负责的主管人员和其他直接责任人员依法追究刑事责任。

任务 6-3 人文资源的保护

第一节 人文资源保护法律概述

一、人文资源的概念

人文旅游资源是指那些在社会经济运行过程中形成，以人的知识、精神和行为为内容，本身不直接表现为实物形态，能为社会经济的发展提供对象、能源的要素组合，是人类历史和文化的结晶，是民族风貌和特色的集中反映。构成人文旅游资源景观的主要有文化遗址、历史名城、古代建筑、古典园林、帝王陵墓、宗教圣地雕绘艺术、博物馆、革命旧址、现代建筑、民族风情、工艺美术、名菜佳肴等。我国是一个历史悠久、幅员辽阔、民族众多的文明古国，名胜古迹琳琅满目、历史文物不计其数、风土人情魅力无穷，人文旅游资源十分丰富。

人文资源具体的表现形式可以分为世界文化遗产和历史文化名城两类。《中华人民共和国文物保护法》规定：保护文物特别丰富，具有重大历史价值和革命意义的城市，由国家文化行政管理部门会同城乡建设环境保护部门报国务院核定后，由国务院公布为历史文化名城。

二、人文资源保护法规

为保护我国丰富多彩的人文旅游资源，我国在《中华人民共和国宪法》第 22 条中明确规定：“国家保护名胜古迹、珍贵文物和其他重要历史文化遗产。”与此同时国家还制定和颁布了一系列有关保护人文旅游资源的法律、法令、法规和规范性文件，如《中华人民共和国文物保护法》。此外，《中华人民共和国旅游法》《中华人民共和国城市规划法》《中华人民共和国海关法》《关于惩治盗掘古文化遗址古墓葬犯罪的补充规定》和《治安管理处罚条例》《中华人民共和国文化保护法实施细则》等国家法律中也有许多是保护人文旅游资源的内容。省、自治区、直辖市人民代表大会及其常委会还制定了数量较多的有关保护人文旅游资源的地方性法规和规范性文件。

我国参加和批准的国际公约，同我国法律具有同等效力，成为我国法律法规的一部分。其中最主要的是《保护世界文化和自然遗产公约》《关于武装冲突情况下保护文化遗产的公约》《关于禁止和防止非法进出口文化财产和非法转让其所有权的方法的公约》等国际上通用的公约。

第二节 文物及文物保护法律法规

一、文物

文物是指人们在各个历史时期生产、生活和斗争中遗留下来的，具有历史、科学和艺术价值的遗物和遗迹。概括地说就是人类历史上物质文明和精神文明的遗物。按文物的保存方法可分为馆藏文物和民间收藏文物。馆藏文物，指由博物馆、图书馆和其他文物收藏单位收藏和保管的文物；民间收藏文物，主要指文物收藏单位以外的公民、法人和其他组织收藏和保管的文物。

根据《中华人民共和国文物保护法》的规定，在中华人民共和国境内，下列文物受国家保护：

①具有历史、艺术、科学价值的古文化遗址、古墓葬、古建筑、石窟寺和石刻、壁画；

②与重大历史事件、革命运动或者著名人物有关的以及具有重要纪念意义、教育意义或者史料价值的近代现代重要史迹、实物、代表性建筑；

③历史上各时代珍贵的艺术品、工艺美术品；

④历史上各时代重要的文献资料以及具有历史、艺术、科学价值的手稿和图书资料等；

⑤反映历史上各时代、各民族社会制度、社会生产、社会生活的代表性实物。

具有科学价值的古脊椎动物化石和古人类化石同文物一样受国家保护。

二、文物保护法律法规——《中华人民共和国文物保护法》

（一）《中华人民共和国文物保护法》的制定

《中华人民共和国文物保护法》是我国文化领域里的第一部专门法律，是我国文物保护管理的基本大法，于 1982 年 11 月 19 日第五届全国人民代表大会常务委员会第二十五次会议通过。2002 年 10 月 28 日第九届全国人民代表大会常务委员会第三十次会议第一次修订；根据 2007 年 12 月 29 日第十届全国人民代表大会常务委员会第三十一次会议《关于修改 < 中华人民共和国文物保护法 > 的决定》第二次修正；根据 2013 年 6 月 29 日第十二届全国人民代表大会常务委员会第三次会议《关于修改 < 中华人民共和国文物保护法 > 等十二部法律的决定》第三次修正；根据 2015 年 4 月 24 日第十二届全国人民代表大会常务委员会第十四次会议《全国人民代表大会常务委员会关于修改〈中华人民共和国文物保护法〉的决定》（第四次修正）《文物保护法》的内容分为总则、不可移动文物、考古发掘、馆藏文物、民间收藏文物、文物进境出境、法律责任、附则共分 8 章 80 条。

国家文物局依据《中华人民共和国文物保护法》制定了《中华人民共和国文物保护法实施细则》（以下简称《文物保护法实施细则》），于 1992 年 4 月 30 日经国务院批准，1992 年 5 月 5 日国家文物局第 2 号令发布施行。

（二）《中华人民共和国文物保护法》的制定宗旨

第 1 条即规定了其制定宗旨是“为了加强对文物的保护，继承中华民族优秀的历史文化遗产，促进科学研究工作，进行爱国主义和革命传统教育，建设社会主义精神文明和物质文明。”

（三）文物保护管理的方针

文物是不可再生的人类历史的遗存物文物，毁坏一件就少一件，所以对文物旅游资源进行开发、利用时，必须依法保护和管理。我国文物保护管理的方针是“文物工作贯彻保护为主、抢救第一、合理利用、加强管理的方针”。

（四）文物保护管理机构

国家文化行政管理机关主管全国的文物工作；地方各级人民政府保护本行政区域内的文物。各省、自治区、直辖市和文物较多的自治州、市可以设立文物保护管理机构，负责管理本行政区域内的文物工作。

（五）文物的发掘管理

我国幅员辽阔，地下埋藏许多珍稀文物．必须采取必要措施进行保护和管理。对文物的考古发掘管理主要包括文物发掘报批制度、文物发现报告制度、出土文物的管理、出土文物归属等四个方面。在进行建设工程或农业生产中发现的文物属于国家所有，任何单位或者个人不得哄抢、私分、藏匿。经发掘出土的文物，除根据考古需要交科学研究的以外，都必须由当地文物行政管理部门指定单位保管，任何单位或者个人不得侵占。

（六）文物的收藏管理

我国的文物收藏基本可分为两大类：一是馆藏文物；二是私人收藏文物。

1. 馆藏文物管理

博物馆、图书馆和其他文物收藏单位对收藏的文物，必须区分文物等级，设置藏品档案，建立严格的管理制度，并报主管的文物行政部门备案。未经批准，任何单位或者个人不得调取馆藏文物。

文物收藏单位应当充分发挥馆藏文物的作用，通过举办展览、科学研究等活动，加强对中华民族优秀的历史文化和革命传统的宣传教育。

禁止国有文物收藏单位将馆藏文物赠与、出租或者出售给其他单位、个人。

国家鼓励文物收藏单位以外的公民、法人和其他组织将其收藏的文物捐赠给国有文物收藏单位或者出借给文物收藏单位展览和研究。国有文物收藏单位应当尊重并按照捐赠人的意愿，对捐赠的文物妥善收藏、保管和展示。

2. 民间收藏文物

《文物保护法》第50条规定，文物收藏单位以外的公民、法人和其他组织可以收藏通过下列方式取得的文物：依法继承或者接受赠与；从文物商店购买；从经营文物拍卖的拍卖企业购买；公民个人合法所有的文物相互交换或者依法转让；国家规定的其他合法方式。文物收藏单位以外的公民、法人和其他组织通过上述方式收藏的文物可以依法流通。国家禁止出境的文物，不得转让、出租、质押给外国人。

3. 文物商店与拍卖企业

除经批准的文物商店、经营文物拍卖的拍卖企业外，其他任何单位或者个人不得从事文物的商业经营活动。

文物商店应当由省、自治区、直辖市人民政府文物行政部门批准设立，依法进行管理。文物商店不得从事文物拍卖经营活动，不得设立经营文物拍卖的拍卖企业。

依法设立的拍卖企业经营文物拍卖的，应当取得省、自治区、直辖市人民政府文物行政部门颁发的文物拍卖许可证。经营文物拍卖的拍卖企业不得从事文物购销经营活动，不得设立文物商店。

禁止设立中外合资、中外合作和外商独资的文物商店或者经营文物拍卖的拍卖企业。

（七）文物的保护管理

文物是不能再生的人类历史的遗存物，毁坏一件就少一件，所以对文物旅游资源进行开发、利用时，必须依法进行保护和管理。对文物的保护管理应遵循以下原则：一切文物均受法律保护原则；按照文物保护单位的价值分级管理原则；在保护、开发和利用文物时不得改变文物的原状原则；珍贵文物严禁出口，馆藏文物禁止出卖，散存文物依法收藏原则。

1. 一切文物均受法律保护

《中华人民共和国文物保护法》第 5 条规定："中华人民共和国境内地下、内水和领海内遗存的一切文物，属于国家所有。古文化遗址、古墓葬、石窟寺属于国家所有。国家指定保护的纪念建筑物、古建筑、石刻、壁画、近代现代代表性建筑等不可移动文物，除国家另有规定的以外，属于国家所有。国有不可移动文物的所有权不因其所依附的土地所有权或者使用权的改变而改变。下列可移动文物，属于国家所有：①中国境内出土的文物，国家另有规定的除外；②国有文物收藏单位以及其他国家机关、部队和国有企业、事业组织等收藏、保管的文物；③国家征集、购买的文物；④公民、法人和其他组织捐赠给国家的文物；⑤法律规定属于国家所有的其他文物。属于国家所有的可移动文物的所有权不因其保管、收藏单位的终止或者变更而改变。国有文物所有权受法律保护，不容侵犯。"

《中华人民共和国文物保护法》第 6 条规定："属于集体所有和私人所有的纪念建筑物、古建筑和传世文物，其所有权受国家法律保护。"当然国家法律在保护集体所有和私人所有文物的所有权的同时还规定："文物的所有者必须遵守国家有关保护管理文物的规定。"我国境内的一切文物，不论其所有权是属于国家还是属于集体或个人，均受国家法律保护。

2. 按照文物保护单位的价值分级管理

（1）不可移动文物

《中华人民共和国文物保护法》规定：古文化遗址、古墓葬、古建筑、石窟寺、石刻、壁画、近代现代重要史迹和代表性建筑等不可移动文物，根据它们的历史、艺术、科学价值，分别确定为不同级别的文物保护单位。据此我国的文物保护单位分为三个级别：

——县、自治县、市级文物保护单位。此级别的文物保护单位由县、自治区、市人民政府核定公布，并报省、自治区、直辖市人民政府备案。

——省、自治区、直辖市级文物保护单位。此级文物保护单位由省、自治区、直辖市人民政府核定公布，并报国务院备案。

——全国重点文物保护单位。此级文物保护单位是由国家文化行政管理部门在各级文物保护单位中选择或直接指定报国务院核定并公布。

截止到 2013 年，国务院已公布了七批全国重点文物保护单位。

第一批全国重点文物保护单位：1961 年 3 月 4 日公布，共 180 处。

第二批全国重点文物保护单位：1982 年 2 月 23 日公布，共 62 项。

第三批全国重点文物保护单位：1988 年 1 月 13 日公布，共 258 项。

第四批全国重点文物保护单位：1996 年 11 月 20 日公布，共 250 项。

第五批全国重点文物保护单位：2001 年 6 月 25 日公布，共 518 项。

第六批全国重点文物保护单位：2006 年 5 月 25 日公布，共 1080 项。

第七批全国重点文物保护单位：2013 年 5 月 3 日公布，共 1944 项。

第一至第七批国保单位总数为 4292 项。

（2）可移动文物

历史上各时代重要实物、艺术品、文献、手稿、图书资料、代表性实物等可移动文物，分为珍贵文物和一般文物；珍贵文物分为一级文物、二级文物、三级文物。

（3）国家历史文化名城

除上述三级文物保护单位之外，《中华人民共和国文物保护法》还规定了“保存文物特别丰富并且具有重大历史价值或者革命纪念意义的城市，由国务院核定公布为历史文化名城。”。我国由国家文化行政管理部门会同国家建设行政管理部门报国务院核定后，分别于 1982 年、1986 年和 1994 年先后公布了三批国家历史文化名城，共 99 座。此后，分别于 2001 年增补 2 座，2004 年增补 1 座，2005 年增补 1 座，2007 年增补 7 座，2009 年增补 1 座，2010 年增补 1 座，2011 年增补 6 座，2012 年增补 2 座，2013 年增补 4 座，2014 年增补 2 座，2015 年增补 3 座，2016 年增补 1 座（截至 2016 年 5 月 4 日），共计 130 座。截至 2016 年 5 月 4 日，国务院已将 129 座城市（琼山市已并入海口市，两者算一座）列为国家历史文化名城，并对这些城市的文化遗迹进行了重点保护。

这些历史文化名城体现了中华民族的悠久历史、灿烂文化和光荣革命传统。保护历史文化名城是社会主义精神文明建设的重要内容。在保护的前提下，开发建设历史文化名城也是发展我国旅游业的一个重要途径。

《中华人民共和国文物保护法》规定“保存文物特别丰富并且具有重大历史价值或者革命纪念意义的城镇、街道、村庄，由省、自治区、直辖市人民政府核定公布为历史文化街区、村镇，并报国务院备案”“历史文化名城和历史文化街区、村镇所在地的县级以上地方人民政府应当组织编制专门的历史文化名城和历史文化街区、村镇保护规划，并纳入城市总体规划”。

小贴士

历史文化街区保护的意义

历史文化街区重在保护外观的整体风貌。不但要保护构成历史风貌的文物古迹、历史建筑，还要保存构成整体风貌的所有要素，如道路、街巷、院墙、小桥、溪流、驳岸乃至古树等。历史文化街区是一个成片的地区，有大量居民在其间生活，是活的文化遗产，有其特有的社区文化，不能只保护那些历史建筑的躯壳，还应该保存它承载的文化，保护非物质形态的内容，保存文化多样性。这就要维护社区传统，改善生活环境，促进地区经济活力。

3. 在保护、开发和利用文物时不得改变文物的原状

《中华人民共和国文物保护法》第 9 条规定“各级人民政府应当重视文物保护，正确处理经济建设、社会发展与文物保护的关系，确保文物安全”“基本建设、旅游发展必须遵守文物保护工作的方针，其活动不得对文物造成损害。”

《中华人民共和国文物保护法》第 20 条规定：“建设工程选址，应当尽可能避开不可移动文物；因特殊情况不能避开的，对文物保护单位应当尽可能实施原址保护。”

4. 珍贵文物严禁出口，馆藏文物禁止出卖，散存文物依法收藏

禁止文物非法进出境，也是国际惯例。联合国教科文组织大会于 1970 年 11 月 14 日通过的《关于禁止和防止非法进口出口文化财产和非法转让其他所有权的方法的公约》指出“考虑到文化财产实为构成文明和民族文化的一大基本要素，只有尽可能充分掌握有关其起源、历史和传统背景的知识，才能理解其真正价值。各国有责任保护其领土上的文化财产免受偷盗、秘密发掘和非法出口的危险。”《文物保护法》第 60 条规定“国有文物、非国有文物中的珍贵文物和国家规定禁止出境的其他文物，不得出境；但是依照本法规定出境展览或者因特殊需要经国务院批准出境的除外”。

国家禁止出境的文物，不得转让、出租、质押给外国人。文物出境，应当经国务院文物行政部门指定的文物进出境审核机构审核。经审核允许出境的文物，由国务院文物行政部门发给文物出境许可证，从国务院文物行政部门指定的口岸出境。任何单位或者个人运送、邮寄、携带文物出境，应当向海关申报；海关凭文物出境许可证放行。

对馆藏文物，各收藏单位必须区别文物等级，设置藏品档案，建立严格的管理制度，并向文化行政管理部门登记。全民所有制的博物馆、图书馆及其他单位的文物藏品严禁出卖。《中华人民共和国文物保护法》第 44 条规定“禁止国有文物收藏单位将馆藏文物赠与、出租或者出售给其他单位、个人”“未经批准，任何单位或者个人不得调取馆藏文物”。

民间私人所收藏的文物或者掺杂在回收物资中的文物，称为散存文物或流散文物。《中华人民共和国文物保护法》规定，文物收藏单位以外的公民、法人和其他组织可以收藏通过下列方式取得的文物：

①依法继承或者接受赠予；

②从文物商店购买；

③从经营文物拍卖的拍卖企业购买；

④公民个人合法所有的文物相互交换或者依法转让；

⑤国家规定的其他合法方式。文物收藏单位以外的公民、法人和其他组织收藏的前款文物可以依法流通。

同时还规定公民、法人和其他组织不得买卖下列文物：

①国有文物，但是国家允许的除外；

②非国有馆藏珍贵文物；

③国有不可移动文物中的壁画、雕塑、建筑构件等，但是依法拆除的国有不可移动文物中的壁画、雕塑、建筑构件等不属于本法第 20 条第 4 款规定的应由文物收藏单位收藏的除外；

④来源不符法定的文物。

（八）法律责任

（1）有下列行为之一，构成犯罪的，依法追究刑事责任：

①盗掘古文化遗址、古墓葬的；

②故意或者过失损毁国家保护的珍贵文物的；

③擅自将国有馆藏文物出售或者私自送给非国有单位或者个人的；

④将国家禁止出境的珍贵文物私自出售或者送给外国人的；

⑤以牟利为目的倒卖国家禁止经营的文物的；

⑥走私文物的；

⑦盗窃、哄抢、私分或者非法侵占国有文物的；

⑧应当追究刑事责任的其他妨害文物管理行为。

（2）造成文物灭失、损毁的，依法承担民事责任。构成违反治安管理行为的，由公安机关依法给予治安管理处罚。构成走私行为，尚不构成犯罪的，由海关依照有关法律、行政法规的规定给予处罚。

（3）有下列行为之一，尚不构成犯罪的，由县级以上人民政府文物主管部门责令改正，造成严重后果的，处五万元以上五十万元以下的罚款；情节严重的，由原发证机关吊销资质证书：

①擅自在文物保护单位的保护范围内进行建设工程或者爆破、钻探、挖掘等作业的；

②在文物保护单位的建设控制地带内进行建设工程，其工程设计方案未经文物行政部门同意、报城乡建设规划部门批准，对文物保护单位的历史风貌造成破坏的；

③擅自迁移、拆除不可移动文物的；

④擅自修缮不可移动文物，明显改变文物原状的；

⑤擅自在原址重建已全部毁坏的不可移动文物，造成文物破坏的；

⑥施工单位未取得文物保护工程资质证书，擅自从事文物修缮、迁移、重建的。

刻划、涂污或者损坏文物尚不严重的，或者损毁依照本法第十五条第一款规定设立的文物保护单位标志的，由公安机关或者文物所在单位给予警告，可以并处罚款。

（4）有下列行为之一的，由县级以上人民政府文物主管部门责令改正，没收违法所得，违法所得一万元以上的，并处违法所得二倍以上五倍以下的罚款；违法所得不足一万元的，并处五千元以上二万元以下的罚款：

①转让或者抵押国有不可移动文物，或者将国有不可移动文物作为企业资产经营的；

②将非国有不可移动文物转让或者抵押给外国人的；

③擅自改变国有文物保护单位的用途的。

（5）历史文化名城的布局、环境、历史风貌等遭到严重破坏的，由国务院撤销其历史文化名城称号；历史文化城镇、街道、村庄的布局、环境、历史风貌等遭到严重破坏的，由省、自治区、直辖市人民政府撤销其历史文化街区、村镇称号；对负有责任的主管人员和其他直接责任人员依法给予行政处分。

（6）有下列行为之一，尚不构成犯罪的，由县级以上人民政府文物主管部门责令改正，可以并处二万元以下的罚款，有违法所得的，没收违法所得：

①文物收藏单位未按照国家有关规定配备防火、防盗、防自然损坏的设施的；

②国有文物收藏单位法定代表人离任时未按照馆藏文物档案移交馆藏文物，或者所移交的馆藏文物与馆藏文物档案不符的；

③将国有馆藏文物赠与、出租或者出售给其他单位、个人的；

④违反本法第 40 条、第 41 条、第 45 条规定处置国有馆藏文物的；

⑤违反本法第 43 条规定挪用或者侵占依法调拨、交换、出借文物所得补偿费用的。

（7）买卖国家禁止买卖的文物或者将禁止出境的文物转让、出租、质押给外国人，尚不构成犯罪的，由县级以上人民政府文物主管部门责令改正，没收违法所得，违法经营额一万元以上的，并处违法经营额二倍以上五倍以下的罚款；违法经营额不足一万元的，并处五千元以上二万元以下的罚款。

（8）有下列行为之一，尚不构成犯罪的，由县级以上人民政府文物主管部门会同公安机关追缴文物；情节严重的，处五千元以上五万元以下的罚款：

①发现文物隐匿不报或者拒不上交的；

②未按照规定移交拣选文物的。

1.3 项目实施

任务 6-1　旅游资源保护法规概述

- **任务目的**：通过对旅游资源保护法规的学习，能够认识到旅游资源保护的重要性。
- **任务内容**：多途径收集和分析旅游资源保护方面的正面和反面案例。
- **任务时间**：课余时间。
- **任务方法**：将学生进行分组，每组 4~8 名同学，组内由学生自行分工合作，搜集我国旅游资源保护方面的正面和反面案例，并在 Word 文档中进行图文资料的整理，在此基础上学生制作一份用于展示其成果的 PPT 文件。教师将 2 课时时间用于学生自行汇报展示其工作成果。

任务 6-2 自然资源的保护

- 任务目的：通过对自然资源的保护法规的学习，掌握《风景名胜区条例》《自然保护区条例》。
- 任务内容：《风景名胜区条例》和《自然保护区条例》的深度解读。
- 任务时间：课余时间。
- 任务方法：将学生进行分组，每组 4~8 名同学，组内由学生自行分工合作，选取自然旅游资源保护方面的内容，多途径地收集和分析自然旅游资源保护方面的正面和反面案例，进行分析讨论，并在 Word 文档中进行图文资料的整理，在此基础上学生制作一份用于展示其成果的 PPT 文件《自然旅游资源案例分析报告》。教师将 2 课时时间用于学生自行汇报展示其工作成果。

任务 6-3 人文资源的保护

- 任务目的：了解本市不可移动文物的保护情况。
- 任务内容：解读《文物保护法》。
- 任务时间：课余时间。
- 任务方法：将学生进行分组，每组 4~8 名同学，组内由学生自行分工合作，在学校附近选择一家不可移动文物保护单位进行调研，了解该单位文物保护的基本情况，在 Word 文档中进行图文资料的整理归纳，提交一份《××文物保护单位保护情况调研报告》。在此基础上学生制作一份用于展示其成果的 PPT 文件。教师将 2 课时时间用于学生自行汇报展示其工作成果。

1.4 项目练习

（1）简述旅游资源的类别及世界遗产的类别。
（2）简述自然保护区的概念及分区保护的主要内容。
（3）在中华人民共和国境内，哪些文物受国家保护。

1.5 项目拓展

大运河、丝绸之路申遗双双成功　中国世遗总数 47 项

扫一扫，大运河、丝绸之路申遗双双成功

http://www.chinanews.com/cul/2014/06-22/6307260.shtml

微信扫一扫

项目 07

旅游饭店管理法规

学习目标

- 了解《中华人民共和国旅游法》以及有关法律法规关于饭店经营者权利义务的规定
- 熟悉和了解《中华人民共和国食品安全法》《食物中毒事故处理办法》关于食品安全保障法律制度及其相关法律责任、食物中毒的处理的规定
- 了解《娱乐场所管理条例》关于娱乐场所的管理制度、经营规则规定及其相关法律责任的规定

1.1 项目导例

酒店法的发展

关于酒店法的最早记载当数古巴比伦的《汉谟拉比法典》。该法典创始性地对酒店的服务质量问题做了规定，如在啤酒中掺水可以处以死刑。当然，这类规定尚不具有近现代酒店法的意义。近现代意义的酒店法发源于英国，英国的普通法首先宣布饭店负有保证旅客生命健康的社会责任。到了现代，酒店业已成为与旅行社、旅游交通并列的旅游业三大支柱之一，成为一国创汇、创收的重要产业。与此相应，调整酒店法律关系、规范酒店管理行为的酒店法在许多国家也日臻完善。综观世界各国的立法实践，大部分国家对酒店经营过程中不同种类的合同关系建立的具体法律制度有所不同。对于酒店在经营和管理过程中所发生的合同关系，各国多不采用专门立法的形式，而是将其隶属于其他较大的有名合同或者通过其他法律部门的相关法律来调整。

与中国同为大陆法系的日本，早在 20 世纪 50 年代就出台了《旅馆业法》，对酒店业的行业范围、经营活动、行为准则等做出了严格具体的规定。在酒店业高度发达的美国，

至今没有关于酒店业务方面的全国统一性规定，但是关于酒店和汽车旅店的法规却很多，包括从早期英国判例和社会习惯演变而来的普通法的许多规则。此外，各州都有经州法院在涉及州法的问题上发表的案例法和司法判例。1981 年，国际旅馆协会执行委员会在尼泊尔加德满都通过《国际旅馆法》。此法规已经被国际旅馆业普遍承认，属国际上现行有效的关于旅馆和旅客契约关系的法规。《国际旅馆法》在宗旨中写明，它规定旅馆和旅客双方之间的权利义务，这个法规可以作为各国关于旅馆住宿契约立法的辅助性内容。该法规定"旅馆的责任应遵照国家法律条款"，并对旅馆和旅客双方责任的确定采取了过失责任制。根据该制度，在发生旅客伤害事件时法院首先推定旅馆负有过失，旅馆如要减免责任就要举证过失不在己方或不全在己方。

我国对各种纷繁的酒店业中的法律关系的规定，散见于《中华人民共和国民法通则》《中华人民共和国合同法》《中华人民共和国著作权法》《中华人民共和国劳动法》等，还没有专门的酒店法。仅有的专门调整酒店关系的《中国旅游饭店行业规范》只对少数焦点问题做了规定，而且该规定的效力仅停留在行业规范的层面，当与其他法律规定发生冲突时，难以获得优先适用。另外，虽然在酒店的治安、卫生、级别评定方面均有相应的法规，但也大多是"条例""暂行条例""通知"之类，这些法规的法律效力低。1986 年颁布的《中华人民共和国民法通则》和 1990 年《最高人民法院关于贯彻 < 中华人民共和国民法通则 > 若干问题的意见（试行）》等民事法律规定在面对日益复杂化的民事关系已经逐渐显得力不从心。加上酒店行业的特殊性和综合性，使得酒店中的法律关系尤其具有复杂性和专业性，普通的现行法律法规难以准确、全面地规范。

另外，我国现有的对酒店业进行管理的规范大多强调纵向的法律关系，即公法调整范畴——政府主管部门和酒店企业之间的关系。而酒店业务中大量发生的却是横向法律关系，即客人同酒店经营者之间的关系或酒店与酒店之间以及酒店与其他企业之间的关系——即私法调整范畴。因此，一旦消费者同酒店经营者之间出现纠纷，在缺乏相应法律基础的条件下许多问题单靠各级旅游行政部门是难以有效协调和妥善解决的。（来源：汤卫松，王旭东，徐峰．酒店法律与法规［M］．杭州：浙江大学出版社，2010）

1.2 项目知识平台

任务 7-1　旅游饭店星级评定制度

第一节　旅游饭店管理法规概述

旅游饭店亦称旅游涉外饭店，是以旅游者为主要服务对象，具有涉外接待能力的现代化饭店。它同饭店既有联系又有区别，除了具有为社会公众提供食宿设施和其他服务、有营利目的等含义外，还具有独有的特征：旅游饭店的服务对象主要是旅游者；旅游饭店具有涉外接待能力；旅游饭店具有现代化的设施、管理和服务；旅游饭店的设立须经特定机关按照特定程序审批。

一、世界旅游饭店业的法规建设

随着旅游活动的发展，旅馆类型的多样化，它们在保护旅行者安全，提供食物与住宿等方面形成共识，旅馆法具备早期雏形，但发挥重要作用。

最早产生饭店法的是英国，源于中世纪，至今有四五百年的历史，英国、美国、法国、比利时等国家的法律百科全书中，都有“旅馆法”这一条目。详细论述旅客同旅馆、餐厅之间有关接待、服务、人身财务安全等方面的权利义务关系。

（一）国际饭店法

饭店业的兴起与发展，产生了饭店业主与客人之间的关系，产生了饭店业主与其他相关部门之间的关系，从而逐步形成了调整这些关系和确定各当事方权利和义务的各种规范。

从国际饭店立法情况看，饭店法的形成经历了一个漫长的过程，开始是不成文的习惯法，后来才出现了成文法。最初的成文法大都是一些习惯的记载。饭店法最早出现于中世纪。当时供客人住宿、就餐的饭店是非常简陋的，多是通铺，没有单间，不提供任何服务。随着饭店的发展，调整饭店与客人之间的一些权利和义务的法律规定及惯例出现了，这就是饭店法的雏型阶段。

目前在日本、法国、比利时、新加坡等国家都有了比较完整的成文饭店法，详细地规定了饭店同客人之间的权利、义务及有关责任。英、美等普通法系国家也有大量关于饭店法方面的判例。

（二）我国关于饭店业的立法

20 世纪 80 年代以来，我国先后颁布实施一批涉及旅游饭店的法规制度，对于旅游饭店的规范运营发挥了重要作用。1987 年 11 月，公安部颁布施行《旅馆业治安管理办法》，为旅游饭店法规制度的建立发展打下重要的法制基础。随着旅游业的不断发展，国家旅游局陆续颁布《评定旅游涉外饭店星级的规定》（1988 年）、《旅游涉外饭店星级的划分与评定》（1993 年）等有关法规及其标准。1998 年 5 月 1 日起实施《旅游涉外饭店星级的划分与评定》（GB/T14308-1997 取代 GB/T14308-1993）；2010 年 10 月 18 日家质检总局、国家标准化管理委员会批准发布国家标准《旅游饭店星级的划分与评定》（GB/T14308-2010）于 2011 年 1 月 1 日实施。

2002 年 4 月，为了倡导履行诚信准则，保障客人和旅游饭店的合法权益，维护旅游饭店业经营管理的正常秩序，促进中国旅游饭店业的健康发展，中国旅游饭店业协会依据国家有关法规，特制定出《中国旅游饭店行业规范》，且经国家旅游局颁布实施。2009 年 8 月，中国旅游饭店业协会再次修订《中国旅游饭店行业规范》。

1995 年 10 月 30 日第八届全国人民代表大会常务委员会第十六次会议通过《中华人民

共和国食品卫生法》。在此基础上，2009 年 2 月 28 日第十一届全国人民代表大会常务委员会第七次会议通过《中华人民共和国食品安全法》，2015 年 4 月 24 日第十二届全国人民代表大会常务委员会第十四次会议修订公布，自 2015 年 10 月 1 日起施行。

《娱乐场所管理条例》是为了加强娱乐场所管理而制定的法规。2006 年 1 月 18 日国务院第 122 次常务会议通过，2006 年 1 月 29 日发布，自 2006 年 3 月 1 日起施行。根据 2016 年 2 月 6 日中华人民共和国国务院令第 666 号《国务院关于修改部分行政法规的决定》第一次修订。由于我国旅游饭店的法律关系广泛复杂，所以有关法律问题还适用于合同法、民法、消费者权益保护法、刑法等相关法规及国际惯例。

二、旅游饭店法规的调整对象

饭店法有广义和狭义之分。广义的饭店法，是指与饭店经营、管理活动有关的各种法律规范的总和，也就是调整饭店活动领域中各种社会关系的法律规范的总称。社会关系，是人们在社会生产过程中彼此产生的联系，以饭店活动为主线而产生的各种社会关系，是饭店法的调整对象。

广义的饭店法所调整的是饭店活动关系的一系列法律规范的总和，而不是单一的法律或法规。这些法律规范包括国家有关部门制定的有关饭店方面的法律、法规及各省、自治区、直辖市制定的有关饭店方面的地方法规。此外，还包括我国参加和承认的国际有关公约或规章。狭义的饭店法，是指国家或地区所制定的饭店法律、法规（如法国、日本、新加坡等国的《饭店法》以及 1988 年 9 月香港颁布的《酒店旅馆法》等）。我国目前还没有专门的饭店法来调整各种法律关系，只能用民法、经济法和国际惯例进行调整。因此，为了进一步促进我国旅游饭店业健康发展，必须加快饭店行业立法进程，完善旅游饭店法规。

饭店法调整饭店活动中所产生的各种各样的社会关系，这些关系主要包括以下几类。

（一）饭店与客人之间的关系

这是饭店法所调整的最主要的社会关系。饭店同客人之间的关系是一种横向的法律关系，饭店同客人之间的法律地位是平等的，他们之间的关系一般以合同的形式予以确立，各主体在享有权利的同时承担义务，也就是说，饭店与客人在履行义务的同时也享有相应的权利。

（二）饭店与相关部门之间的关系

饭店在经营管理过程中与许多部门都产生关系，如旅行社、交通运输、供水、供电、供气等企业和部门。饭店同这些企业和部门之间的关系既有横向的法律关系又有纵向的法律关系。

（三）饭店与行政管理部门之间的关系

这是一种纵向的法律关系。国家行政管理部门对饭店的经营管理活动负有监督、管理的责任。这种关系具体表现为领导与被领导、管理与被管理、监督与被监督的关系。前者主要表现为权力的行使，后者主要表现为义务的履行，双方的主体地位是不平等的。

（四）具有涉外因素的法律关系

这种法律关系包括外国旅游者和旅游组织在中国的法律地位，中外合资、合作饭店中的中外各方的合作关系等。这些关系一般由我国法律进行调整，但涉及我国参加的国际有关饭店的公约、条约以及国际惯例除外。

三、旅游饭店的权利和义务

权利是互相联系和制约的，不存在无权利的义务，也不存在无义务的权利，它们共同构成法律的内容。同时，权利和义务总是与一定的主体发生联系的，及它主体间的权利和义务。旅游饭店作为旅游法律关系的主体，必然要与其他主体发生联系，产生一定的权利和义务关系。与旅游饭店发生权利义务关系的主体主要有旅游者，当然也包括旅行社、旅游饭店、主管部门等。

（一）旅游饭店与旅游者间的权利和义务

1. 旅游饭店与旅游者间权利义务的产生和终止

旅游饭店和旅游者之间的权力和义务属于平等主体间的权利和义务，这种权利义务关系通常是基于合同关系而产生和终止的。

旅游饭店和旅游者间的权利和义务始于住宿合同的成立。国际私法统一协会《关于旅馆合同的协定草案》第 3 章第 1 款规定：“旅馆合同在一方面明确表示接受另一方面提出的要约时即告成立。”具体来说，旅游饭店和旅游者之间权利义务的产生有两种情况：一是旅游者直接到旅游饭店，提出住宿要求，旅游饭店同意了旅游者的要求，并予以登记，自办完住宿登记手续之时起，合同关系成立，双方的权利义务关系产生。二是旅游者向旅游饭店预订客房，旅游饭店接受要约，做出承诺，旅游饭店与旅游者之间的合同关系即告成立，权利和义务随之产生。

旅游饭店与旅游者之间的权利义务关系终于住宿合同的终止。作为规定旅游饭店与旅游者权利、义务的具体的住宿合同。其终止不外乎如下几种原因：一是旅游者按约定结账消费，离开旅游饭店，二是旅游饭店与旅游者任何一方违反合同规定的义务，对方终止合同关系；三是因不可抗力致使旅游饭店与旅游者不能履行合同义务。

此外，旅游者经同意延长使用已经居住的旅游饭店的房间，那么，旅游者和旅游饭店之间原有的合同关系终止，自延长使用之时起新的住宿合同关系成立。

2. 旅游饭店对旅游者的权利

旅游饭店的权利和义务同旅游者的权利和义务是密切相关、不可分割的。旅游者的权利往往通过旅游饭店的义务体现出来，旅游者的义务则是由旅游饭店的权利加以界定的。因此，一旦双方的权利关系形成，那么，一方享有权利时，另一方则必然承担相应的义务；反之亦然。旅游饭店对旅游者的权利主要体现在以下几个方面。

①在一定条件下，有权拒绝接待旅游者。普通法认为，饭店是一种公共行业，为公共利益服务是其义务，因而无权挑选顾客，只要顾客适于接待，并有钱支付费用，就应向旅游者提供完善的服务设施和周到的服务。不是说饭店可以无条件接待任何人。在我国，旅游饭店在下列情况下有权拒绝接待旅游者：客人已满，无客房出租；旅游者本人的举止不适合接待，如言行过于低俗，不文明，手持凶器，衣冠不整等；无支付能力或曾有过逃账记录的；旅游者患有精神病而无人监护或患有传染病的；欲利用客房进行违法活动的；拒不履行住宿登记

手续的；因不可抗力的原因。

②有权要求旅游者遵守饭店的有关规定。饭店的规章制度既有针对内部职工，要求职工执行的，又有针对旅游者，要求旅游者遵守的，如旅游者应正确使用旅游饭店提供的设施、设备，爱护饭店的公共财物，遵守饭店的作息时间，登记时检查旅游者身份证明，旅游者不得私自留客住宿或床位转让等。

③有权按照有关法律规定对旅游者在饭店内的违法行为进行制止。旅游饭店虽然是为社会公众提供服务的场所。但它决不允许使用者利用这种场所从事非法活动，把饭店变成违法犯罪活动的窝点。我国《旅馆业治安管理办法》第 13 条明确规定："旅馆内严禁卖淫、嫖娼、赌博、吸毒、传播淫秽物品等违法犯罪活动。"对于在旅游饭店内进行违法犯罪活动的，饭店有权向公安机关报告并配合有关部门加以制止。

④有权按照有关规定收取服务费用。旅游饭店提供的服务一般都是有偿的，这是由旅游饭店自身的商业性质决定的。旅游饭店大都是独立核算、自负盈亏的经济实体，在其经营活动中必须讲究经济效益。因此，当旅游饭店向旅游者提供相应服务时，有权按照有关规定收取费用。但必须遵守国家物价管理部门的有关规定，其提供的服务必须质价相符。

⑤旅游饭店有权要求旅游者赔偿因自身过错给饭店造成的损失。如旅游者损坏饭店设施，旅游者预订的客房不住宿，又未及时通知饭店，造成饭店损失的，旅游饭店有权要求旅游者赔偿损失。

3. 旅游饭店对旅游者的义务

（1）按标准提供客房和服务。旅游饭店与旅游者的住宿合同一经成立，旅游饭店就有义务按约定向旅游者提供客房及相应服务，否则，即视为饭店违约，要承担违约责任。

对于提前预订客房的旅游者，饭店届时就应为旅游者准备好房间。旅游饭店在接受预订通知时，应告知旅游者饭店对客房的保留时间界限，逾期不来住宿则被视为预订合同终止。饭店因某种客观原因不能向旅游者提供预订的房间时，在征得客人同意后，可在本饭店内另换标准相近的房间，并且就高不就低，还应免收第一天该房间高出原预订房间的那部分费用；如饭店客房已满，则应该为旅游者在当地就近找到相同等级的替代饭店，并承担费用。替代饭店房价高于预订饭店，高出部分的差价则应为由预订饭店支付；如低于预订饭店，则将已经收取的部分余额退还给客人。

对于未经预订直接来饭店的要求住宿的客人，只要饭店有条件接待，饭店不得无故拒绝，更不能因种族、国籍、民族、性别、宗教信仰的不同加以拒绝。

旅游饭店的收费应明码标价，符合物价管理的有关规定和合同约定。服务人员不得私自索要小费和回扣。

（2）旅游饭店有义务保障旅游者的人身安全。在旅游饭店里有多种因素可能影响到旅游者人身安全，如设备故障、食物变质、工作人员疏忽大意，他人的侵害等，这都要求旅游饭店把旅游者的人身安全放在十分重要的位置上，防止损害旅游者人身安全的各类事故的发生，消除旅游者的不安全感。

我国对旅游者在旅游饭店内遭受人身伤害的处理，主要适用于《中华人民共和国民法通则》的有关规定。一般来说，如果是因饭店的过错而使旅游者遭受人身伤害，则由饭店承担侵权的民事责任；如果是旅游者自身的过错造成的伤害，则饭店不承担责任，如果是因第三人的过错造成旅游者人身伤害，则先由饭店承担赔偿责任，然后再由饭店向第三人追偿。

（3）保障旅游者的财物安全。旅游饭店对旅游者带入饭店的财务有保障安全的责任，因为旅游者办理了住宿手续，住进了饭店，就意味着双方的合同关系成立，双方的权利义务关系产生。在饭店的各项义务中，自然包括保障旅游者财务安全的内容，且这一义务无须明示。就是说，只要住宿合同成立，旅游饭店就要保障旅游者的财务安全，避免失窃、火灾、损毁等现象的发生。相应的，旅游者未将应交给饭店寄存起来的财务寄存起来，或者可以通过采取一定的措施减少损失或不采取措施，致使财务遭受损失的或损失扩大的，旅游饭店则不负赔偿责任或不就扩大了的损失负赔偿责任。

（4）其他义务。旅游饭店还应尊重客人的住宿权利，不干涉客人的安宁和私人事务；对住宿设施要定期检修，保持完好，建立健全各项安全保卫措施等。只有这样才能有效保障旅游者人身财产安全。

（二）旅游饭店的法律责任

旅游饭店的法律责任即旅游饭店对其违法行为所承担的法律后果。旅游饭店作为法律关系的主体，如果在经营活动中不依法履行义务或实施了侵害他人合法权益的行为，就应当承担法律责任。

1. 因违反合同而产生的责任

旅游饭店在其经营活动中，经常要以平等主体的身份与其他主体签订合同，如与旅游者签订住宿合同、与旅行社签订预订房间的合同、与商品供应商签订商品购销合同等；一旦旅游饭店违约，就要承担相应的法律责任；旅游饭店承担违反合同责任形式有赔偿损失、支付违约金、采取补救措施等，对于旅游饭店已经接受了他人定金而不履行合同的，则适用“定金罚则”，即要双倍返还定金；反之，旅游饭店交付了定金而不履行合同的，则无权要求返还定金。

2. 因侵权行为产生的责任

侵权行为是指因过错侵害他人财产或人身权利的违法行为，因此而产生的责任称为侵权责任。过错包括故意和过失两个方面。无论是故意、还是过失，依照《中华人民共和国民法通则》规定均应承担侵权民事责任。旅游饭店因自己的过错致使旅游者或其他主体财产或人身权利遭受损害的，则应当承担侵权民事责任。旅游饭店承担一般侵权责任的方式有停止伤害、排除妨碍、消除危险、返还财产、恢复原状、赔偿损失、消除影响、恢复名誉、赔礼道歉等。旅游饭店的工作人员在执行职务的行为，可视为饭店的行为，这种侵权行为属于特殊侵权行为；如果饭店工作人员的损害行为与执行职务无关，则由其个人承担侵权责任。

3. 因违反行政管理规定而产生的责任

①违反国家行政管理部门管理规定的行为。如违反国家旅游价格管理规定的，降低服务标准和接待规格，造成不良影响的，违反旅游涉外饭店星级管理规定的等，都属于违反旅游行政管理部门管理规定的行为。

②违反治安管理规定的行为。如未经公安机关签署意见私自开业的，饭店工作人员发现

违法犯罪分子不向公安机关报告的，允许违法分子在饭店卖淫、嫖宿、吸毒、传播淫秽物品的等，都属于违反治安管理的行为。

③违反卫生管理规定的行为。如卫生质量不符合国家卫生标准的，从业人员未获得“健康合格证”的，拒绝卫生监督的，未获得“卫生许可证”擅自营业的等，都属于违反卫生管理的行为。

④违反消防管理规定的行为。如擅自将消防设备、器材挪作他用或损坏的，对于存在火险隐患拒不整改的，对造成火灾有直接责任的等，都属于违反消防管理规定的行为。

对上述各类违反行政管理规定的行为，国家有关行政机关有权对旅游饭店加以处罚。行政处罚的方式主要有：警告、通报批评、罚款、没收非法收入、责令停业整顿、吊销营业执照等。

此外，旅游饭店的违法行为，如触犯刑律、构成犯罪的，有关人员还应承担刑事责任。

4. 共同过失而产生的责任

共同过失是指旅游饭店虽有过失，但损害的发生并非完全由旅游饭店的过失造成，旅客本身也有过错。例如，旅游饭店要求旅客晚上睡觉时锁好门，但一旅客忘记了锁门，夜间财物被盗。该客人要求旅游饭店赔偿损失，他认为自己的财物是在房间丢失的（旅游饭店也承认），因而是在旅游饭店控制的范围内，应由旅游饭店赔偿。旅游饭店认为已要求旅客在入睡前锁上房门，尽到了合理的照顾责任，而旅客未按要求去做才导致失盗事件的发生，所以不能赔偿损失。法院经审理认为，双方都有一定的道理，但理由都不充分。旅客的责任是没有按旅游饭店的要求去做，旅游饭店的责任是没有充分尽到合理照顾，因为门卫不称职，使盗贼得以进入客房行窃，楼层服务员在巡视客房时，也有机会消除隐患把房门锁上，但却没有这样做。所以是共同过失，由旅客和饭店双方分担损失。

一般说来，无论是合同违约，还是侵权行为，都可能存在共同过失的情况，要根据双方责任的大小合理分担损失。

5. 间接责任

间接责任是指非由旅游饭店本身的行为造成损害，但与旅游饭店又有密切关系的责任，也称连带责任。这种责任通常有两种情况。

（1）旅游饭店建筑物、设备缺陷造成的损害。需要注意的是，这种损害专指建筑物、设备本身结构不合理或质量差，而非年久失修或使用不当造成的损害。根据《中华人民共和国民法通则》和《中华人民共和国产品质量法》的有关规定，受害方可向产品的生产者，也可向产品的经营者起诉要求赔偿，生产者和经营者在法律上负连带责任。在没有此类法律规定的国家，可先对旅游饭店进行起诉，旅游饭店承担责任后，再由旅游饭店向负有责任的生产者追诉。

（2）旅游饭店未能有效制止旅客斗殴造成的损害。所谓有效制止并不意味着仅凭旅游饭店本身的力量制止，如果觉得能力不足，可请警方协助。如果旅游饭店视而不见，甚至有意纵容，那么旅游饭店要承担较重的责任。

第二节 旅游饭店星级评定制度

在我国旅游住宿业中，旅游饭店是主体，它在我国旅游业的发展中起着极为重要的作用。对旅游饭店进行星级评定，是国际上通行的惯例。实行这一制度，不仅能使饭店管理向正规化、科学化的目标迈进，而且也可以方便旅游者选择。星级制度以“星”来标志饭店等级，以“星”来反映饭店的硬件、软件水平，是一种国际化的通用标识。

随着我国旅游业的发展，1988 年 8 月，国家旅游局参照国际标准，结合中国国情，制定发布了《中华人民共和国评定旅游涉外饭店星级的规定》（1997 年 10 月 16 日国家旅游局发布修订，自 1998 年 5 月 1 日起施行）以及《中华人民共和国评定旅游涉外饭店星级标准》，在我国开始实行了星级评定制度。

1993 年，国家旅游局在《中华人民共和国评定旅游涉外饭店星级的规定和标准》的基础上，参照采用国际官方旅行组织协会的《旅馆等级标准》，按照中国标准化与信息分类编码，重新修订了既符合国际惯例又符合中国国家标准的星级评定标准。1993 年 9 月 1 日国家技术监督局正式批准并发布《中华人民共和国旅游涉外饭店星级的划分及评定》，1993 年 10 月 1 日起实施该标准，编号为中华人民共和国国家标准 GB / T 14308—1993。经过几年的实践与修改，国家旅游局于 1997 年 10 月 16 日，经国家技术监督局批准并发布了修改过的《中华人民共和国旅游涉外饭店星级的划分及评定》，1998 年 5 月 1 日起正式实施，编号为中华人民共和国国家标准 GB / T 14308—1997。2003 年 6 月 2 日国家质量监督检验检疫总局发布了经重新修改过的《旅游饭店星级的划分与评定》国家标准 GB / T 14308-2003。该标准自 2003 年 12 月 1 日起实施。国家质检总局、国家标准化管理委员会于 2010 年 10 月 18 日批准发布国家标准《旅游饭店星级的划分与评定》（GB/T14308-2010）（以下简称“新版国家标准”），新版国家标准将于 2011 年 1 月 1 日实施。

一、旅游饭店星级的评定范围

凡在中华人民共和国境内，正式开业一年以上的旅游涉外饭店，均可申请参加星级评定。经星级评定机构评定批复后，可以享有三年有效的星级及其标志使用权。《旅游饭店星级的划分与评定》规定：本标准适用于正式营业的各种旅游饭店。

由以上评定范围可见，有资格申请评定星级的旅游饭店的范围是较广的。通过饭店星级的评定，不仅可以提高饭店的硬件、软件水准，也可以使星级旅游饭店在旅游住宿业中起到推动其他旅游住宿、设施向规范化服务发展。

二、星级评定的机构及其权限

全国旅游涉外饭店星级评定最高权力机关是国家旅游局。国家旅游局设饭店星级评定机构，负责全国旅游涉外饭店星级评定领导工作，并具体负责评定全国四星级、五星级饭店。

省、自治区、直辖市旅游局设饭店星级评定机构，在国家旅游局的领导下，负责本地区旅游涉外饭店星级评定工作，并具体负责评定本地区一星级、二星级、三星级饭店，一星级、二星级饭店的评定结果报国家旅游局饭店星级评定机构备案；三星级饭店评定结果报国家旅游局饭店星级评定机构确认，并负责向国家旅游局饭店星级评定机构推荐四星级、五星级饭店。

三、星级划分及标志

（一）星级划分

旅游饭店星级分为五个级别，即一星级、二星级、三星级、四星级、五星级（含白金五星级）。最低为一星级，最高为五星级。星级越高，表示饭店的等级越高。（为方便行文，“星级旅游饭店”简称为“星级饭店”。）

（二）星级标志

由长城与五角星图案构成，用一颗五角星表示一星级，两颗五角星表示二星级，三颗五角星表示三星级，四颗五角星表示四星级，五颗五角星表示五星级，五颗白金五角星表示白金五星级。

（三）星评依据

第一、饭店的建筑、装潢、设备、设施条件。第二、饭店的设备设施的维修保养状况。第三、饭店的管理水平。第四、饭店的服务质量。第五、饭店的服务项目。

四、星级评定的办法与步骤

（一）旅游饭店星级的评定方法

①旅游饭店星级评定，采取按星级饭店的必备条件与检查评分相结合的方式综合评定。星级饭店的必备条件，是指星级饭店的建筑设施设备、维修保养、清洁卫生、服务质量、宾客满意程度的检查评分。

②饭店所取得的星级表明该饭店所有建筑物、设施设备及服务均处于同一水准。

③旅游饭店取得星级后，如需关闭星级标准所规定的某些服务设施、设备、取消或更改星级标准规定的某些服务项目，必须经饭店星级评定机构批准，否则该饭店星级无效。

④旅游饭店取得星级后，因进行改造发生建筑标准变化，设施、标准变化和服务项目变化，必须向饭店星级评定机构申请重新评定星级，该饭店原评星级无效。

（二）旅游饭店星级的步骤

我国星级饭店的评定程序分为申请、受理、检查、评审、批复五个环节。

1. 申请

旅游饭店申请星级，应向相应评定权限的旅游饭店星级评定机构递交星级申请材料；申请四星级以上的饭店，应按属地原则逐级递交申请材料。申请材料包括：饭店星级申请报告、自查自评情况说明及其他必要的文字和图片资料。

2. 受理

接到饭店星级申请后，相应评定权限的旅游饭店星级评定机构应在核实申请材料的基础上，于 14 天内做出受理与否的答复。对申请四星级以上饭店，其所在地旅游饭店星级评定机构在逐级递交或转交申请材料时应提交推荐报告或转交报告。

3. 检查

旅游饭店星级评定机构受理申请或接到推荐报告后，相应评定权限的旅游饭店星级评定机构应在一个月内以明查和暗访的方式安排评定检查。检查合格与否，检查员均应提交检查报告，对检查未予通过的饭店，相应星级评定机构应加强指导，待接到饭店整改完成并要求重新检查的报告后，于一个月内再次安排评定检查。

对申请四星级以上的饭店，检查分为初检和终检。初检由相应评定权限的旅游饭店星级评定机构组织，委派检查员以暗访或明查的形式实施检查，并将检查结果及整改意见记录在案，供终检时对照使用；初检合格，方可安排终检。终检由相应评定权限的旅游饭店星级评定机构组织，委派检查员对照初检结果及整改意见进行全面检查。终检合格，方可提交评审。

4. 评审

旅游饭店星级评定机构接到检查报告后的一个月内，应根据检查员意见对申请星级的饭店进行评审。评审的主要内容有：①审定申请资格；②核实申请报告；③认定本标准的达标情况；④查验违规及事故；⑤投诉的处理情况等。

5. 批复

对于评审通过的饭店，旅游饭店星级评定机构应给予评定星级的批复，并授予相应星级的标志和证书。对于经评审认定达不到标准的饭店，旅游饭店星级评定机构不予批复。

五、星级复核及处理制度

星级复核是星级评定工作的重要补充部分，其目的是督促已取得星级的饭店持续达标。

对已经评定星级的饭店，旅游饭店星级评定机构应按照标准每年进行一次复核。

复核工作应在饭店对照星级标准自查自纠、并将自查结果报告旅游饭店星级评定机构的基础上，由旅游饭店星级评定机构以明查或暗访的形式安排抽查验收。旅游饭店星级评定机构应于本地区复核工作结束后进行认真总结，并逐级上报复核结果。

对严重降低标准或复核认定达不到相应星级的饭店，具体处理方法如下：

①旅游饭店星级评定机构根据情节轻重给予签发警告通知书、通报批评、降低或取消星级的处理，并在相应范围内公布处理结果；

②凡在一年内接到警告通知书三次以上或通报批评两次以上的饭店，旅游饭店星级评定机构应降低或取消其星级，并向社会公布；

③被降低或取消星级的饭店，自降低或取消星级之日起一年内，不予恢复或重新评定星级。一年后，方可重新申请星级；

④已取得星级的饭店如发生重大事故，造成恶劣影响，其所在地旅游饭店星级评定机构应立即反映情况或在权限范围内做出降低或取消星级的处理。

饭店接到警告通知书、通报批评、降低星级的通知后，必须认真整改并在规定期限内将整改情况报告处理机构。

凡经旅游饭店星级评定机构决定提升或降低、取消星级的饭店，应立即将原星级标志和证书交还授予机构，由旅游饭店星级评定机构做出更换或没收的处理。

任务 7-2　旅游饭店行业规范

第一节　规范的出台背景及意义

一、旅游饭店行业规范的出台

为了倡导诚信准则，维护饭店客人的权益，保障旅游饭店的合法利益，维护旅游饭店业经营管理的正常秩序，促进中国旅游饭店业的健康发展，《中国旅游饭店行业规范》于2001 年 7 月起草，在广泛调研的基础上，经过无数次的修改，并征求了中国消费者协会、中国社会科学院法学研究所、全国人大法工委、国家物价局等有关部门和法律专家的意见，并委托协会常务理事会征求了会员旅游饭店的意见，并多次召开座谈会，对规范进行反复修改，十易其稿，完成了我国旅游饭店业的第一个行业规范。中国旅游饭店业协会依据国家有关法律、法规于 2002 年 3 月颁布《中国旅游饭店行业规范》，该规范于 2002 年 5 月 1 日正式实施。2009 年 8 月，中国旅游饭店业协会再次修订《中国旅游饭店行业规范》。

二、实施旅游饭店行业规范的意义

《中国旅游饭店行业规范》出台以后引起了社会各界前所未有的广泛关注。在中国旅游饭店业协会举行的记者招待会上公布了《中国旅游饭店行业规范》后，中央电视台当晚即作了报道。接着，从中央到各地方电视台，从中央级报刊到各省、市级报刊都给予了广泛的报道，充分显示了社会各界对《中国旅游饭店行业规范》的高度关注。在《中国旅游饭店行业规范》新闻发布会上，中国旅游饭店业协会佀海岩会长、国家旅游局副局长、中国消费者协会副会长等对规范的意义作了高度的评价，总体有以下几个方面。

（一）标志着中国旅游饭店业向更加成熟的方向迈出了新的一步

中国旅游饭店业是目前国内市场化程度较高，并与国际接轨较为顺畅的行业。但是由于种种原因，我国旅游饭店业尚无统一的行业规范，在一定的程度上影响了饭店的经营管理和发展。因此，《中国旅游饭店行业规范》成为中国旅游饭店业发展几十年来规范饭店经营行为的第一部规范，是指导和规范旅游饭店自律行为的准则，同时也是评价饭店经营行为是否符合行业规范、国际规则和法律、法规的依据。该规范的实施，标志着中国旅游饭店业逐步走向成熟。

（二）实施规范是主动应对我国入世、全球经济一体化竞争和挑战的积极举措

随着我国入世和全球经济一体化，对于开放较早的我国旅游饭店业同样面临竞争和挑战。面对竞争与挑战，要在国际市场竞争中生存和发展，需要采用符合国际规则和惯例去评价。《中国旅游饭店行业规范》的实施摒弃了过去一家饭店一种规范，行业没有统一规范的弊端，采用了与国际规则接轨的办法，对中国旅游饭店业融入国际饭店业竞争具有积极的意义。

（三）实施规范是完善旅游饭店业法规建设的重要步骤

随着旅游饭店的大量增加，社会公众到饭店消费的增多，饭店同客人的纠纷也随之增多。由于目前我国旅游饭店方面的法规还不够完善，我国对旅游饭店业的国际惯例宣传不够，饭店与客人发生纠纷后，往往各执一词，无据可依，客人的权益得不到保护，一定程度上也影响了饭店的经营。《中国旅游饭店行业规范》的出台明确了饭店的义务和责任。

（四）实施规范为其他行业制定相应规范及饭店工作程序提供参考依据

《中国旅游饭店行业规范》不仅是中国旅游饭店业及旅游业的第一部行业规范，也是我国服务行业的第一部行业规范。在《中国旅游饭店行业规范》新闻发布会上，中国消费者协会的负责人指出，它将为其他服务行业制定行业规范起到良好的示范作用。由于《中国旅游饭店行业规范》出台后新闻媒体给予了广泛、深入的报道，社会知晓度大大提高，一些全国性和地方性的行业在制定其规范时以《中国旅游饭店行业规范》为参考依据（如 2003 年实施的《浙江省旅游饭店行业规范》、2004 年 3 月 15 日实施的《南京市规范餐饮业经营行为的办法》等。

很多旅游饭店在《中国旅游饭店行业规范》发布后，以《中国旅游饭店行业规范》中的内容为标准，对饭店的一些工作程序和管理制度，进行了修正，使之与《中国旅游饭店行业规范》相符。

（五）实施规范是引导饭店客人消费行为、保障其合法权益的有效手段

客人到饭店消费促进了饭店业的发展。为了保障客人的合法权益，根据国家有关法律、法规，《中国旅游饭店行业规范》将客人在旅游饭店消费的具体权利进行了细化界定，明确了饭店在接受客人、保护客人人身和财物安全方面的有关责任，使客人获得更多的知情权，让客人明明白白去饭店消费。

（六）实施规范是推动我国旅游饭店业持续健康发展的航标

随着我国旅游市场的日趋成熟，根据国际行业惯例和我国旅游饭店的经营管理现状，《中国旅游饭店行业规范》对我国旅游饭店在经营中的权利和义务及相应的行为准则等进行了相应规定，为旅游饭店平等协商解决有关纠纷提供了有力的参考和依据，我国旅游饭店的交易成本将有所降低、企业整体运行效益和竞争实力将得以提升。

（七）实施规范为我国旅游饭店行业管理提供依据

随着我国社会主义市场经济的不断完善，各级政府将法制化、规范化建设作为促进行业发展的必要手段。如果说旅游饭店星级评定标准作为技术标准，为推动我国旅游饭店经营管理水平与服务质量的提高起到了重大历史性作用，《中国旅游饭店行业规范》的出台，则将从规制的层面促进我国旅游饭店统一规范的形成，为行业管理部门提供了重要依据，丰富了管理手段。

第二节 旅游饭店行业规范的主要内容

《中国旅游饭店行业规范》（以下简《规范》），是由中国旅游饭店业协会于 2002 年 5 月 1 日起颁布实施的一项法律规定。《规范》总共 11 章 43 条，涉及饭店预订、等级、入住、饭店消费、保护客人的人身和财产安全、保护客人贵重物品、保护客人一般物品、洗衣物品、停车场管理等内容，明确规定了饭店的权利和义务。

一、总则

为了倡导履行诚信准则，保障客人和旅游饭店的合法权益，维护旅游饭店业经营管理的正常秩序，促进中国旅游饭店业的健康发展，中国旅游饭店业协会依据国家有关法律、法规，特制定《中国旅游饭店行业规范》。

旅游饭店包括在中国境内开办的各种经济性质的饭店，含宾馆、酒店、度假村等（以下简称为饭店）。饭店应当遵守国家有关法律、法规和规章，遵守社会道德规范，诚信经营，维护中国旅游饭店行业的声誉。

二、预订、登记、入住规定

饭店应当与客人共同履行住宿合同，因不可抗力不能履行双方住宿合同的，任何一方均应当及时通知对方。双方另有约定的，按约定处理。饭店由于出现超额预订而使预订客人不能入住的，饭店应当主动替客人安排本地同档次或高于本饭店档次的饭店入住，所产生的有关费用由饭店承担。

饭店应当同团队、会议、长住客人签订住房合同。合同内容应当包括客人入住和离店的时间、房间等级与价格、餐饮价格、付款方式、违约责任等款项。

饭店在办理客人入住手续时，应当按照国家的有关规定，要求客人出示有效证件，并如实登记。以下情况饭店可以不予接待：

①携带危害饭店安全的物品入店者；

②从事违法活动者；

③影响饭店形象者（如携带动物者）；

④无支付能力或曾有过逃账记录者；

⑤饭店客满；

⑥法律、法规规定的其他情况。

三、饭店收费规定

饭店应当将房价表置于总服务台显著位置，供客人参考。饭店如给予客人房价折扣，应当书面约定。饭店客房收费以“间／夜”为计算单位（钟点房除外）。按客人住一“间／夜”，计收一天房费；次日 12 时以后、18 时以前办理退房手续者，饭店可以加收半天房费；次日

18 时以后办理退房手续者，饭店可以加收一天房费。

根据国家规定，饭店可以对客房、餐饮、洗衣、电话等服务项目加收服务费，但应当在房价表及有关服务价目单上注明。客人在饭店商场内购物，不应当加收服务费。

四、保护客人人身和财产安全规定

①为了保护客人的人身和财产安全，饭店客房房门应当装置防盗链、门镜、应急疏散图，卫生间内应当采取有效的防滑措施。客房内应当放置服务指南、住宿须知和防火指南。有条件的饭店应当安装客房电子门锁和公共区域安全监控系统。

②饭店应当确保健身、娱乐等场所设施、设备的完好和安全。对可能损害客人人身和财产安全的场所，饭店应当采取防护、警示措施。警示牌应当中外文对照。

③饭店应当采取措施，防止客人放置在客房内的财物灭失、毁损。由于饭店的原因造成客人财物灭失、毁损的，饭店应当承担责任。

④饭店应当保护客人的隐私权。除日常清扫卫生、维修保养设施设备或者发生火灾等紧急情况外，饭店员工未经客人许可不得随意进入客人下榻的房间。

五、保管客人物品规定

（一）保管客人贵重物品规定

饭店应当在前厅处设置有双锁的客人贵重物品保险箱。贵重物品保险箱的位置应当安全、方便、隐蔽，能够保护客人的隐私。饭店应当按照规定的时限，免费提供住店客人贵重物品的保管服务。饭店应当对住店客人贵重物品的保管服务做出书面规定，并在客人办理入住登记时予以提示。违反第 17 条和本条规定，造成客人贵重物品灭失的，饭店应当承担赔偿责任。

客人寄存贵重物品时，饭店应当要求客人填写贵重物品寄存单，并办理有关手续。

饭店客房内设置的保险箱仅为住店客人提供存放一般物品之用。对没有按规定将贵重物品存入在饭店前厅贵重物品保险箱内，而造成客房里客人的贵重物品灭失、毁损的，如果责任在饭店一方，可视为一般物品予以赔偿。如无事先约定，在客人结账退房离开饭店以后，饭店可以将客人寄存在贵重物品保险箱内的物品取出，并按照有关规定处理。饭店应当将此条规定在客人贵重物品寄存单上明示。

客人如果遗失饭店贵重物品保险箱的钥匙，除赔偿锁匙成本费用外，饭店还可以要求客人承担维修保险箱的费用。

（二）保管客人一般物品

饭店保管客人寄存在前厅行李寄存处的行李物品时，应当检查其是否完好、安全，询问有无违禁物品，并经双方当面确认后，给客人签发行李寄存牌。

客人在餐饮、康乐、前厅行李寄存处等场所寄存物品时，饭店应当当面询问客人寄存物品中有无贵重物品。客人寄存的物品中如有贵重物品的，应当向饭店声明，由饭店员工验收并交饭店贵重物品保管处免费保管；客人事先未声明或不同意核实而造成物品灭失、毁损的，如果责任在饭店一方，饭店按照一般物品予以赔偿；客人对寄存物品没有提出需要采取特殊保管措施的，因为物品自身的原因造成毁损或损耗的，饭店不承担赔偿责任；由于客人没有事先说明寄存物品的情况，造成饭店损失的，除饭店知道或者应当知道而没有采取补救措施的以外，饭店可以要求客人承担相应的赔偿责任。

六、洗衣服务规定

客人送洗衣物，饭店应当要求客人在洗衣单上注明洗涤种类及要求，并应当检查衣物状况有无破损。客人如有特殊要求或者饭店员工发现衣物破损的，双方应当事先确认并在洗衣单上注明。客人事先没有提出特殊要求，饭店按照常规进行洗涤，造成衣物损坏的，饭店不承担赔偿责任。客人送洗衣物在洗涤后即时发现破损等问题，而饭店无法证明该衣物是在洗涤以前破损的，饭店承担相应责任。

饭店应当在洗衣单上注明，要求客人将送洗衣物内的物品取出。对洗涤后客人衣物内物品的灭失，饭店不承担责任。

七、停车场管理规定

饭店应当保护停车场内饭店客人的车辆安全。由于保管不善，造成车辆灭失或者毁损的，饭店承担相应责任，但因为客人自身的原因造成车辆灭失或者毁损的除外。双方均有过错的，应当各自承担相应的责任。饭店应当提示客人保管好放置在汽车内的物品。对汽车内放置的物品的灭失，饭店不承担责任。

八、其他规定

（一）有谢绝客人自带酒水和食品的权利

饭店可以谢绝客人自带酒水和食品进入餐厅、酒吧、舞厅等场所享用，但应当将谢绝的告示设置于有关场所的显著位置。

（二）有向客人索赔的权利

饭店有义务提醒客人在客房内遵守国家有关规定，不得私留他人住宿或者擅自将客房转让给他人使用及改变使用用途。对违反规定造成饭店损失的，饭店可以要求入住该房间的客人承担相应的赔偿责任。

饭店可以口头提示或书面通知客人不得自行对客房进行改造、装饰。未经饭店同意进行改造、装饰而造成损失的，饭店可以要求客人承担相应的赔偿责任。

饭店有义务提示客人爱护饭店的财物。由于客人的原因造成损坏的，饭店可以要求客人承担赔偿责任。由于客人原因，饭店维修受损设施、设备期间导致客房不能出租、场所不能开放而发生的营业损失，饭店可视其情况要求客人承担责任。

对饮酒过量的客人，饭店应当恰当、及时地劝阻，防止客人在饭店内醉酒。客人醉酒后在饭店内肇事造成损失的，饭店可以要求肇事者承担相应的赔偿责任。

（三）对客人遗留物品的处理

客人结账离店后，如有物品遗留在客房内，饭店应当设法同客人取得联系，将物品归还或寄还给客人，或替客人保管，所产生的费用由客人承担。三个月后仍无人认领的，饭店可登记造册，按拾遗物品处理。

（四）饭店应当提供与本饭店档次相符的产品与服务

饭店所提供的产品与服务如果存在瑕疵，饭店应当采取措施及时加以改进。由于饭店的原因而给客人造成损失的，饭店应当根据损失程度向客人赔礼道歉，或给予相应的赔偿。

九、会员饭店违反本《规范》的处理

中国旅游饭店业协会会员饭店违反本《规范》，造成不良后果和影响的，除按照有关规定进行处理外，中国旅游饭店协会将对该会员饭店给予内部通报批评；给客人的人身造成较大伤害或者给客人的财产造成严重损失且情节严重的，除按规定进行赔偿外，中国旅游饭店业协会将对该会员饭店给予公开批评；给客人人身造成重大伤害或者给客人的财产造成重大损失且情节特别严重的，除按规定进行赔偿外，经中国旅游饭店业协会常务理事会通过后，将对该会员饭店予以除名。

任务 7-3　旅游饭店经营管理法规

第一节　旅馆业治安管理办法

治安好，旅业兴。这是一个人所共知的道理。改革开放以来，我国旅游业包括旅游住宿业有了很大发展，社会安定、治安良好，旅游者有安全感是旅游业发展的基本条件之一。特别是旅游住宿业治安状况的好坏，对旅游业的发展至关重要。为此，我国十分重视旅游住宿业的治安管理。1987 年 9 月 23 日，经国务院批准，1987 年 11 月 10 日，公安部发布了《旅馆业治安管理办法》（下称《办法》），2011 年 1 月 8 日经第 588 号国务院令公布，对《旅馆业治安管理办法》部分条款做出修改，自公布之日起施行。这是我国旅游住宿业治安管理的基本行政法规，也是我国旅游住宿业健康发展的一个法制保障。《办法》规定，凡经营接待旅客住宿的旅馆、饭店、宾馆、招待所、客货栈、车马店、浴池等 (以下统称旅馆)，不论是国营、集体经营；还是合伙经营、个体经营、中外合资、中外合作经营，不论是专营还是兼营，不论是常年经营，还是季节性经营，都必须遵守本办法。

一、对申办旅游住宿业的治安管理

《办法》第 3 条规定，开办旅馆，其房屋建筑、消防设备、出入口和通道等，必须符合《中华人民共和国消防条例》等有关规定，并且要具备必要的防盗安全设施。

《办法》第 4 条规定，申请开办旅馆，应经主管部门审查批准，经当地公安机关签署意见，向工商行政管理部门申请登记，领取营业执照后，方准开业。经批准开业的旅馆，如有

歇业、转业、合并、迁移、改变名称等情况，应当在工商行政管理部门办理变更登记后三日内，向当地的县、市公安局、公安分局备案。

《办法》第 5 条规定，经营旅馆，必须遵守国家的法律，建立各项安全管理制度，设置治安保卫组织或者指定安全保卫人员。

二、对旅馆经营中的治安管理

旅馆的经营，必须遵守国家的法律，要建立各项安全管理制度，设置治安保卫组织或者指定安全人员。为了加强治安管理，《办法》作了以下规定。

（一）旅馆接待旅客住宿必须登记

根据《办法》第 6 条规定，旅馆接待旅客住宿必须登记；登记时，旅馆必须查验旅客的身份证件，并要求旅客按规定的项目如实登记。在接待境外旅客住宿时，除了要履行上述查验身份证件、如实登记规定项目外，旅馆还应当在 24 小时内向当地公安机关报送住宿登记表。

（二）妥善保管旅客财物

为了保障旅客财物的安全，减少被盗等治安案件的发生，《办法》规定，旅馆业必须设置旅客财物保管箱、保管柜或者保管室、保险柜，并指定专人负责保管工作。对旅客寄存的财物，要建立严格、完备的登记、领取和交接制度。

（三）妥善保管旅客遗留物品

旅馆对旅客遗留的物品，应当妥善保管，设法归还原主或揭示招领；经招领 3 个月后仍然无人认领的，则应当登记造册，并送当地公安机关按拾遗物品处理。

（四）对旅客遗留物品中的违禁物品和可疑品，旅馆应当及时报告公安机关处理

《办法》第 11 条规定，严禁旅客将易燃、易爆、剧毒、腐蚀性和放射性等危险物品带入旅馆。旅馆在经营中，如果发现旅客将违禁的易燃、易爆、剧毒、腐蚀性或放射性等危险品带入旅馆，必须加以制止并及时报告公安机关处理，以避免安全事故的发生。

随着旅游业的发展，旅馆也从以往单纯提供住宿、餐饮服务，发展为提供住宿、餐饮、娱乐、健身等多项服务。《办法》规定，在旅馆内开办歌舞厅、音乐茶座等娱乐、服务场所的，除执行本办法规定外，还应当按照国家和当地政府的有关规定管理。

（五）严禁在旅馆内卖淫、嫖宿、赌博、吸毒、传播淫秽物品等违法犯罪活动

《办法》第 12 条规定，旅馆内严禁卖淫、嫖娼、赌博、吸毒、传播淫秽物品等违法犯罪活动。对于上述违法犯罪活动，公安机关可以依照《中华人民共和国治安管理处罚条例》有关条款的规定，处罚有关人员；对于情节严重构成犯罪的，由司法机关依照《中华人民共和国刑法》追究刑事责任。

（六）发现不法分子及时报告公安机关

《办法》第 9 条规定，旅馆工作人员发现违法犯罪分子，形迹可疑的人员和被公安机关通缉的罪犯，应当立即向当地公安机关报告，不得知情不报或隐瞒包庇。

（七）旅馆开办歌舞厅等娱乐服务场所的管理

随着旅游业的发展，旅馆也从以往单纯提供住宿、餐饮服务，发展为提供住宿、餐饮、娱乐、健身等多项服务，特别是旅游星级饭店也规定必须要提供上述服务项目。对此，《办法》规定，在旅馆内开办舞厅、音乐茶座等娱乐、服务场所的，除执行本《办法》有关规定外，还应当按照国家和当地政府的有关规定管理。

三、法律责任

公安机关对旅馆治安管理的职责是，指导、监督旅馆建立各项安全管理制度和落实安全防范措施，协助旅馆对工作人员进行安全业务知识的培训，依法惩办侵犯旅馆和旅客合法权益的违法犯罪分子。公安人员到旅馆执行公务时，应当出示证件，严格依法办事，要文明礼貌待人，维护旅馆的正常经营和旅客的合法权益。旅馆工作人员和旅客应当予以协助。

违反本办法第 4 条规定开办旅馆的，公安机关可以酌情给予警告或者处以二百元以下罚款；未经登记，私自开业的，公安机关应当协助工商行政管理部门依法处理。

旅馆工作人员违反本办法第 9 条规定的，公安机关可以酌情给予警告或者处以二百元以下罚款；情节严重构成犯罪的，依法追究刑事责任。旅馆负责人参与违法犯罪活动，其所经营的旅馆已成为犯罪活动场所的，公安机关除依法追究其责任外，对该旅馆还应当会同工商行政管理部门依法处理。

违反本办法第 6、第 11、第 12 条规定的，依照《中华人民共和国治安管理处罚条例》有关条款的规定，处罚有关人员，发生重大事故、造成严重后果构成犯罪的，依法追究刑事责任。

第二节　中华人民共和国食品安全法

一、食品安全法概述

在旅游业的食、住、行、游、购、娱六要素中，“食”居首位。我国自古就有“民以食为天”的说法，那么，在一定程度上也可以说“旅以食为先”，由此可见“食”在旅游业中的重要性。食品生产经营“低门槛”的现实状况，生产经营者的法律意识和道德水准的参差不齐，带来了巨大的监管难题，造成了食品安全问题管不胜管、防不胜防的尴尬，消费者信心大受打击，食品安全问题再度成为社会热点问题。

针对近些年来发生的一系列食品安全事件，促使我国立法机关对涉及民生的食品安全问题尽快进行立法。2009 年 2 月 28 日，食品安全法草案经过了十一届全国人大常委会第七次会议的第四次审议，并顺利通过了《中华人民共和国食品安全法》。2009 年 6 月 1 日，《中华人民共和国食品安全法》施行（1995 年 10 月 30 日起施行的《中华人民共和国食品卫生法》同时废止）。这是旅游饭店行业确保食品安全非常重要的一部法律。凡从事食品生产、食品流通、餐饮服务的饭店均应遵守这一法律。

二、食品安全法主要内容

（一）食品与食品安全概念

《中华人民共和国食品安全法》附则第 150 条明确规定“食品，指各种供人食用或饮用的成品和原料以及按照传统既可食用又是药品的物品，但是不包括以治疗为目的的物品”“食品安全，指食品无毒、无害，符合应当有的营养要求，对人体健康不造成任何急性、亚急性或者慢性危害”。

1. 食品应是无毒无害的，这是食品应具有的最基本的条件

无毒无害，是指食用后不会产生急性或慢性疾病，不会给人体造成危害，即食品本身不含有毒素；食品未被有害化学物质污染；食品未被致病微生物污染或生产毒素。

应当指出的是，有的食物中虽含有极少量有毒有害物质，但是，在正常食用情况下，不至于危害人的健康。可见，所谓食品的有毒有害，是相对的。食品有没有毒害，必须在食品卫生标准规定的限量要求下来鉴别，超过限量要求的为有毒害，未超过限量的为无毒害。

2. 食品应达到一定的营养要求，即各种食品都应具备一定的人体需要的营养成分

这不仅包括蛋白质、碳水化合物、脂肪、维生素、矿物质和其他可供代谢的有机物；还包括这种食品的消化吸收率及对人体维持正常生理功能应发挥的作用。如维生素是人体所必须的，但是，一种食品不可含有过量的维生素，否则人体会吸收不了，或者吸收过多，会破坏人体原先完好的生理功能，这种食品就不是符合营养标准的食品。

3. 对人体健康不造成任何急性、亚急性或者慢性危害

急性危害：一次性或多次接触、摄入某种有害物质，导致的身体机能在短时间（24h）内出现的明显异常。亚急性危害：摄入某种有害物质，导致的身体机能在短时间内（2 个月内）出现的异常。慢性危害：由于长期（超过两个月）摄入被少量有毒物质污染的食物，对机体造成损伤，例如，吃烟有害，但是不会导致急性和亚急性危害。

（二）食品安全标准

1. 制定食品安全标准的目的

《中华人民共和国食品安全法》第 18 条：“制定食品安全标准，应当以保障公众身体健康为宗旨，做到科学合理、安全可靠。”第 19 条“食品安全标准是强制执行的标准。除食品安全标准外，不得制定其他的食品强制性标准。”

2. 食品安全标准的内容

《中华人民共和国食品安全法》第 20 条规定的食品安全标准包括的内容有：①食品、食品相关产品中的致病性微生物、农药残留、兽药残留、重金属、污染物质以及其他危害人体健康物质的限量规定。②食品添加剂的品种、使用范围、用量。③专供婴幼儿和其他特定人群的主辅食品的营养成分要求。④对与食品安全、营养有关的标签、标识、说明书的要求。⑤食品生产经营过程的卫生要求。⑥与食品安全有关的质量要求。⑦食品检验方法与规程。⑧其他需要制定为食品安全标准的内容。

三、食品安全事故的处理

（一）食品安全事故的概念与分级

食品安全事故，指食源性疾病、食品污染等源于食品，对人体健康有危害或者可能有危害的事故。根据《中华人民共和国食品安全法》规定，将食品安全事故分为重大食品安全事故和一般食品安全事故。

参照《国家食品安全事故应急预案》（草案），明确重大食品安全事故指经评估认为造成一定程度公众健康危害或对社会公共秩序产生严重影响的食品安全事故。重大食品安全事故分为特别重大（Ⅰ级）、重大（Ⅱ级）、较大（Ⅲ级）和一般重大（Ⅳ级）四级（以下分别简称Ⅰ级事故、Ⅱ级事故、Ⅲ级事故和Ⅳ级事故）。

（二）食品安全事故的处理

我国政府为了保障人民身体健康，除了预防食物中毒事故的发生，还对防止食物中毒事故的蔓延，制定了一些法律措施。

1. 报告制度

《中华人民共和国食品安全法》第 103 条规定：事故单位和接收病人进行治疗的单位应当及时向事故发生地县级人民政府食品药品监督管理、卫生行政部门报告。县级以上人民政府质量监督、农业行政等部门在日常监督管理中发现食品安全事故或者接到事故举报，应当立即向同级食品药品监督管理部门通报。

发生食品安全事故，接到报告的县级人民政府食品药品监督管理部门应当按照应急预案的规定向本级人民政府和上级人民政府食品药品监督管理部门报告。县级人民政府和上级人民政府食品药品监督管理部门应当按照应急预案的规定上报。

任何单位和个人不得对食品安全事故隐瞒、谎报、缓报，不得隐匿、伪造、毁灭有关证据。

2. 及时处理食品安全事故

县级以上人民政府食品药品监督管理部门接到食品安全事故的报告后，应当立即会同同级卫生行政、质量监督、农业行政等部门进行调查处理，并采取下列措施，防止或者减轻社会危害：

①开展应急救援工作，组织救治因食品安全事故导致人身伤害的人员；

②封存可能导致食品安全事故的食品及其原料，并立即进行检验；对确认属于被污染的食品及其原料，责令食品生产经营者依照本法第 63 条的规定召回或者停止经营；

③封存被污染的食品相关产品，并责令进行清洗消毒；

④做好信息发布工作，依法对食品安全事故及其处理情况进行发布，并对可能产生的危害加以解释、说明。

发生食品安全事故需要启动应急预案的，县级以上人民政府应当立即成立事故处置指挥机构，启动应急预案，依照前款和应急预案的规定进行处置。

发生食品安全事故，设区的市级以上人民政府食品药品监督管理部门应当立即会同有关部门进行事故责任调查，督促有关部门履行职责，向本级人民政府和上一级人民政府食品药品监督管理部门提出事故责任调查处理报告。

涉及两个以上省、自治区、直辖市的重大食品安全事故由国务院食品药品监督管理部门依照前款规定组织事故责任调查。

发生食品安全事故，县级以上疾病预防控制机构应当对事故现场进行卫生处理，并对与事故有关的因素开展流行病学调查，有关部门应当予以协助。县级以上疾病预防控制机构应当向同级食品药品监督管理、卫生行政部门提交流行病学调查报告。

第三节 娱乐场所管理制度

在游客的旅行、游览过程中，各种娱乐活动成为其重要组成部分。为了加强娱乐场所管理，国务院 1999 年 3 月 26 日颁布了《娱乐场所管理条例》，并于 2006 年 1 月进行了修改，修改后的《娱乐场所管理条例》自 2006 年 3 月 1 日起施行。《娱乐场所管理条例》对娱乐场所经营单位的设立、娱乐场所的经营活动、娱乐场所的治安管理等都做了规定，这些规定是旅馆企业开办设立娱乐场所必须遵守的。

一、娱乐场所的含义

《娱乐场所管理条例》第 2 条："娱乐场所是指以营利为目的，并向公众开放、消费者自娱自乐的歌舞、游艺等场所。"娱乐场所是指向公众开放的、消费者自娱自乐的营业性歌舞、游艺等场所，主要包括：影剧院、录像厅、礼堂等演出、放映场所；舞厅、卡拉 OK 厅等歌舞娱乐场所；具有娱乐功能的夜总会、音乐茶座和餐饮场所；游艺、游乐场所；保龄球馆、旱冰场、桑拿浴室等营业性健身休闲场所等。

二、《娱乐场所管理条例》的宗旨及娱乐场所的经营方向

（一）《娱乐场所管理条例》的宗旨

以加强娱乐场所的管理，丰富人民群众文明、健康的娱乐生活，促进社会主义精神文明建设为宗旨。

（二）娱乐场所的经营方向

娱乐场所经营单位应当坚持为人民服务、为社会主义服务的方向，开展文明、健康的娱乐活动。

三、饭店娱乐场所的设立

（一）设立娱乐场所经营单位应具备的条件

①有单位名称、住所、组织机构和章程。

②有确定的经营范围和娱乐项目。

③有与其提供的娱乐项目相适应的场地和器材设备。

④娱乐场所的安全、消防设施和卫生条件符合国家规定的标准。

国家禁止设立外商独资经营的娱乐场所。第 2 章第 6 条规定："外国投资者可以与中国投资者依法设立中外合资经营、中外合作经营的娱乐场所，不得设立外商独资经营的娱乐场所。"

（二）设立娱乐场所的地点要求

第 2 章第 7 条规定娱乐场所不得设在下列地点：

①居民楼、博物馆、图书馆和被核定为文物保护单位的建筑物内；

②居民住宅区和学校、医院、机关周围；

③车站、机场等人群密集的场所；

④建筑物地下一层以下；

⑤与危险化学品仓库毗连的区域。

娱乐场所的边界噪声，应当符合国家规定的环境噪声标准。

（三）人员要求

第 2 章第 5 条规定有下列情形之一的人员，不得开办娱乐场所或者在娱乐场所内从业：

①曾犯有组织、强迫、引诱、容留、介绍卖淫罪，制作、贩卖、传播淫秽物品罪，走私、贩卖、运输、制造毒品罪，强奸罪，强制猥亵、侮辱妇女罪，赌博罪，洗钱罪，组织、领导、参加黑社会性质组织罪的；

②因犯罪曾被剥夺政治权利的；

③因吸食、注射毒品曾被强制戒毒的；

④因卖淫、嫖娼曾被处以行政拘留的。

四、娱乐场所的经营活动管理

（一）国家倡导弘扬民族优秀文化，禁止在娱乐场所从事含有下列内容的活动

违反宪法确定的基本原则的；危害国家统一、主权或者领土完整的；危害国家安全，或者损害国家荣誉、利益的；煽动民族仇恨、民族歧视，伤害民族感情或者侵害民族风俗、习惯，破坏民族团结的；违反国家宗教政策，宣扬邪教、迷信的；宣扬淫秽、赌博、暴力以及与毒品有关的违法犯罪活动，或者教唆犯罪的；违背社会公德或者民族优秀文化传统的；侮辱、诽谤他人，侵害他人合法权益的；法律、行政法规禁止的其他内容。

（二）娱乐场所及其从业人员不得实施下列行为，不得为进入娱乐场所的人员实施下列行为提供条件

贩卖、提供毒品，或者组织、强迫、教唆、引诱、欺骗、容留他人吸食、注射毒品；组织、强迫、引诱、容留、介绍他人卖淫、嫖娼；制作、贩卖、传播淫秽物品；提供或者从事以营利为目的的陪侍；赌博；从事邪教、迷信活动；其他违法犯罪行为。

娱乐场所的从业人员不得吸食、注射毒品，不得卖淫、嫖娼；娱乐场所及其从业人员不得为进入娱乐场所的人员实施上述行为提供条件。

（三）娱乐场所安全设施及管理规定

1. 法人代表及注意负责人的职责

娱乐场所的法定代表人或者主要负责人应当对娱乐场所的消防安全和其他安全负责。娱乐场所应当确保其建筑、设施符合国家安全标准和消防技术规范，定期检查消防设施状况，并及时维护、更新。娱乐场所应当制定安全工作方案和应急疏散预案。

2. 安全通道畅通

营业期间，娱乐场所应当保证疏散通道和安全出口畅通，不得封堵、锁闭疏散通道和安全出口，不得在疏散通道和安全出口设置栅栏等影响疏散的障碍物。娱乐场所应当在疏散通道和安全出口设置明显指示标志，不得遮挡、覆盖指示标志。

3. 人员要求

任何人不得非法携带枪支、弹药、管制器具或者携带爆炸性、易燃性、毒害性、放射性、腐蚀性等危险物品和传染病病原体进入娱乐场所。迪斯科舞厅应当配备安全检查设备，对进入营业场所的人员进行安全检查。

4. 建立巡查制度

娱乐场所应当建立巡查制度，发现娱乐场所内有违法犯罪活动的，应当立即向所在地县级公安部门、县级人民政府文化主管部门报告。

（四）娱乐场所用工制度

娱乐场所不得招用未成年人；招用外国人的，应当按照国家有关规定为其办理外国人就业许可证。

娱乐场所应当与从业人员签订文明服务责任书，并建立从业人员名簿；从业人员名簿应当包括从业人员的真实姓名、居民身份证复印件、外国人就业许可证复印件等内容。

娱乐场所应当与保安服务企业签订保安服务合同，配备专业保安人员；不得聘用其他人员从事保安工作。

营业期间，娱乐场所的从业人员应当统一着工作服，佩戴工作标志并携带居民身份证或者外国人就业许可证。从业人员应当遵守职业道德和卫生规范，诚实守信，礼貌待人，不得侵害消费者的人身和财产权利。娱乐场所应当建立营业日志，记载营业期间从业人员的工作职责、工作时间、工作地点；营业日志不得删改，并应当留存 60 日备查。

（五）娱乐场所对接纳未成年人的规定

歌舞娱乐场所不得接纳未成年人。除国家法定节假日外，游艺娱乐场所设置的电子游戏机不得向未成年人提供。

（六）娱乐场所营业时间规定

每日凌晨 2 时至上午 8 时，娱乐场所不得营业。

五、娱乐场所的治安管理

（一）娱乐场所的安全保障及要求

娱乐场所经营单位应当建立、健全各项安全制度；按照国家有关规定，配备保安人员。

保安人员必须经县级以上地方人民政府公安机关培训，经培训并取得资格证书的方可上岗。

娱乐场所的从业人员应当持有居民身份证。其中，外地务工人员还应当持有暂住证和务工证明。外国人及其境外人员在娱乐场所就业的，应当按照国家有关规定，取得外国人就业许可证书。

（二）娱乐场所的安全设施

歌舞娱乐场所的包厢、包间内不得设置隔断，并应当安装展现室内整体环境的透明门窗。包厢、包间的门不得有内锁装置。

营业期间，歌舞娱乐场所内亮度不得低于国家规定的标准。

歌舞娱乐场所应当按照国务院公安部门的规定在营业场所的出入口、主要通道安装闭路电视监控设备，并应当保证闭路电视监控设备在营业期间正常运行，不得中断。

歌舞娱乐场所应当将闭路电视监控录像资料留存 30 日备查，不得删改或者挪作他用。

娱乐场所应当在营业场所的大厅、包厢、包间内的显著位置悬挂含有禁毒、禁赌、禁止卖淫嫖娼等内容的警示标志、未成年人禁入或者限入标志。标志应当注明公安部门、文化主管部门的举报电话。

（三）经营活动规范

一是巡查制度。二是报告娱乐场所内的犯罪活动。

（四）保安人员配备

娱乐场所应当与保安服务企业签订保安服务合同，配备专业保安人员；不得聘用其他人员从事保安工作。

1.3 项目实施

任务 7-1　旅游饭店星级评定制度

- **任务目的：**掌握当地星级旅游饭店的情况。
- **任务内容：**多途径地收集和分析旅游饭店星级分布情况。
- **任务时间：**课余时间。
- **任务方法：**将学生进行分组，每组 4~8 名同学，组内由学生自行分工合作，通过网上查阅资料，或者到所在城市进行实地调研，了解学校所在地的星级酒店发布情况，并在 word 文档中进行图文资料的整理，在此基础上学生制作一份用于展示其成果的 PPT 文件。教师将 2 课时时间用于学生自行汇报展示其工作成果。

任务 7-2　旅游饭店行业规范

- **任务目的：** 掌握酒店预订、登记、入住及收费流程。
- **任务内容：** 到一家星级酒店前厅部调研，了解这家酒店的预订方式、登记注意事项、入住手续的办理及收费情况。
- **任务时间：** 课余时间。
- **任务方法：** 将学生进行分组，每组 4~8 名同学，组内由学生自行分工合作，选取一家星级酒店，到酒店前厅部调研，了解这家酒店的预订方式、登记注意事项、入住手续的办理及收费情况，进行分析讨论，并在 word 文档中进行图文资料的整理，在此基础上学生制作一份用于展示其成果的 PPT 文件《旅游饭店行业规范分析报告》。教师将 2 课时时间用于学生自行汇报展示其工作成果。

任务 7-3　旅游饭店经营管理法规

- **任务目的：** 了解酒店康乐服务部管理制度。
- **任务内容：** 解读娱乐场所管理制度。
- **任务时间：** 课余时间。
- **任务方法：** 将学生进行分组，每组 4~8 名同学，组内由学生自行分工合作，查阅网络资料，或在学校附近选择一家星级酒店康乐服务部进行调研，了解旅游饭店康乐服务的基本情况，在 word 文档中进行图文资料的整理归纳，提交一份《旅游饭店康乐服务部经营案例分析报告》。在此基础上学生制作一份用于展示其成果的 PPT 文件。教师将 2 课时时间用于学生自行汇报展示其工作成果。

1.4 项目练习

（1）简述旅游饭店星级评定的依据与基本标准。

（2）简述旅游饭店行业规范的主要内容。

（3）简述食品安全事故的分类及处理程序。

1.5 项目拓展

酒店业七大现象即将被“终结” 重新洗牌格局形成

扫一扫，酒店业七大现象即将被“终结” 重新洗牌格局形成

http://news.winshang.com/html/024/5024.html

微信扫一扫

项目 08

旅游交通运输法规

学习目标

- 了解和熟悉《中华人民共和国航空法》关于承运人的权利义务及其相关法律责任
- 《中华人民共和国铁路法》关于承运人的权利义务及其相关法律责任，旅客权利义务的规定
- 《国内水路运输管理条例》关于承运人的权利义务及其相关法律责任的规定

1.1 项目导例

各国“奇葩”交通法规

没有最严格，只有更严格！的确，大多数国家对于交通的治理方式都各有妙招。尽管有些手段过于残酷，但是对于生命而言，再重的处罚也不为过。

印度尼西亚：交规处罚剃光头。在印度尼西亚，司机违章后，会被当场罚款，然后没收驾驶执照，最终会被无情地剃光头发，以便使司机们生成“若要违章，想想自己头上的黑发”的畏惧感。

美国：严重超速将被罚终身禁驾。美国高速路一般限速不超过 70 英里（1 英里约合 1.6 千米），违规的话动辄罚款数百美元。屡犯者要吊销驾照。车速超过 100 英里者，可能被控“二级谋杀罪”和被罚终身禁驾。

印度：“堵车”世界闻名，交通违章现象让当地警察非常头疼。2005 年，警察们想出了一个特别的办法。如果司机违章了，警察把他叫到一边，不用吊销驾照，不用缴纳高额罚金，警察只是拿出印有交通法规的两页纸，让违章司机在众人面前大声朗读。念完了，

还要签上自己的大名，保证下次不会再犯错。

南非：行车必须让鸵鸟。南非的交通法规规定，在公路上行驶的车辆必须给过街的牧人和牛、马、驴、骡子、羊、猪和鸵鸟等动物让路。虽然很多人对于这条规则不屑一顾，但是如果在牧人请求或示意的情况下不停车，司机会被处以高达535美元的罚款。

德国：住宅区时速限30千米／小时。德国的公路被分为联邦级、州级和乡镇级三等，对不同的路段规定有不同的车速限制。通常对联邦公路规定的最高车速为100千米／小时，市区内仅为50千米／小时，住宅区内只允许30千米／小时，只有一部分高速公路无车速限制。

伊朗：闯黄灯与闯红灯性质相同。伊朗交规规定，闯黄灯与闯红灯性质一样。处罚也相同，每次罚款100万里亚尔，约200元人民币。扣分情况根据不同对象处罚不一样，私家车司机一次扣5分，公交车、出租车司机扣10分。伊朗每个驾照一年有30分。

新加坡：违法两次就吊销驾照。在新加坡每个司机的驾照共有12个积分，每次违法除要缴罚款外还要扣掉6分，开车时打手机一次性扣9分。基本上违法两次就要吊销驾驶执照。

法国：半数罚款与停车有关。从2011年8月1日起，法国违章停车基准罚款额将从11欧元上调至17欧元。在法国，违章停车是指不缴费而在收费停车区域内停车，不按汽车行驶方向停车，不遵守部分道路只能在马路单侧停车的规定，未在车内前挡风处放置停车交费计时单。

日本：水溅行人要受罚。日本人重礼仪讲礼貌是出了名的，这在道路行驶中也有体现。当地人对开车时忽视路人而将路上积水喷溅到行人身上的行为十分反感。因此，在日本雨后驾车就要格外小心，否则就会被罚款。

巴西：违规司机送到幼儿园“回炉”。在巴西的圣保罗市，司机只要一犯规，就会被送去幼儿园“上学”，同孩子们一起玩在虚拟的公路和叉道上驾驶儿童玩具汽车的游戏，在孩子们的嘲笑和指责中反思过错。

英国：酒驾吊销驾照109年。英国对于涉及酒后驾驶的立法很完善，早在1871年就已经规定酒后骑马、驾马车以及操作蒸汽机属于违法行为。到1925年有了正式针对汽车的酒驾法。在英国，对于10年内3次被判酒后驾车，吊销驾照109年。

西班牙：交通法规以人为本。西班牙现行交通法规定，汽车驾驶员必须在任何情况下都将汽车的运行掌握在完全控制之下，不得对其他车辆和行人造成任何损害。这是制定交通法规的一个以人为本的根本指导原则。

泰国：保护生命至上。泰国的交通法规视行人为天然弱势群体，在交通事故的责任认定、损失赔偿等问题上都予以保护，只要机动车和行人发生交通事故，无论事故发生时行人位于道路的哪一个位置，机动车驾驶方均被视为事故责任人，要负责赔偿事故引起的相关损失。

意大利：景区严禁行车。在意大利，历史文化景点是禁止行车的。当地交通法规规定，除非获得特许，任何机动车都禁止在历史文化景区行驶。据悉，此类违法行为将会被处以数十欧元的罚款。（来源：网易汽车）

1.2 项目知识平台

任务 8-1　航空运输法规

第一节　民用航空法概述

一、我国航空法的体系

我国的航空法主要分为法律、行政法规和部门规章三个层次，广义的航空法指以颁行的《中华人民共和国民用航空法》为核心，由下列各部分构成：一是国家颁布的关于民用航空的专项法律；二是国家分布的其他法律中关于民用航空的法律规范；三是全国人大常委会在需要时就民用航空事项做出的决议和决定；四是国务院的有关行政法规和民用航空规章（包括与中央军委联合发布的）；五是关于航空法的立法、司法和行政解释。狭义的航空法仅指《中华人民共和国民用航空法》。

二、民航航空法的调整对象

民用航空法是指调整民用航空活动中所产生的各种社会关系的法律规范的总称。其调整的对象主要是民用航空活动所涉及的各种社会关系，同时应协调民用航空与非民用航空，特别是与军用航空的关系。

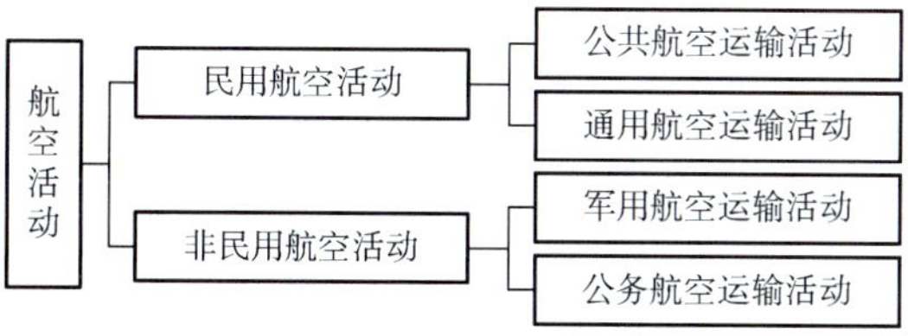

图 8-1　民用航空法的调整对象

三、民用航空法的内容体系

为了维护国家的领空主权和民用航空权利，保障民用航空活动安全和有秩序地进行，保护民用航空活动当事人各方的合法权益，促进民用航空事业的发展，第八届全国人大代表大会常务委员会第十六次会议 1995 年 10 月 30 日经审议通过了《中华人民共和国民用航空法》（以下简称《民用航空法》），自 1996 年 3 月 1 日实施。2009 年 8 月 27 日第十一届全国人民代表大会常务委员会第十次会议通过《全国人民代表大会常务委员会关于修改部分法律的决定》进行了第一次修订。最新版本是 2015 年 4 月 24 日第十二届全国人民代表大会常务委员会第十四次会议《关于修改〈中华人民共和国计量法〉等五部法律的决定》第二次修正。航空法共 16 章 214 条。本任务所述内容主要涉及航空法第八章公共航空运输企业和第九章公共航空运输的相关内容。

根据民用航空法，中华人民共和国的领陆和领水之上的空域为中华人民共和国领空。中华人民共和国对领空享有完全的、排他的主权。国务院民用航空主管部门对全国民用航空活动实施统一监督管理；根据法律和国务院的决定，在本部门的权限内，发布有关民用航空活动的规定、决定。国务院民用航空主管部门设立的地区民用航空管理机构依照国务院民用航空主管部门的授权，监督管理各该地区的民用航空活动。

第二节　航空运输凭证

适用于公共航空运输企业使用民用航空器经营的旅客、行李或者货物的运输，包括公共航空运输企业使用民用航空器办理的免费运输。不适用于使用民用航空器办理的邮件运输。对多式联运方式的运输，规定适用于其中的航空运输部分。根据《民用航空法》规定：“国内航空运输，是指根据当事人订立的航空运输合同，运输的出发地点、约定的经停地点和目的地点均在中华人民共和国境内的运输。国际航空运输，是指根据当事人订立的航空运输合同，无论运输有无间断或者有无转运，运输的出发地点、目的地点或者约定的经停地点之一不在中华人民共和国境内的运输。”航空运输合同各方认为几个连续的航空运输承运人办理的运输是一项单一业务活动的，无论其形式是以一个合同订立或者数个合同订立，应当视为一项不可分割的运输。

一、旅客乘坐凭证

承运人运送旅客，应当出具客票。旅客乘坐民用航空器，应当交验有效客票。客票应当包括的内容由国务院民用航空主管部门规定，至少应当包括以下内容：

①出发地点和目的地点；

②出发地点和目的地点均在中华人民共和国境内，而在境外有一个或者数个约定的经停地点的，至少注明一个经停地点；

③旅客航程的最终目的地点、出发地点或者约定的经停地点之一不在中华人民共和国境内，依照所适用的国际航空运输公约的规定，应当在客票上声明此项运输适用该公约的，客票上应当载有该项声明。客票是航空旅客运输合同订立和运输合同条件的初步证据。旅客未能出示客票、客票不符合规定或者客票遗失，不影响运输合同的存在或者有效。

二、行李或货物凭证

承运人载运托运行李时，行李票可以包含在客票之内或者与客票相结合。行李票标明的内容除上述客票所列内容外，行李票还应当包括下列内容：

①托运行李的件数和重量；

②需要声明托运行李在目的地点交付时的利益的，注明声明金额。

行李票是行李托运和运输合同条件的初步证据。旅客未能出示行李票、行李票不符合规定或者行李票遗失，不影响运输合同的存在或者有效。承运人有权要求托运人填写航空货运单，托运人有权要求承运人接受该航空货运单。托运人未能出示航空货运单、航空货运单不符合规定或者航空货运单遗失，不影响运输合同的存在或者有效。

三、禁运规定

公共航空运输企业不得运输法律、行政法规规定的禁运物品。公共航空运输企业未经国务院民用航空主管部门批准，不得运输作战军火、作战物资。禁止旅客随身携带法律、行政法规规定的禁运物品乘坐民用航空器。

公共航空运输企业运输危险品，应当遵守国家有关规定。禁止以非危险品品名托运危险品。禁止旅客随身携带危险品乘坐民用航空器。除因执行公务并按照国家规定经过批准外，禁止旅客携带枪支、管制刀具乘坐民用航空器。禁止违反国务院民用航空主管部门的规定将危险品作为行李托运。危险品品名由国务院民用航空主管部门规定并公布。

公共航空运输企业不得运输拒绝接受安全检查的旅客，不得违反国家规定运输未经安全检查的行李。公共航空运输企业必须按照国务院民用航空主管部门的规定，对承运的货物进行安全检查或者采取其他保证安全的措施。

公共航空运输企业从事国际航空运输的民用航空器及其所载人员、行李、货物应当接受边防、海关、检疫等主管部门的检查；但是，检查时应当避免不必要的延误。

第三节 承运人的责任

一、承运人对旅客的责任

根据《民用航空法》规定：因发生在民用航空器上或者在旅客上、下民用航空器过程中的事件，造成旅客人身伤亡的，承运人应当承担责任；但是，旅客的人身伤亡完全是由于旅客本人的健康状况造成的，承运人不承担责任。

上述规定含义如下：

①承运人对因发生在民用航空器上或者在旅客上、下民用航空器过程中的事件，造成的旅客人身伤亡承担责任；

②完全是由于旅客本人的健康状况即旅客的疾病而造成的旅客人身伤亡，承运人不承担责任；

③对部分由旅客本人的健康状况造成的旅客人身伤亡，承运人应当承担责任。

二、承运人对行李的责任

本节所称行李，包括托运行李和旅客随身携带的物品。航空运输期间，是指在机场内、民用航空器上或者机场外降落的任何地点，托运行李、货物处于承运人掌管之下的全部期间。航空运输期间，不包括机场外的任何陆路运输、海上运输、内河运输过程；但是，此种陆路运输、海上运输、内河运输是为了履行航空运输合同而装载、交付或者转运，在没有相反证据的情况下，所发生的损失视为在航空运输期间发生的损失。

因发生在民用航空器上或者在旅客上、下民用航空器过程中的事件，造成旅客随身携带物品毁灭、遗失或者损坏的，承运人应当承担责任。因发生在航空运输期间的事件，造成旅客的托运行李毁灭、遗失或者损坏的，承运人应当承担责任。旅客随身携带物品或者托运行李的毁灭、遗失或者损坏完全是由于行李本身的自然属性、质量或者缺陷造成的，承运人不承担责任。

因发生在航空运输期间的事件，造成货物毁灭、遗失或者损坏的，承运人应当承担责任；但是，承运人证明货物的毁灭、遗失或者损坏完全是由于下列原因之一造成的，不承担责任：

①货物本身的自然属性、质量或者缺陷；

②承运人或者其受雇人、代理人以外的人包装货物的，货物包装不良；

③战争或者武装冲突；

④政府有关部门实施的与货物入境、出境或者过境有关的行为。

旅客、行李或者货物在航空运输中因延误造成的损失，承运人应当承担责任；但是，承运人证明本人或者其受雇人、代理人为了避免损失的发生，已经采取一切必要措施或者不可能采取此种措施的，不承担责任。

三、承运人责任的免除或减轻规定

在旅客、行李运输中，经承运人证明，损失是由索赔人的过错造成或者促成的，应当根据造成或者促成此种损失的过错的程度，相应免除或者减轻承运人的责任。旅客以外的其他人就旅客死亡或者受伤提出赔偿请求时，经承运人证明，死亡或者受伤是旅客本人的过错造成或者促成的，同样应当根据造成或者促成此种损失的过错的程度，相应免除或者减轻承运人的责任。

在货物运输中，经承运人证明，损失是由索赔人或者代行权利人的过错造成或者促成的，应当根据造成或者促成此种损失的过错的程度，相应免除或者减轻承运人的责任。

四、承运人的赔偿责任

（一）国内航空运输承运人的赔偿责任限额

国内航空运输承运人的赔偿责任限额由国务院民用航空主管部门制定，报国务院批准后公布执行。旅客或者托运人在交运托运行李或者货物时，特别声明在目的地点交付时的利益，并在必要时支付附加费的，除承运人证明旅客或者托运人声明的金额高于托运行李或者货物在目的地点交付时的实际利益外，承运人应当在声明金额范围内承担责任。

承运人责任限额制度是指发生重大的航空事故时，作为责任人的承办人，即航空公司可以根据法律的规定，将自己的赔偿责任限制在一定范围内进行赔偿的法律制度。赔偿责任限制制度是通过法律或行政法规规定承运人的最高赔偿限额，将承运人的责任限制在一定数额范围内，以达到保护承运人利益、使承运人不致过度赔偿而破产的目的。

赔偿责任限额制度具体体现于我国于 2006 年 3 月 28 日起施行的《国内航空运输承运人赔偿责任限额规定》。国内航空运输承运人（以下简称承运人）应当在下列规定的赔偿责任限额内按照实际损害承担赔偿责任，但是《民用航空法》另有规定的除外：

①对每名旅客的赔偿责任限额为人民币 40 万元；

②对每名旅客随身携带物品的赔偿责任限额为人民币 3000 元；

③对旅客托运的行李和对运输的货物的赔偿责任限额，为每千克人民币 100 元。

旅客自行向保险公司投保航空旅客人身意外保险的，此项保险金额的给付，不免除或者减少承运人应当承担的赔偿责任。

（二）国际航空运输承运人的赔偿责任限额

①对每名旅客的赔偿责任限额为 16600 计算单位；但是，旅客可以同承运人书面约定高于本项规定的赔偿责任限额。

②对托运行李或者货物的赔偿责任限额，每公斤为 17 计算单位。旅客或者托运人在交运托运行李或者货物时，特别声明在目的地点交付时的利益，并在必要时支付附加费的，除承运人证明旅客或者托运人声明的金额高于托运行李或者货物在目的地点交付时的实际利益外，承运人应当在声明金额范围内承担责任。

托运行李或者货物的一部分或者托运行李、货物中的任何物件毁灭、遗失、损坏或者延误的，用以确定承运人赔偿责任限额的重量，仅为该一包件或者数包件的总重量；但是，因托运行李或者货物的一部分或者托运行李、货物中的任何物件的毁灭、遗失、损坏或者延误，影响同一份行李票或者同一份航空货运单所列其他包件的价值的，确定承运人的赔偿责任限额时，此种包件的总重量也应当考虑在内。

③对每名旅客随身携带的物品的赔偿责任限额为 332 计算单位。

任何旨在免除本法规定的承运人责任或者降低本法规定的赔偿责任限额的条款，均属无效；但是，此种条款的无效，不影响整个航空运输合同的效力。

五、追责对象及时效

旅客或者收货人收受托运行李或者货物而未提出异议，为托运行李或者货物已经完好交付并与运输凭证相符的初步证据。托运行李或者货物发生损失的，旅客或者收货人应当在发现损失后向承运人提出异议。托运行李发生损失的，最迟应当自收到托运行李之日起 7 日内提出；货物发生损失的，最迟应当自收到货物之日起 14 日内提出。托运行李或者货物发生延误的，最迟应当自托运行李或者货物交付旅客或者收货人处置之日起 21 日内提出。任何异议均应当在规定的期间内写在运输凭证上或者另以书面提出。除承运人有欺诈行为外，旅客或者收货人未在规定的期间内提出异议的，不能向承运人提出索赔诉讼。

航空运输的诉讼时效期间为 2 年，自民用航空器到达目的地点、应当到达目的地点或者运输终止之日起计算。由几个航空承运人办理的连续运输，接受旅客、行李或者货物的每一个承运人应当受本法规定的约束，并就其根据合同办理的运输区段作为运输合同的订约一方。对连续运输，除合同明文约定第一承运人应当对全程运输承担责任外，旅客或者其继承人只能对发生事故或者延误的运输区段的承运人提起诉讼。

托运行李或者货物的毁灭、遗失、损坏或者延误，旅客或者托运人有权对第一承运人提起诉讼，旅客或者收货人有权对最后承运人提起诉讼，旅客、托运人和收货人均可以对发生毁灭、遗失、损坏或者延误的运输区段的承运人提起诉讼。上述承运人应当对旅客、托运人或者收货人承担连带责任。

任务 8-2　铁路运输法规

第一节　铁路法概述

为了保障铁路运输和铁路建设的顺利进行，适应社会主义现代化建设和人民生活的需要，1990 年 9 月 7 日第七届全国人民代表大会常务委员会第十五次会议通过了《中华人民共和国铁路法》。2009 年 8 月 27 日第十一届全国人民代表大会常务委员会第十次会议《关于修改部分法律的决定》作了第一次修正，2015 年 4 月 24 日第十二届全国人民代表大会常务委员会第十四次会议《关于修改〈中华人民共和国义务教育法〉等五部法律的决定》进行了第二次修正。

一、铁路运输法规体系的层次

铁路运输法规体系总体包括三个层次：第一层次为全国人大制定的法律，第二层次为国务院或经国务院批准的由部门发布实施的行政法规；第三层次为国务院铁路主管部门即铁道部制定的行政规章，包括实施细则、规程或规则、办法、规定等。

本任务重点阐述第一层次《中华人民共和国铁路法》（以下简称《铁路法》）。《铁路法》在铁路法律体系中，具有母法的性质，是铁路行业的基本法。《铁路法》全面规范了铁路规划、建设、运营、安全保护、监管、法律责任等方面的内容，既涉及行政法律关系的调整，又涉及民事法律关系的调整。相对于全国人大制定的用于调整基本法律关系的“一般法”而言，《铁路法》是一部“特殊法”。

二、铁路法的调整对象

铁路法主要调整铁路运输关系、铁路建设关系、铁路建设与铁路生产有关的其他方面的关系。从立法角度看，铁路运输关系主要分为以下四类：一是旅客运输合同关系，二是货物运输合同关系，三是侵权损害赔偿关系，四是运输管理关系。

三、铁路法的内容体系

《中华人民共和国铁路法》包括 6 章 74 条。第 1 章总则，第 2 章铁路运输营业，第 3 章铁路建设，第 4 章铁路安全与保护，第 5 章法律责任，第 6 章附则。

四、铁路运输管理体制

《铁路法》第 2 条规定："铁路，包括国家铁路、地方铁路、专用铁路和铁路专用线。国家铁路是指由国务院铁路主管部门管理的铁路。地方铁路是指由地方人民政府管理的铁路。专用铁路是指由企业或者其他单位管理，专为本企业或者本单位内部提供运输服务的铁路。铁路专用线是指由企业或者其他单位管理的与国家铁路或者其他铁路线路接轨的岔线。"这一规定明确了铁路分类管理的思路。

《铁路法》第 3 条规定："国务院铁路主管部门主管全国铁路工作，对国家铁路实行高度集中、统一指挥的运输管理体制，对地方铁路、专用铁路和铁路专用线进行指导、协调、监督和帮助。国家铁路运输企业行使法律、行政法规授予的行政管理职能。"这一规定明确了国务院铁路主管部门的管理职责，并界定了国家铁路运输企业的特定职能。

第二节 铁路运输的法律规定

《铁路法》第 2 章"铁路运输营业"从铁路承运人与托运人、旅客之间的平等主体法律关系出发，规定了当事人各方的基本权利和义务，主要内容包括运输合同、运输管理两个方面。

一、铁路运输合同

铁路运输合同是明确铁路运输企业与旅客、托运人之间权利义务关系的协议。旅客车票、行李票、包裹票和货物运单是合同或者合同的组成部分。

（一）铁路运输合同承运人的义务及责任

《铁路法》第 10 条规定："铁路运输企业应当保证旅客和货物运输的安全，做到列车正点到达。"第 12 条规定："铁路运输企业应当保证旅客按车票载明的日期、车次乘车，并到达目的站。因铁路运输企业的责任造成旅客不能按车票载明的日期、车次乘车的，铁路运输企业应当按照旅客的要求，退还全部票款或者安排改乘到达相同目的站的其他列车。"

《铁路法》第 13 条规定，铁路运输企业应当采取有效措施做好旅客运输服务工作，做到文明礼貌、热情周到，保持车站和车厢内的清洁卫生，提供饮用开水，做好列车上的饮食供应工作。铁路运输企业应当采取措施，防止对铁路沿线环境的污染。

《铁路法》第 15 条规定，国家铁路和地方铁路根据发展生产、搞活流通的原则，安排货物运输计划。对抢险救灾物资和国家规定需要优先运输的其他物资，应予优先运输。地方铁路运输的物资需要经由国家铁路运输的，其运输计划应当纳入国家铁路的运输计划。

《铁路法》第 16 条规定，铁路运输企业应当按照合同约定的期限或者国务院铁路主管部门规定的期限，将货物、包裹、行李运到目的站；逾期运到的，铁路运输企业应当支付违约金。铁路运输企业逾期三十日仍未将货物、包裹、行李交付收货人或者旅客的，托运人、收货人或者旅客有权按货物、包裹、行李灭失向铁路运输企业要求赔偿。

《铁路法》第 17 条规定，铁路运输企业应当对承运的货物、包裹、行李自接受承运时起到交付时止发生的灭失、短少、变质、污染或者损坏，承担赔偿责任：

①托运人或者旅客根据自愿申请办理保价运输的，按照实际损失赔偿，但最高不超过保价额。

②未按保价运输承运的，按照实际损失赔偿，但最高不超过国务院铁路主管部门规定的赔偿限额；如果损失是由于铁路运输企业的故意或者重大过失造成的，不适用赔偿限额的规定，按照实际损失赔偿。

托运人或者旅客根据自愿可以向保险公司办理货物运输保险，保险公司按照保险合同的约定承担赔偿责任。托运人或者旅客根据自愿，可以办理保价运输，也可以办理货物运输保险；还可以既不办理保价运输，也不办理货物运输保险。不得以任何方式强迫办理保价运输或者货物运输保险。

《铁路法》第 18 条规定，由于下列原因造成的货物、包裹、行李损失的，铁路运输企业不承担赔偿责任：

①不可抗力。

②货物或者包裹、行李中的物品本身的自然属性，或者合理损耗。

③托运人、收货人或者旅客的过错。

（二）旅客、托运人及收货人的义务及责任

《铁路法》第 14 条规定，旅客乘车应当持有效车票。对无票乘车或者持失效车票乘车的，应当补收票款，并按照规定加收票款；拒不交付的，铁路运输企业可以责令下车。

《铁路法》第 19 条规定，托运人应当如实填报托运单，铁路运输企业有权对填报的货物和包裹的品名、重量、数量进行检查。经检查，申报与实际不符的，检查费用由托运人承担；申报与实际相符的，检查费用由铁路运输企业承担，因检查对货物和包裹中的物品造成的损坏由铁路运输企业赔偿。托运人因申报不实而少交的运费和其他费用应当补交，铁路运输企业按照国务院铁路主管部门的规定加收运费和其他费用。

《铁路法》第 20 条规定，托运货物需要包装的，托运人应当按照国家包装标准或者行业包装标准包装；没有国家包装标准或者行业包装标准的，应当妥善包装，使货物在运输途中不因包装原因而受损坏。铁路运输企业对承运的容易腐烂变质的货物和活动物，应当按照国务院铁路主管部门的规定和合同的约定，采取有效的保护措施。

《铁路法》第 21 条规定，货物、包裹、行李到站后，收货人或者旅客应当按照国务院铁路主管部门规定的期限及时领取，并支付托运人未付或者少付的运费和其他费用；逾期领取的，收货人或者旅客应当按照规定交付保管费。

《铁路法》第 22 条规定，自铁路运输企业发出领取货物通知之日起满三十日仍无人领取的货物，或者收货人书面通知铁路运输企业拒绝领取的货物，铁路运输企业应当通知托运人，托运人自接到通知之日起满三十日未作答复的，由铁路运输企业变卖；所得价款在扣除保管等费用后尚有余款的，应当退还托运人，无法退还、自变卖之日起一百八十日内托运人又未领回的，上缴国库。

自铁路运输企业发出领取通知之日起满九十日仍无人领取的包裹或者到站后满九十日仍无人领取的行李，铁路运输企业应当公告，公告满九十日仍无人领取的，可以变卖；所得价款在扣除保管等费用后尚有余款的，托运人、收货人或者旅客可以自变卖之日起一百八十日内领回，逾期不领回的，上缴国库。

对危险物品和规定限制运输的物品，应当移交公安机关或者有关部门处理，不得自行变卖。

对不宜长期保存的物品，可以按照国务院铁路主管部门的规定缩短处理期限。

《铁路法》第 23 条规定，因旅客、托运人或者收货人的责任给铁路运输企业造成财产损失的，由旅客、托运人或者收货人承担赔偿责任。

（三）合同争议及解决

发生铁路运输合同争议的，铁路运输企业和托运人、收货人或者旅客可以通过调解解决；不愿意调解解决或者调解不成的，可以依据合同中的仲裁条款或者事后达成的书面仲裁协议，向国家规定的仲裁机构申请仲裁。当事人一方在规定的期限内不履行仲裁机构的仲裁决定的，另一方可以申请人民法院强制执行。当事人没有在合同中订立仲裁条款，事后又没有达成书面仲裁协议的，可以向人民法院起诉。

二、运输管理

国家鼓励专用铁路兼办公共旅客、货物运输营业；提倡铁路专用线与有关单位按照协议共用。专用铁路兼办公共旅客、货物运输营业的，应当报经省、自治区、直辖市人民政府批准。专用铁路兼办公共旅客、货物运输营业的，适用本法关于铁路运输企业的规定。

（一）运价管理

铁路的旅客票价，货物、包裹、行李的运价，旅客和货物运输杂费的收费项目和收费标准，必须公告；未公告的不得实施。

1. 国家铁路的运价管理

铁路的旅客票价率和货物、行李的运价率实行政府指导价或者政府定价，竞争性领域实行市场调节价。政府指导价、政府定价的定价权限和具体适用范围以中央政府和地方政府的定价目录为依据。铁路旅客、货物运输杂费的收费项目和收费标准，以及铁路包裹运价率由铁路运输企业自主制定。

2. 地方铁路的运价

地方铁路的旅客票价率、货物运价率和旅客、货物运输杂费的收费项目和收费标准，由省、自治区、直辖市人民政府物价主管部门会同国务院铁路主管部门授权的机构规定。

3. 其他铁路的运价

兼办公共旅客、货物运输营业的专用铁路的旅客票价率、货物运价率和旅客、货物运输杂费的收费项目和收费标准，以及铁路专用线共用的收费标准，由省、自治区、直辖市人民政府物价主管部门规定。

（二）票证管理

国家铁路、地方铁路和专用铁路印制使用的旅客、货物运输票证，禁止伪造和变造。禁止倒卖旅客车票和其他铁路运输票证。

（三）禁止和限制运输

《铁路法》第 28 条规定，托运、承运货物、包裹、行李，必须遵守国家关于禁止或者限制运输物品的规定。

（四）联合运输

《铁路法》规定，铁路运输企业与公路、航空或者水上运输企业相互间实行国内旅客、货物联运，依照国家有关规定办理；国家没有规定的，依照有关各方的协议办理。国家铁路、地方铁路参加国际联运，必须经国务院批准。

任务 8-3 国内水路运输管理条例

第一节 水路运输经营者及经营活动规定

为规范国内水路运输经营行为，维护国内水路运输市场秩序，保障国内水路运输安全，促进国内水路运输业健康发展，2012 年 9 月 26 日国务院第 218 次常务会议通过并公布《国内水路运输管理条例》，自 2013 年 1 月 1 日起施行。对于载客 12 人以下的客运船舶以及乡、镇客运渡船运输的管理办法，由省、自治区、直辖市人民政府另行制定。

根据条例规定，国内水路运输（以下简称水路运输），是指始发港、挂靠港和目的港均在中华人民共和国管辖的通航水域内的经营性旅客运输和货物运输。

一、个人经营水路运输业务

对于水路运输业务的经营事项。条例规定，个人可以申请经营内河普通货物运输业务。申请经营内河普通货物运输业务的个人，水路运输经营者投入运营的船舶应当符合下列 4 个条件：

①与经营者的经营范围相适应；

②取得有效的船舶登记证书和检验证书；

③符合国务院交通运输主管部门关于船型技术标准和船龄的要求；

④法律、行政法规规定的其他条件。

同时，船舶吨位不超过国务院交通运输主管部门规定的自有船舶，并应当有健全的安全管理制度和法律、行政法规规定的其他条件。

二、企业经营水路运输业务

企业申请经营水路运输业务，申请人应当符合下列条件：

①具备企业法人条件；

②有符合本条例第 13 条规定的船舶，并且自有船舶运力符合国务院交通运输主管部门的规定；

③有明确的经营范围，其中申请经营水路旅客班轮运输业务的，还应当有可行的航线营运计划；

④有与其申请的经营范围和船舶运力相适应的海务、机务管理人员；

⑤与其直接订立劳动合同的高级船员占全部船员的比例符合国务院交通运输主管部门的规定；

⑥有健全的安全管理制度；

⑦法律、行政法规规定的其他条件。

三、水路运输业务的申请与审批

经营水路运输业务，应当按照国务院交通运输主管部门的规定，经国务院交通运输主管部门或者设区的市级以上地方人民政府负责水路运输管理的部门批准。申请经营水路运输业务，应当向国务院交通运输主管部门或者设区的市级以上地方人民政府负责水路运输管理的部门提交申请书和证明申请人符合经营条件的相关证明材料。

负责审批的部门应当自受理申请之日起 30 个工作日内审查完毕，做出准予许可或者不予许可的决定。予以许可的，发给水路运输业务经营许可证件，并为申请人投入运营的船舶配发船舶营运证件；不予许可的，应当书面通知申请人并说明理由。

取得水路运输业务经营许可的，持水路运输业务经营许可证件依法向工商行政管理机关办理登记后，方可从事水路运输经营活动。

外国的企业、其他经济组织和个人不得经营水路运输业务，也不得以租用中国籍船舶或者舱位等方式变相经营水路运输业务。香港特别行政区、澳门特别行政区和台湾地区的企业、其他经济组织以及个人参照适用前款规定，国务院另有规定的除外。依照条例取得许可的水路运输经营者终止经营的，应当自终止经营之日起 15 个工作日内向原许可机关办理注销许可手续，交回水路运输业务经营许可证件。

四、运营的船舶要求

水路运输经营者投入运营的船舶应当符合下列条件：

①与经营者的经营范围相适应；

②取得有效的船舶登记证书和检验证书；

③符合国务院交通运输主管部门关于船型技术标准和船龄的要求；

④法律、行政法规规定的其他条件。

水路运输经营者新增船舶投入运营的，应当凭水路运输业务经营许可证件、船舶登记证书和检验证书向国务院交通运输主管部门或者设区的市级以上地方人民政府负责水路运输管理的部门领取船舶营运证件。从事水路运输经营的船舶应当随船携带船舶营运证件。

海事管理机构办理船舶进出港签证，应当检查船舶的营运证件。对不能提供有效的船舶营运证件的，不得为其办理签证，并应当同时通知港口所在地人民政府负责水路运输管理的部门。港口所在地人民政府负责水路运输管理的部门收到上述通知后，应当在 24 小时内做出处理并将处理情况书面通知有关海事管理机构。

国家根据保障运输安全、保护水环境、节约能源、提高航道和通航设施利用效率的需求，制定并实施新的船型技术标准时，对正在使用的不符合新标准但符合原有标准且未达到规定报废船龄的船舶，可以采取资金补贴等措施，引导、鼓励水路运输经营者进行更新、改造；需要强制提前报废的，应当对船舶所有人给予补偿。具体办法由国务院交通运输主管部门会同国务院财政部门制定。

水路运输经营者不得使用外国籍船舶经营水路运输业务。但是，在国内没有能够满足所申请运输要求的中国籍船舶，并且船舶停靠的港口或者水域为对外开放的港口或者水域的情况下，经国务院交通运输主管部门许可，水路运输经营者可以在国务院交通运输主管部门规定的期限或者航次内，临时使用外国籍船舶运输。

在香港特别行政区、澳门特别行政区、台湾地区进行船籍登记的船舶，参照适用本条例关于外国籍船舶的规定，国务院另有规定的除外。

五、水路运输经营活动的规定

水路运输经营者应当在依法取得许可的经营范围内从事水路运输经营，应当使用符合条例规定条件、配备合格船员的船舶，并保证船舶处于适航状态，应当按照船舶核定载客定额或者载重量载运旅客、货物，不得超载或者使用货船载运旅客。

水路运输经营者应当依照法律、行政法规和国务院交通运输主管部门关于水路旅客、货物运输的规定、质量标准以及合同的约定，为旅客、货主提供安全、便捷、优质的服务，保证旅客、货物运输安全。水路旅客运输业务经营者应当为其客运船舶投保承运人责任保险或者取得相应的财务担保。

水路运输经营者运输危险货物，应当遵守法律、行政法规以及国务院交通运输主管部门关于危险货物运输的规定，使用依法取得危险货物适装证书的船舶，按照规定的安全技术规范进行配载和运输，保证运输安全。

旅客班轮运输业务经营者应当自取得班轮航线经营许可之日起 60 日内开航，并在开航 15 日前公布所使用的船舶、班期、班次、运价等信息。旅客班轮运输应当按照公布的班期、班次运行；变更班期、班次、运价的，应当在 15 日前向社会公布；停止经营部分或者全部班轮航线的，应当在 30 日前向社会公布并报原许可机关备案。

货物班轮运输业务经营者应当在班轮航线开航的 7 日前，公布所使用的船舶以及班期、班次和运价。货物班轮运输应当按照公布的班期、班次运行；变更班期、班次、运价或者停止经营部分或者全部班轮航线的，应当在 7 日前向社会公布。

水路运输经营者应当依照法律、行政法规和国家有关规定，优先运送处置突发事件所需的物资、设备、工具、应急救援人员和受到突发事件危害的人员，重点保障紧急、重要的军事运输。出现关系国计民生的紧急运输需求时，国务院交通运输主管部门按照国务院的部署，可以要求水路运输经营者优先运输需要紧急运输的物资。水路运输经营者应当按照要求及时运输。

水路运输经营者应当按照统计法律、行政法规的规定报送统计信息。

第二节　水路运输辅助业务

一、水路运输辅助业务资质要求

水路运输辅助业务，是指直接为水路运输提供服务的船舶管理、船舶代理、水路旅客运输代理和水路货物运输代理等经营活动。运输船舶的所有人、经营人可以委托船舶管理业务经营者为其提供船舶海务、机务管理等服务。申请经营船舶管理业务，申请人应当符合下列条件：

①具备企业法人条件；

②有健全的安全管理制度；

③有与其申请管理的船舶运力相适应的海务、机务管理人员；

④法律、行政法规规定的其他条件。

二、水路运输辅助业务的申请与审批

经营船舶管理业务，应当经设区的市级以上地方人民政府负责水路运输管理的部门批准。申请经营船舶管理业务，应当向前款规定的部门提交申请书和证明申请人符合上述规定条件的相关材料。

受理申请的部门应当自受理申请之日起 30 个工作日内审查完毕，做出准予许可或者不予许可的决定。予以许可的，发给船舶管理业务经营许可证件，并向国务院交通运输主管部门备案；不予许可的，应当书面通知申请人并说明理由。

取得船舶管理业务经营许可的，持船舶管理业务经营许可证件依法向工商行政管理机关办理登记后，方可经营船舶管理业务。

三、水路运输辅助业务活动的相关规定

船舶管理业务经营者接受委托提供船舶管理服务，应当与委托人订立书面合同，并将合同报所在地海事管理机构备案。船舶管理业务经营者应当按照国家有关规定和合同约定履行有关船舶安全和防止污染的管理义务。

水路运输经营者可以委托船舶代理、水路旅客运输代理、水路货物运输代理业务的经营者，代办船舶进出港手续等港口业务，代为签订运输合同，代办旅客、货物承揽业务以及其他水路运输代理业务。

船舶代理、水路旅客运输代理业务的经营者应当自企业设立登记之日起15个工作日内，向所在地设区的市级人民政府负责水路运输管理的部门备案。

船舶代理、水路旅客运输代理、水路货物运输代理业务的经营者接受委托提供代理服务，应当与委托人订立书面合同，按照国家有关规定和合同约定办理代理业务，不得强行代理，不得为未依法取得水路运输业务经营许可或者超越许可范围的经营者办理代理业务。

第三节 法律责任

未经许可擅自经营或者超越许可范围经营水路运输业务或者国内船舶管理业务的，由负责水路运输管理的部门责令停止经营，没收违法所得，并处违法所得 1 倍以上 5 倍以下的罚款；没有违法所得或者违法所得不足 3 万元的，处 3 万元以上 15 万元以下的罚款。

水路运输经营者使用未取得船舶营运证件的船舶从事水路运输的，由负责水路运输管理的部门责令该船停止经营，没收违法所得，并处违法所得 1 倍以上 5 倍以下的罚款；没有违法所得或者违法所得不足 2 万元的，处 2 万元以上 10 万元以下的罚款。从事水路运输经营的船舶未随船携带船舶营运证件的，责令改正，可以处 1 千元以下的罚款。

水路运输经营者未经国务院交通运输主管部门许可或者超越许可范围使用外国籍船舶经营水路运输业务，或者外国的企业、其他经济组织和个人经营或者以租用中国籍船舶或者舱位等方式变相经营水路运输业务的，由负责水路运输管理的部门责令停止经营，没收违法所得，并处违法所得 1 倍以上 5 倍以下的罚款；没有违法所得或者违法所得不足 20 万元的，处 20 万元以上 100 万元以下的罚款。

以欺骗或者贿赂等不正当手段取得本条例规定的行政许可的，由原许可机关撤销许可，处 2 万元以上 20 万元以下的罚款；有违法所得的，没收违法所得；国务院交通运输主管部门或者负责水路运输管理的部门自撤销许可之日起 3 年内不受理其对该项许可的申请。

出租、出借、倒卖本条例规定的行政许可证件或者以其他方式非法转让本条例规定的行政许可的，由负责水路运输管理的部门责令改正，没收违法所得，并处违法所得 1 倍以上 5 倍以下的罚款；没有违法所得或者违法所得不足 3 万元的，处 3 万元以上 15 万元以下的罚款；情节严重的，由原许可机关吊销相应的许可证件。伪造、变造、涂改本条例规定的行政许可证件的，由负责水路运输管理的部门没收伪造、变造、涂改的许可证件，处 3 万元以上 15 万元以下的罚款；有违法所得的，没收违法所得。

水路运输经营者有下列情形之一的，由海事管理机构依法予以处罚：

①未按照规定配备船员或者未使船舶处于适航状态；

②超越船舶核定载客定额或者核定载重量载运旅客或者货物；

③使用货船载运旅客；

④使用未取得危险货物适装证书的船舶运输危险货物。

水路旅客运输业务经营者未为其经营的客运船舶投保承运人责任保险或者取得相应的财

务担保的，由负责水路运输管理的部门责令限期改正，处 2 万元以上 10 万元以下的罚款；逾期不改正的，由原许可机关吊销该客运船舶的船舶营运许可证件。

班轮运输业务经营者未提前向社会公布所使用的船舶、班期、班次和运价或者其变更信息的，由负责水路运输管理的部门责令改正，处 2 千元以上 2 万元以下的罚款。

旅客班轮运输业务经营者自取得班轮航线经营许可之日起 60 日内未开航的，由负责水路运输管理的部门责令改正；拒不改正的，由原许可机关撤销该项经营许可。

水路运输、船舶管理业务经营者取得许可后，不再具备本条例规定的许可条件的，由负责水路运输管理的部门责令限期整改；在规定期限内整改仍不合格的，由原许可机关撤销其经营许可。

负责水路运输管理的国家工作人员在水路运输管理活动中滥用职权、玩忽职守、徇私舞弊，不依法履行职责的，依法给予处分。

违反本条例规定，构成违反治安管理行为的，依法给予治安管理处罚；构成犯罪的，依法追究刑事责任。

1.3 项目实施

任务 8-1　航空运输法规

- 任务目的：掌握民用航空法的主要内容。
- 任务内容：多途径地收集和分析与旅游业发展相关的通用航空发展情况。
- 任务时间：课余时间。
- 任务方法：将学生进行分组，每组 4~8 名同学，组内由学生自行分工合作，通过网上查阅资料，或者到所在城市进行实地调研，了解学校所在地或周边地区通用航空运输业发展情况，并在 Word 文档中进行图文资料的整理，在此基础上学生制作一份用于展示其成果的 PPT 文件。教师将 2 课时时间用于学生自行汇报展示其工作成果。

任务 8-2　铁路运输法规

- 任务目的：掌握铁路法的基本内容及其旅游影响。
- 任务内容：多途径地收集和分析旅游业的发展与当地铁路业发展间的关系。
- 任务时间：课余时间。
- 任务方法：将学生进行分组，每组 4~8 名同学，组内由学生自行分工合作，通过网上查阅资料，或者到所在城市进行实地调研，了解学校所在地的火车站点分布及客流情况，并在 Word 文档中进行图文资料的整理，在此基础上学生制作一份用于展示其成果的 PPT 文件。教师将 2 课时时间用于学生自行汇报展示其工作成果。

任务 8-3　国内水路运输管理条例

- **任务目的**：掌握当地水路运输业概况。
- **任务内容**：多途径地收集和分析当地水路运输与旅游业融合发展的情况。
- **任务时间**：课余时间。
- **任务方法**：将学生进行分组，每组 4~8 名同学，组内由学生自行分工合作，通过网上查阅资料，或者到所在城市进行实地调研，了解学校所在地水路客运发展情况，并在 Word 文档中进行图文资料的整理，在此基础上学生制作一份用于展示其成果的 PPT 文件。教师将 2 课时时间用于学生自行汇报展示其工作成果。

1.4 项目练习

（1）简述民用航空法的内容体系。

（2）简述铁路运输合同承运人的义务及责任。

（3）简述水路运输经营活动规定的主要内容。

1.5 项目拓展

“五纵七横”的故事

扫一扫，“五纵七横”的故事：

http://www.chinahighway.com/news/2008/225075.php

微信扫一扫

项目 09

旅游出入境管理法规

学习目标

- 熟悉和掌握外国人入出境证件的规定，外国旅游者入出境的权利义务及其相关法律责任的规定
- 熟悉和掌握《中华人民共和国出境入境管理法》关于中国公民出入境证件的规定，中国旅游者出入境的权利义务及其相关法律责任
- 了解《中国公民出国旅游管理办法》的主要法律制度

1.1 项目导例

出入境必知：各地海关不准入境的东西

出国留学或旅行，除了了解中国禁止或者限制出入境的东西外，也需要了解一下目的地海关不准入境的东西。

通用

毒品和枪支弹药等是各国和地区海关严禁入关的，此外，动物、植物、种子、新鲜水果、新鲜肉类几乎是每个海关都禁止携带入境的。绝大部分国家和地区都会规定游客可以免税携带入境的烟酒数量，如超出该数量，则需缴纳相应税费或遭到没收，需要格外关注一下。

美国

中草药及某些补品：美国海关对药物的检查很严格，国内生产的药品很多都没有得到美国食品及药物管理局（FDA）的认证，因此不准带入美国境内。比如我们经常吃的甘草片、

陈皮、牛黄解毒丸、熊胆粉等都属于违禁品。如果携带的药物为旅途中服用的，检查时最好出示医生的英文处方。一些珍贵的中药材如蛇胆、豹骨、虎皮等属于保育类动物，严禁携入美国，寄生类植物如菟丝子、石斛等也禁止携入。同样，燕窝、鹿茸等物品，大多不被允许带进美国，怕携带病毒。此外，可补血的紫糯米，也不许入关。

肉类、牲畜、禽类、蛋类、有气味的调味品：肉类、牲畜、禽类及其副产品一般都禁止入境。罐装及腌制的肉类产品及干肉产品均严格限制入境，比如肉松、腊肉、火腿、牛肉干、奶制品（包括牛奶、速溶奶茶、奶糖、奶制甜品、奶酪及奶酪制品）等。动物的内脏不论生熟都不允许带进美国，蛋类也不可以。有明显气味的调味品，如花椒等也不准入境。

蔬菜、水果以及种子：各类水果及种子严禁携带进入美国。煮熟的花生可以带，但生花生不行。除标本外，昆虫类也是不允许带进美国的。

假名牌、盗版书籍和音像制品：美国注重知识产权保护，各种冒牌货是海关严打对象，携带一件自用的入境可以视情况斟酌。此外，盗版书籍和音像制品不得进入美国，盗版制品会被没收销毁，而且可能会被处以高额罚款。

英国

肉、蛋、奶、方便面：个人从非欧盟国家（包括中国）携带肉类食品或奶产品（即使是含有上述成分的方便面）进入英国均属非法行为。同时英国政府对于携带鱼、贝壳类海产品、蛋类、某些水果和蔬菜也有严格限制。若个人携带违禁食品入境，海关将予以没收；若个人携带限量食品超重，海关也将没收超重部分。违规个人可能被处以罚款，甚至面临监禁风险。

澳大利亚

新鲜果蔬。出于检疫的原因，其中许多物品是禁止带入澳大利亚的。乳制品、蛋和蛋制品，非罐装的肉类，如腊肠和香肠、烟熏肉、咸肉，所有新鲜和冷冻的水果和蔬菜，种子和果仁。

上述物品禁止入境，会被澳大利亚检疫检验局扣留和销毁。其他动物产品、食品等，则必须申报并检查是否有昆虫或疾病的迹象。如未声明于申报单上接受检验，贸然闯关，最严重后果可能有牢狱之灾。澳大利亚允许年满 18 周岁的游客免税携带 2250 毫升酒类及香烟 50 支（或烟草 50 克）。

新西兰

所有动植物及其制品必须检疫。新西兰的入境检疫措施极为严格，入境的所有动植物和其制成品必须通过检疫，由卫生部人员检查有没有带虫或病菌。携树苗入境新西兰被查获或致有期徒刑和巨额罚款。

禁带物品还包括烤鸭、火腿、牛肉干等肉类及肉类制品，蛋类及蛋类制品，美国花旗参、麝香、燕窝、鹿茸等珍稀动植物及其产品，蜂蜜、花粉、蜂胶等蜂制品。

从 2014 年 11 月 1 日起，入境新西兰能够携带的香烟将从 200 根减少至 50 根，烟叶数量将从 250 克减少至 50 克。为实现无烟：新西兰将减少旅客携带免税烟草量。此外感冒药康泰克因含有制毒成分，在新西兰是禁药，偷带被查出会面临牢狱之灾。

加拿大

动植物及其制品入境需申报：旅客过海关时，对于携带入境的所有农产品、动植物及相关制品，都必须一一申报。不准带进的或不合规格的这一类物品，会被海关没收、销毁，或要求加以处理后才能携带入境，销毁、处理的费用，概由旅客本人支付。不依法申报者还会遭受罚款甚或面临刑事检控。

（来源：嘻嘻网）

1.2 项目知识平台

随着社会经济的不断发展，为加强国际间的交流与合作，促进共同发展，每个国家都制定了关于外国人、本国公民出入境管理的法律法规，以确保国家主权和安全，同时保护本国公民和外国人的合法权益。《中华人民共和国出境入境管理法》自 2013 年 7 月 1 日起施行，1985 年 11 月 22 日颁布的《中华人民共和国外国人入境出境管理法》和《中华人民共和国公民出境入境管理法》同时废止。并且，为了规范旅行社组织中国公民出国旅游活动，保障出国旅游者和出国旅游经营者的合法权益，于 2002 年 7 月 1 日起开始施行《中国公民出国旅游管理办法》；为了适应全球化的社会经济发展需要，我国于 2007 年 1 月 1 日正式施行《中华人民共和国护照法》。此外，《中华人民共和国海关法》《中华人民共和国出入境边防检查条例》等法律、法规也是规范我国旅游者出入境行为的重要法律制度。

任务 9-1　出入境管理概述

第一节　出入境管理的任务及范围

出入境是指一国公民经本国政府主管机关批准和前往国家或地区以及途经国家或地区的许可，持规定有效的证件和签证，通过对外开放或指定的口岸从本国出境进入其他国家地区，或者从其他国家或地区返回本国境内。出入境的概念包括两个方面。一是指一国公民经本国政府批准，持用合法证件出入本国国（边）境；二是指外国人持用合法的证件，经一国政府批准入出该国国境。

对于大多数国家，“出入境”就是指出入国境，而在中国有着较为广泛的含义，因为特殊历史原因而存在的香港、澳门、台湾问题，决定中国公民往来香港、澳门、台湾地区应属于国内旅行，但根据目前的实际情况，往来香港、澳门、台湾地区仍要按照出入境来办理手续。

出入境管理是在现代国家体系逐渐完善的基础上建立起来的一种法律制度，它实际上也是现代国际关系的一种体现。可以认为，出入境管理就是国家行政机关根据国际法、国内法的有关规定，对出入本国国境的本国公民或外国人行使主权的行政行为。中国的出入境管理是指国家主管机关依据法律法规，对中国公民和外国人出入境活动及与之相关的事务行使管辖权的一种法律行为，是国家涉外管辖的一个重要组成部分。作为公安机关一项重要的行政职能，在保障中外公民合法权益，维护国家利益等方面发挥重要作用。

一、出入境管理的原则

出入境管理是国家一项重要的行政职能，是国家主权的重要体现，为指导出入境管理的各项事务，依据出入境管理法律法规的规定和出入境管理工作的实践，在执行出入境管理过程中必须严格遵守下述四个原则，这些基本原则是贯穿于出入境管理各项具体工作的行为准则，是正确贯彻执行出入境管理法律法规的基础。

（一）维护国家主权、安全和利益

维护国家主权、安全和利益是公安机关的重要职责，也是在出入境管理工作中需要遵循的首要原则。

（二）依法管理

出入境管理属于公安涉外管理，鉴于管理对象和管理范围的特殊性，依法管理更具有其特别重要的意义。所以，出入境管理不仅要依据国内法管理，还要遵守中国已经参加或缔交的国际条约，遵循国际惯例。

（三）保障出入境者的正当权益

保障出入境者的正当权益，主要是司法保障和法律适用。中国规定的司法保障手段有两种：一种是行政司法保障手段，另一种是司法程序保障手段。行政司法是指公安机关对中外公民为维护自身权益而提出的申诉、要求所做出的裁决、裁定等处理活动的制度。司法程序是指中外公民为了保护其法定权益，可以运用中国现行的民事诉讼、刑事诉讼和行政诉讼制度。中国出入境管理法律法规对保障中外公民合法权益都有明文规定。这是既指保障中国公民出入境的正当权利和利益，又指保护在中国境内的外国人的合法权利和利益。

（四）方便往来

近年来，随着出入境的中国公民逐渐增多，改革了过去的繁琐的审批手续，实行按需申领护照，大大方便了公民的出入境活动。中国与世界各国在经济、文化等各个领域的交往与合作越来越广泛，为了适应形势的需要，不断简化手续，方便人员往来。

二、出入境管理的任务

出入境管理是公安机关的一项专门业务，一方面要维护国家主权、安全和社会秩序，在出入境管理中打击出入境违法犯罪活动；另一方面要保护中外公民的合法权益，适应国家对外开放形势。

①依法受理、审批出境和入境申请。

②依法签发出入境证件和签证。

③实施出入境边防检查。

④发现、打击出入境违法活动。

⑤处理国籍事务。

⑥正确、妥善处置涉外事件。

三、出入境管理的范围

（一）出入境人员的管理

公安机关对出入境人员的管理，包括两部分：一是中国公民，指进行出入境活动的国内外中国公民；二是外国人，分为常住外国人和临时来华的外国人。

1. 中国公民

中国公民即具有中国国籍的人。作为公安机关出入境管理的对象，中国公民是指所有出入中国国（边）境的中国公民。按照其居住地域的不同，可以分为国内公民、国外华侨和境外居民。

国内公民，即定居在国内的中国公民，对香港、澳门地区而言也称内地居民，对台湾地区而言又称大陆居民。边境居民简称边民，是指居住在中国与毗邻国家相连的我方一侧边境地区具有常住户口的中国公民。

国外公民，即华侨，是指定居在国外的中国公民，又称中国侨民。定居在国外是指在国外已经获得长期或永久居留权并事实上已在国外定居。这一居留资格包括外国政府批准的合法定居和已被外国政府认可的事实上的定居。

境外居民，是指在香港、澳门、台湾地区定居，持有香港、澳门、台湾身份证件的中国公民。依照《中华人民共和国香港特别行政区基本法》和《中华人民共和国澳门特别行政区基本法》的规定，香港和澳门居民，既包括在港澳地区享有居留权的中国公民，又包括在港澳地区享有居留权的外国籍人。在这里，境外居民仅指在港澳地区享有居留权的中国公民。

2. 外国人

外国人，是指不具有中国国籍的人。无国籍人不具有任何国家的国籍，不是严格意义上的外国人。但世界各国习惯上将其列为外国人，中国对外国人的管理包括无国籍人，也把无国籍人当成普通外国人对待和管理。

小贴士

华侨、归侨、侨眷

（1）华侨。《中华人民共和国归侨侨眷权益保护法》以下简称《保护法》第2条规定："华侨是指定居在国外的中国公民。"这个概念有两重含义：一是华侨必须是中国公民，即具有中国国籍的公民。如果中国公民在国外加入了所在国国籍，就成为外籍华人而不是华侨了；二是必须是定居在国外，是否定居国外，是华侨与国外的其他中国公民的主要区别。如我国驻外国使领馆或其他驻外机构的公务人员、出国留学人员、出国访问人员、劳务输出人员及各种临时出国人员和经常出入边境的公民，因为他们不是在国外定居，所以不论其在外国居留时间长短，都不是华侨。

（2）归侨。《保护法》第2条规定："归侨是指回国定居的华侨。"这个概念有两重含义：一是归侨回国以前必须是华侨，如果不是华侨，虽从国外回来亦不是归侨；二是华侨回国定居的才是归侨，如果不是回国定居，而是因为观光、旅游、探亲、经商、讲学、投资办企业或升学等，均不属于归侨。是否在国内定居，是区别华侨与归侨的标志。归侨与其他国内公民一样，享有宪法和法律规定的各项公民权利，同时也必须履行宪法和法律所规定的义务。

（3）侨眷。侨眷是指华侨、归侨在国内的眷属。《保护法》第2条明确规定："本法所称侨眷包括：华侨、归侨的配偶、父母、子女及其配偶、兄弟姐妹、祖父母、外祖父母、孙子女、外孙子女，以及同华侨、归侨有长期抚养关系的其他亲属。"这一规定，与《中华人民共和国民法通则》《中华人民共和国婚姻法》《中华人民共和国继承法》和我国侨务部门的有关规定是相一致的。

（二）出入境证件的管理

1. 护照及其种类

护照是主权国家（一国政府）发给本国公民出入国境和在国外居留、旅行等合法的身份证件，以其证明该公民的国籍、身份及出国目的。凡出国人员须持有有效护照，备有关当局查验。护照一般载有"请各国军政机关对持照人予以通行的便利和必要的协助"字样，由公民所在国的外交或公安机关颁发。护照通常有以下几种类型：外交护照、公务护照和普通护照。

（1）外交护照。外交护照（Diplomatic Passport）是一国政府依法颁发给国家元首、政府首脑及高级官员、外交代表、领事官员等人从事外交活动使用的护照。依照国际法和国际惯例，各国军政机关通常给予外交护照的持照人应有的尊敬、礼遇和外交特权与豁免。

（2）公务护照（官员护照）。公务护照（Service Passport）是一国政府依法颁发给国家和政府的一般官员、外交代表机关和领事机关的行政技术人员等人从事公务活动使用的护照。各国通过立法或由政府主管部门依法制定条例，规定公务护照颁发和适用的范围。依照国际法和国际惯例，各国军政机关通常给予公务护照的持照人执行公务应有的通行便利和特权与豁免。

（3）普通护照。普通护照又分因公普遍护照（Passport for Public Affairs）和因私普通护照（Ordinary Passport）两种。因公普通护照系一国政府依法颁发给从事除官方活动（包括外交活动和政务活动）以外的一切公务活动人员使用的一种护照。普通护照亦称"国民护照"（National Passport），系一国政府依法颁发给本国公民因私人事务出国使用的护照，因此也称"因私普通护照"，护照封面多数只标明"护照"（Passport）字样，此种护照也颁发给在国外定居的本国公民。依照国际法和国际惯例，各国军政机关通常给准予入境、过境的持照人通行的便利和必要的协助。如持照人在旅行中遇到麻烦，可凭照向当地或就近的本国外交代表或领事官员请求协助或外交保护和领事保护。

2. 签证及其种类

签证是主权国家须发给申请进入或经过该国国境的他国公民的许可证明，是附签于申请人所持合法入出境通行证件上的文字注明，也是一个国家检查进入或经过这个国家的人员身份及目的的合法性证明。

（1）签证种类。按照签发对象和由此引发的签证须发国对待证人待遇的不同，可以将世界各国的签证分为外交签证、公务签证、普通签证三类。

外交签证须发给入境或过境的他国外交官员或者应当受到相应待遇的外国人（一般持外交护照），签证上标明“外交”字样。按照国际惯例，世界各国对持有本国外交签证的外国官员，一般都给予其过境或停留期间外交豁免。

公务签证的签发对象为入境或过境的他国公务人员（一般持公务护照），签证上注明“公务”字样。

普通签证的签发对象为入境或过境的普通人员（一般持普通护照），签证上一般只有“签证”字样。

依照护照签发国许可持证人的出入境行为，可将签证分为入境、出境、出入境、入出境、过境五种签证。但在特殊情况下，前往或途经未建交的国家，签证通常在另一张纸上，称为“另纸签证”，但必须与护照同时使用才能有效。

（2）签证的有效期与停留期。签证的有效期是指签证使用的合法期限，即规定持证人只能在特定的时间内出入或途经该国。签证除了有一定的有效期之外，一般还规定有效次数。如一次有效签证，即签证在有效期内一次使用后随即失效；两次有效签证，即签证在有效期内，持证人可以两次行使签证许可的入出境行为；多次有效签证，即持证人可在其有效期内，多次行使签证许可的出入境行为。

签证的停留期是指持证人在其签证的有效期内，进入该国后准予停留的期限。一般签证的停留期在签证的有效期内，但有的国家签证有效期与停留期一致时，并不另行规定停留期。

（3）互免签证与免办签证。签证的互免与免办。互免签证是指根据对等和互利原则，国与国之间以签订协议的方式，互相免除或简化特定条件下的双方人员入出或过境的签证，以方便互相往来。互免签证，可以在两个国家之间或多个国家之间。目前，我国和其他国家的互免签证，就是双边性质的。

3. 签证与护照的关系

签证与护照区别是：①签证和护照是两个不同的事物。签证以文字为其形式体现，护照是有形的物质实体，是签证的载体。签证标注在申请人所持用的护照（证件）上，但特殊情况也可以凭护照另纸签发。②拥有护照，只是具有前往国所承认的国籍和身份的证明，只有前往国在其护照上签注或取得经过该国国境的签证，才可以进入或经过前往国国境。

签证与护照联系是：凭有效护照才能申请签证，签证只有结合护照才具有相应法律意义。

（三）入境交通运输工具的管理

交通运输工具出入中国国（边）境的制度，可以用《出境入境边防检查条例》上的一句话概括，即“出境、入境的人员和交通运输工具，必须经过对外开放的口岸或者主管机关特许的地点通行，接受边防检查、监护和管理”。这一段话共表述了两层意思。第一，限定了交通运输工具的通行地点；第二，规定了出入境交通工具必须接受边防检查、监护和管理。相对于不同种类的交通运输工具和水、陆、空不同类型的口岸，这些检查、监护及其管理又有各自的具体内容。

第二节 出入境检查制度

根据我国法律规定，对一切离开、进入或者通过中华人民共和国国（边）境的中国籍、外国籍和无国籍人员实行海关检查、边防检查、安全检查、卫生检疫、动植物检疫的“一关四检”的检查制度。

一、海关检查

海关是国家的门户，是国家的出入境管理机构。海关检查是指海关在国境口岸依法对进出国境的货物、运输工具、行李物品、邮递物品和其他物品执行监督管理、代收关税和查禁走私等任务时所进行的检查。

目前由于各国出入境旅游的人数大增，绝大多数国家在海关检查时简化了手续。有的国家免检，如西欧一些国家在海关处写明“不用报关”或无人办公；有的国家实行口头申报，过关时只口头问一问，很少开箱检查；只有少数国家在过关时既要填申报单、又要开箱检查。我国的海关也简化了手续，未带违禁物品和征税物品的人员，可以从绿色通道直接过关。

二、边防检查

为维护中华人民共和国的主权、安全和社会秩序，禁止非法出入境。为便利出境入境的人员和交通运输工具的通行，我国在对外开放的港口、航空港、车站和边境通道口等口岸设立出境入境边防检查站，对入出国境的人员、交通运输工具和行李物品进行检查。根据《出境入境边防检查条例》，我国的边防检查工作由公安部主管。

三、安全检查

中国海关和边防站为保证旅游者生命和财产安全，禁止携带武器、凶器和爆炸物品，采用通过安全门使用磁性探测检查、红外线透视、搜身开箱检查等方法，对旅游者进行安全检查。

四、卫生检疫

为防止传染病由国外传入或由国内传出，保护人身健康，各国都制定了国境卫生检疫法。我国依据《中华人民共和国国境卫生检疫法》设立了国境卫生检疫机关，在入出境口岸依法对包括旅游者在内的有关人员及其携带的动植物和交通运输工具等实施传染病检疫、检测和卫生监督；只有经过检疫，由国境卫生检疫机关许可，才能入出境。

在国外或国内有检疫传染病大流行的时候，国务院可以下令封锁有关国境或采取其他紧急措施。

五、动植物检疫

为了保护我国农、林、牧、渔业生产和人体健康，维护对外贸易信誉，履行国际间义务，防止危害动植物的病、虫、杂草及其他有害生物由国外传入或由国内传出，我国同世界各国都制定了动植物检疫的法律，对动植物检疫意义重大。在我国边境口岸设立的口岸动植物检疫站，代表国家对入出境的动物、动物产品、植物、植物产品及运载动植物的交通工具等执行检疫任务。旅游者应主动接受动植物检疫并按有关规定出入境。

第三节　法律责任

根据《中华人民共和国出境入境管理法》（以下简称《出入境管理法》）第 7 章第 70 条规定，本节规定的行政处罚，除另有规定外，由县级以上地方人民政府公安机关或者出入境边防检查机关决定；其中警告或者 5 千元以下罚款，可以由县级以上地方人民政府公安机关出入境管理机构决定。

一、非法出入境的法律责任

《出境入境管理法》第 71 条规定，有下列行为之一的，处 1 千元以上 5 千元以下罚款；情节严重的，处 5 日以上 10 日以下拘留，可以并处 2 千元以上 1 万元以下罚款：

①持用伪造、变造、骗取的出境入境证件出境入境的；

②冒用他人出境入境证件出境入境的；

③逃避出境入境边防检查的；

④以其他方式非法出境入境的。

第 72 条规定，协助他人非法出境入境的，处 2 千元以上 1 万元以下罚款；情节严重的，处 10 日以上 15 日以下拘留，并处 5 千元以上 2 万元以下罚款，有违法所得的，没收违法所得。单位有前款行为的，处 1 万元以上 5 万元以下罚款，有违法所得的，没收违法所得，并对其直接负责的主管人员和其他直接责任人员，依照前款规定予以处罚。

第 73 条规定，弄虚作假骗取签证、停留居留证件等出境入境证件的，处 2 千元以上 5 千元以下罚款；情节严重的，处 10 日以上 15 日以下拘留，并处 5 千元以上 2 万元以下罚款。单位有前款行为的，处 1 万元以上 5 万元以下罚款，并对其直接负责的主管人员和其他直接责任人员依照前款规定予以处罚。

第 74 条规定，违反本法规定，为外国人出具邀请函件或者其他申请材料的，处 5 千元以上 1 万元以下罚款，有违法所得的，没收违法所得，并责令其承担所邀请外国人的出境费用。单位有前款行为的，处 1 万元以上 5 万元以下罚款，有违法所得的，没收违法所得，并责令其承担所邀请外国人的出境费用，对其直接负责的主管人员和其他直接责任人员依照前款规定予以处罚。

第75条规定，中国公民出境后非法前往其他国家或者地区被遣返的，出入境边防检查机关应当收缴其出境入境证件，出境入境证件签发机关自其被遣返之日起6个月至3年以内不予签发出境入境证件。

二、停留居留期间的法律责任

《出境入境管理法》第76条规定，有下列情形之一的，给予警告，可以并处2千元以下罚款：

①外国人拒不接受公安机关查验其出境入境证件的；

②外国人拒不交验居留证件的；

③未按照规定办理外国人出生登记、死亡申报的；

④外国人居留证件登记事项发生变更，未按照规定办理变更的；

⑤在中国境内的外国人冒用他人出境入境证件的；

⑥未按照本法第39条第2款规定办理登记的。

旅馆未按照规定办理外国人住宿登记的，依照《中华人民共和国治安管理处罚法》的有关规定予以处罚；未按照规定向公安机关报送外国人住宿登记信息的，给予警告；情节严重的，处1千元以上5千元以下罚款。

第77条规定，外国人未经批准，擅自进入限制外国人进入的区域，责令立即离开；情节严重的，处5日以上10日以下拘留。对外国人非法获取的文字记录、音像资料、电子数据和其他物品，予以收缴或者销毁，所用工具予以收缴。外国人、外国机构违反本法规定，拒不执行公安机关、国家安全机关限期迁离决定的，给予警告并强制迁离；情节严重的，对有关责任人员处5日以上15日以下拘留。

第78条规定，外国人非法居留的，给予警告；情节严重的，处每非法居留一日500元、总额不超过1万元的罚款或者5日以上15日以下拘留。因监护人或者其他负有监护责任的人未尽到监护义务，致使未满16周岁的外国人非法居留的，对监护人或者其他负有监护责任的人给予警告，可以并处1千元以下罚款。

第79条规定，容留、藏匿非法入境、非法居留的外国人，协助非法入境、非法居留的外国人逃避检查，或者为非法居留的外国人违法提供出境入境证件的，处2千元以上1万元以下罚款；情节严重的，处5日以上15日以下拘留，并处5千元以上2万元以下罚款，有违法所得的，没收违法所得。单位有前款行为的，处1万元以上5万元以下罚款；有违法所得的，没收违法所得，并对其直接负责的主管人员和其他直接责任人员，依照前款规定予以处罚。

第80条规定，外国人非法就业的，处5千元以上2万元以下罚款；情节严重的，处5日以上15日以下拘留，并处5千元以上2万元以下罚款。介绍外国人非法就业的，对个人处以每非法介绍一人5千元、总额不超过5万元的罚款；对单位处每非法介绍一人5千元，总额不超过 10 万元的罚款；有违法所得的，没收违法所得。非法聘用外国人的，处每非法聘用一人 1 万元、总额不超过 10 万元的罚款；有违法所得的，没收违法所得。

第 81 条规定，外国人从事与停留居留事由不相符的活动，或者有其他违反中国法律、法规规定，不适宜在中国境内继续停留居留情形的，可以处限期出境。外国人违反本法规定，情节严重，尚不构成犯罪的，公安部可以处驱逐出境。公安部的处罚决定为最终决定。被驱逐出境的外国人，自被驱逐出境之日起 10 年内不准入境。

三、其他活动的法律责任

《出境入境管理法》第 82 条规定，有下列情形之一的，给予警告，可以并处 2 千元以下罚款：

①扰乱口岸限定区域管理秩序的；

②外国船员及其随行家属未办理临时入境手续登陆的；

③未办理登轮证件上下外国船舶的。

违反前款第 1 项规定，情节严重的，可以并处 5 日以上 10 日以下拘留。

第 83 条规定，交通运输工具有下列情形之一的，对其负责人处 5 千元以上 5 万元以下罚款：

①未经查验准许擅自出境入境或者未经批准擅自改变出境入境口岸的；

②未按照规定如实申报员工、旅客、货物或者物品等信息，或者拒绝协助出境入境边防检查的；

③违反出境入境边防检查规定上下人员、装卸货物或者物品的。

出境入境交通运输工具载运不准出境入境人员出境入境的，处每载运一人 5 千元以上 1 万元以下罚款。交通运输工具负责人证明其已经采取合理预防措施的，可以减轻或者免予处罚。

第 84 条规定，交通运输工具有下列情形之一的，对其负责人处 2 千元以上 2 万元以下罚款：

①中国或者外国船舶未经批准擅自搭靠外国船舶的；

②外国船舶、航空器在中国境内未按照规定的路线、航线行驶的；

③出境入境的船舶、航空器违反规定驶入对外开放口岸以外地区的。

第 85 条规定，履行出境入境管理职责的工作人员，有下列行为之一的，依法给予处分：

①违反法律、行政法规，为不符合规定条件的外国人签发签证、外国人停留居留证件等出境入境证件的；

②违反法律、行政法规，审核验放不符合规定条件的人员或者交通运输工具出境入境的；

③泄露在出境入境管理工作中知悉的个人信息，侵害当事人合法权益的；

④不按照规定将依法收取的费用、收缴的罚款及没收的违法所得、非法财物上缴国库的；

⑤私分、侵占、挪用罚没、扣押的款物或者收取的费用的；

⑥滥用职权、玩忽职守、徇私舞弊，不依法履行法定职责的其他行为。

对违反出境入境管理行为处500元以下罚款的，出入境边防检查机关可以当场做出处罚决定。对违反出境入境管理行为处罚款的，被处罚人应当自收到处罚决定书之日起15日内，到指定的银行缴纳罚款。被处罚人在所在地没有固定住所，不当场收缴罚款事后难以执行或者在口岸向指定银行缴纳罚款确有困难的，可以当场收缴。违反本法规定，构成犯罪的，依法追究刑事责任。

任务9-2 外国人入境出境管理

第一节 外国人入境出境管理

为了规范签证的签发和外国人在中国境内停留居留的服务和管理，根据《中华人民共和国出境入境管理法》（以下简称《出境入境管理法》），2013年7月3日国务院第15次常务会议通过并予公布了《中华人民共和国外国人入境出境管理条例》，自2013年9月1日起施行。

国家建立外国人入境出境服务和管理工作协调机制，加强外国人入境出境服务和管理工作的统筹、协调与配合。省、自治区、直辖市人民政府可以根据需要建立外国人入境出境服务和管理工作协调机制，加强信息交流与协调配合，做好本行政区域的外国人入境出境服务和管理工作。

公安部应当会同国务院有关部门建立外国人入境出境服务和管理信息平台，实现有关信息的共享。在签证签发管理和外国人在中国境内停留居留管理工作中，外交部、公安部等国务院部门应当在部门门户网站、受理出境入境证件申请的地点等场所，提供外国人入境出境管理法律法规和其他需要外国人知悉的信息。

一、外国人入出境有效证件

（一）签证及其种类

外国人入境应当向中国的外交代表机关、领事机关或外交部授权的其它驻外机关申请办理签证。在特定情况下，依照国务院规定，外国人也可以向中国政府主管机关指定口岸的签证机关申请办理签证（“落地签证”）。

签证有多种，按签证性质划分，分为外交签证、礼遇签证、公务签证、普通签证。对因外交、公务事由入境的外国人，签发外交、公务签证；对因身份特殊需要给予礼遇的外国人，签发礼遇签证。外交签证、礼遇签证、公务签证的签发范围和签发办法由外交部规定。对因工作、学习、探亲、旅游、商务活动、人才引进等非外交、公务事由入境的外国人，签发相应类别的普通签证。普通签证的类别和签发办法由国务院规定。普通签证分为以下类别，并在签证上标明相应的汉语拼音字母：

①C字签证，发给执行乘务、航空、航运任务的国际列车乘务员、国际航空器机组人员、

国际航行船舶的船员及船员随行家属和从事国际道路运输的汽车驾驶员。

② D 字签证，发给入境永久居留的人员。

③ F 字签证，发给入境从事交流、访问、考察等活动的人员。

④ G 字签证，发给经中国过境的人员。

⑤ J1 字签证，发给外国常驻中国新闻机构的外国常驻记者；J2 字签证，发给入境进行短期采访报道的外国记者。

⑥ L 字签证，发给入境旅游的人员；以团体形式入境旅游的，可以签发团体 L 字签证。

⑦ M 字签证，发给入境进行商业贸易活动的人员。

⑧ Q1 字签证，发给因家庭团聚申请入境居留的中国公民的家庭成员和具有中国永久居留资格的外国人的家庭成员，以及因寄养等原因申请入境居留的人员；Q2 字签证，发给申请入境短期探亲的居住在中国境内的中国公民的亲属和具有中国永久居留资格的外国人的亲属。

⑨ R 字签证，发给国家需要的外国高层次人才和急需紧缺专门人才。

⑩ S1 字签证，发给申请入境长期探亲的因工作、学习等事由在中国境内居留的外国人的配偶、父母、未满 18 周岁的子女、配偶的父母，以及因其他私人事务需要在中国境内居留的人员；S2 字签证，发给申请入境短期探亲的因工作、学习等事由在中国境内停留居留的外国人的家庭成员，以及因其他私人事务需要在中国境内停留的人员。

⑪ X1 字签证，发给申请在中国境内长期学习的人员；X2 字签证，发给申请在中国境内短期学习的人员。

⑫ Z 字签证，发给申请在中国境内工作的人员。

（二）签证的发放管理

1. 不予签证的情形

《出境入境管理法》第 21 条规定，外国人有下列情形之一的，不予签发签证：

①被处驱逐出境或者被决定遣送出境，未满不准入境规定年限的；

②患有严重精神障碍、传染性肺结核病或者有可能对公共卫生造成重大危害的其他传染病的；

③可能危害中国国家安全和利益、破坏社会公共秩序或者从事其他违法犯罪活动的；

④在申请签证过程中弄虚作假或者不能保障在中国境内期间所需费用的；

⑤不能提交签证机关要求提交的相关材料的；

⑥签证机关认为不宜签发签证的其他情形。

对不予签发签证的，签证机关可以不说明理由。

2. 免办签证的情形

《出境入境管理法》第 22 条规定，外国人有下列情形之一的，可以免办签证：

①根据中国政府与其他国家政府签订的互免签证协议，属于免办签证人员的；

②持有效的外国人居留证件的；

③持联程客票搭乘国际航行的航空器、船舶、列车从中国过境前往第三国或者地区，在

中国境内停留不超过 24 小时且不离开口岸，或者在国务院批准的特定区域内停留不超过规定时限的；

④国务院规定的可以免办签证的其他情形。

3. 临时入境

《出境入境管理法》第 23 条规定，有下列情形之一的外国人需要临时入境的，应当向出入境边防检查机关申请办理临时入境手续：

①外国船员及其随行家属登陆港口所在城市的；

②本法第 22 条第 3 项规定的人员需要离开口岸的；

③因不可抗力或者其他紧急原因需要临时入境的。

临时入境的期限不得超过 15 日。对申请办理临时入境手续的外国人，出入境边防检查机关可以要求外国人本人、载运其入境的交通运输工具的负责人或者交通运输工具出境入境业务代理单位提供必要的保证措施。

二、外国人入出境的管理

（一）外国人入境管理

《出境入境管理法》规定，外国人入境，应当向出入境边防检查机关交验本人的护照或者其他国际旅行证件、签证或者其他入境许可证明，履行规定的手续，经查验准许，方可入境。外国人有下列情形之一的，不准入境：

①未持有效出境入境证件或者拒绝、逃避接受边防检查的；

②具有本法第 21 条第 1 款第 1 项至第 4 项规定情形的；

③入境后可能从事与签证种类不符的活动的；

④法律、行政法规规定不准入境的其他情形。

对不准入境的，出入境边防检查机关可以不说明理由。对未被准许入境的外国人，出入境边防检查机关应当责令其返回；对拒不返回的，强制其返回。外国人等待返回期间，不得离开限定的区域。

（二）外国人出境管理

外国人出境，应当向出入境边防检查机关交验本人的护照或者其他国际旅行证件等出境入境证件，履行规定的手续，经查验准许，方可出境。外国人有下列情形之一的，不准出境：

①被判处刑罚尚未执行完毕或者属于刑事案件被告人、犯罪嫌疑人的，但是按照中国与外国签订的有关协议，移管被判刑人的除外；

②有未了结的民事案件，人民法院决定不准出境的；

③拖欠劳动者的劳动报酬，经国务院有关部门或者省、自治区、直辖市人民政府决定不准出境的；

④法律、行政法规规定不准出境的其他情形。

第二节 外国人停留居留管理

一、停留居留

（一）停留期限及居留证件办理

1. 停留期限管理

根据《出境入境管理法》第 29 条规定，外国人所持签证注明的停留期限不超过 180 日的，持证人凭签证并按照签证注明的停留期限在中国境内停留。需要延长签证停留期限的，应当在签证注明的停留期限届满 7 日前向停留地县级以上地方人民政府公安机关出入境管理机构申请，按照要求提交申请事由的相关材料。经审查，延期理由合理、充分的，准予延长停留期限；不予延长停留期限的，应当按期离境。延长签证停留期限，累计不得超过签证原注明的停留期限。

2. 居留证件的办理

根据《出境入境管理法》第 30 条规定，外国人所持签证注明入境后需要办理居留证件的，应当自入境之日起 30 日内，向拟居留地县级以上地方人民政府公安机关出入境管理机构申请办理外国人居留证件。申请办理外国人居留证件，应当提交本人的护照或者其他国际旅行证件，以及申请事由的相关材料，并留存指纹等人体生物识别信息。公安机关出入境管理机构应当自收到申请材料之日起 15 日内进行审查并做出审查决定，根据居留事由签发相应类别和期限的外国人居留证件。外国人工作类居留证件的有效期最短为 90 日，最长为 5 年；非工作类居留证件的有效期最短为 180 日，最长为 5 年。

根据《出境入境管理法》第 31 条规定，外国人有下列情形之一的，不予签发外国人居留证件：

（1）所持签证类别属于不应办理外国人居留证件的；

（2）在申请过程中弄虚作假的；

（3）不能按照规定提供相关证明材料的；

（4）违反中国有关法律、行政法规，不适合在中国境内居留的；

（5）签发机关认为不宜签发外国人居留证件的其他情形。

符合国家规定的专门人才、投资者或者出于人道等原因确需由停留变更为居留的外国人，经设区的市级以上地方人民政府公安机关出入境管理机构批准可以办理外国人居留证件。

在中国境内居留的外国人申请延长居留期限的，应当在居留证件有效期限届满 30 日前向居留地县级以上地方人民政府公安机关出入境管理机构提出申请，按照要求提交申请事由的相关材料。经审查，延期理由合理、充分的，准予延长居留期限；不予延长居留期限的，应当按期离境。

外国人居留证件的登记项目包括：持有人姓名、性别、出生日期、居留事由、居留期限，签发日期、地点，护照或者其他国际旅行证件号码等。外国人居留证件登记事项发生变更的，持证件人应当自登记事项发生变更之日起 10 日内向居留地县级以上地方人民政府公安机关出入境管理机构申请办理变更。

（二）特殊情况处理

根据《出境入境管理法》第 34 条规定，免办签证入境的外国人需要超过免签期限在中国境内停留的，外国船员及其随行家属在中国境内停留需要离开港口所在城市，或者具有需要办理外国人停留证件其他情形的，应当按照规定办理外国人停留证件。外国人停留证件的有效期最长为 180 日。

《出境入境管理法》第 35 条规定，外国人入境后，所持的普通签证、停留居留证件损毁、遗失、被盗抢或者有符合国家规定的事由需要换发、补发的，应当按照规定向停留居留地县级以上地方人民政府公安机关出入境管理机构提出申请。

《出境入境管理法》第 36 条规定，公安机关出入境管理机构做出的不予办理普通签证延期、换发、补发，不予办理外国人停留居留证件、不予延长居留期限的决定为最终决定。

《出境入境管理法》第 37 条规定，外国人在中国境内停留居留，不得从事与停留居留事由不相符的活动，并应当在规定的停留居留期限届满前离境。

《出境入境管理法》第 38 条规定，年满 16 周岁的外国人在中国境内停留居留，应当随身携带本人的护照或者其他国际旅行证件，或者外国人停留居留证件，接受公安机关的查验。在中国境内居留的外国人，应当在规定的时间内到居留地县级以上地方人民政府公安机关交验外国人居留证件。

《出境入境管理法》第 39 条规定，外国人在中国境内旅馆住宿的，旅馆应当按照旅馆业治安管理的有关规定为其办理住宿登记，并向所在地公安机关报送外国人住宿登记信息。外国人在旅馆以外的其他住所居住或者住宿的，应当在入住后 24 小时内由本人或者留宿人，向居住地的公安机关办理登记。

《出境入境管理法》第 40 条规定，在中国境内出生的外国婴儿，其父母或者代理人应当在婴儿出生 60 日内，持该婴儿的出生证明到父母停留居留地县级以上地方人民政府公安机关出入境管理机构为其办理停留或者居留登记。外国人在中国境内死亡的，其家属、监护人或者代理人，应当按照规定，持该外国人的死亡证明向县级以上地方人民政府公安机关出入境管理机构申报，注销外国人停留居留证件。

（三）工作居留与非法就业

外国人在中国境内工作，应当按照规定取得工作许可和工作类居留证件。任何单位和个人不得聘用未取得工作许可和工作类居留证件的外国人。国务院人力资源社会保障主管部门、外国专家主管部门会同国务院有关部门根据经济社会发展需要和人力资源供求状况，制定并定期调整外国人在中国境内工作指导目录。国务院教育主管部门会同国务院有关部门建立外国留学生勤工助学管理制度，对外国留学生勤工助学的岗位范围和时限做出规定。外国人有下列行为之一的，属于非法就业：

①未按照规定取得工作许可和工作类居留证件在中国境内工作的；

②超出工作许可限定范围在中国境内工作的；

③外国留学生违反勤工助学管理规定，超出规定的岗位范围或者时限在中国境内工作的。

根据维护国家安全、公共安全的需要，公安机关、国家安全机关可以限制外国人、外国机构在某些地区设立居住或者办公场所；对已经设立的，可以限期迁离。未经批准，外国人不得进入限制外国人进入的区域。

聘用外国人工作或者招收外国留学生的单位，应当按照规定向所在地公安机关报告有关信息。公民、法人或者其他组织发现外国人有非法入境、非法居留、非法就业情形的，应当及时向所在地公安机关报告。

二、永久居留

根据《出境入境管理法》对中国经济社会发展做出突出贡献或者符合其他在中国境内永久居留条件的外国人，经本人申请和公安部批准，取得永久居留资格。外国人在中国境内永久居留的审批管理办法，由公安部、外交部会同国务院有关部门规定。取得永久居留资格的外国人，凭永久居留证件在中国境内居留和工作，凭本人的护照和永久居留证件出境入境。外国人有下列情形之一的，由公安部决定取消其在中国境内永久居留资格：

①对中国国家安全和利益造成危害的；

②被处驱逐出境的；

③弄虚作假骗取在中国境内永久居留资格的；

④在中国境内居留未达到规定时限的；

⑤不适宜在中国境内永久居留的其他情形。

三、调查和遣返

（一）盘问

当场盘问、继续盘问、拘留审查、限制活动范围、遣送出境措施，由县级以上地方人民政府公安机关或者出入境边防检查机关实施。《出境入境管理法》第 59 条规定，对涉嫌违反出境入境管理的人员，可以当场盘问；经当场盘问，有下列情形之一的，可以依法继续盘问：

①有非法出境入境嫌疑的；

②有协助他人非法出境入境嫌疑的；

③外国人有非法居留、非法就业嫌疑的；

④有危害国家安全和利益，破坏社会公共秩序或者从事其他违法犯罪活动嫌疑的。

当场盘问和继续盘问应当依据《中华人民共和国人民警察法》规定的程序进行。县级以上地方人民政府公安机关或者出入境边防检查机关需要传唤涉嫌违反出境入境管理的人员的，依照《中华人民共和国治安管理处罚法》的有关规定执行。

（二）拘留审查

外国人有本法第 59 条第 1 款规定情形之一的，经当场盘问或者继续盘问后仍不能排除嫌疑，需要作进一步调查的，可以拘留审查。实施拘留审查，应当出示拘留审查决定书，并在 24 小时内进行询问。发现不应当拘留审查的，应当立即解除拘留审查。拘留审查的期限不得超过30日；案情复杂的，经上一级地方人民政府公安机关或者出入境边防检查机关批准可以延长至60日。对国籍、身份不明的外国人，拘留审查期限自查清其国籍、身份之日起计算。

（三）限制活动范围

根据《出境入境管理法》第61条，外国人有下列情形之一的，不适用拘留审查，可以限制其活动范围：

①患有严重疾病的；

②怀孕或者哺乳自己不满1周岁婴儿的；

③未满16周岁或者已满70周岁的；

④不宜适用拘留审查的其他情形。

被限制活动范围的外国人，应当按照要求接受审查，未经公安机关批准，不得离开限定的区域。限制活动范围的期限不得超过60日。对国籍、身份不明的外国人，限制活动范围期限自查清其国籍、身份之日起计算。

（四）遣返

根据《出境入境管理法》第62条规定，外国人有下列情形之一的，可以遣送出境：

①被处限期出境，未在规定期限内离境的；

②有不准入境情形的；

③非法居留、非法就业的；

④违反本法或者其他法律、行政法规需要遣送出境的。

其他境外人员有前款所列情形之一的，可以依法遣送出境。被遣送出境的人员，自被遣送出境之日起1至5年内不准入境。

任务9-3 中国旅游者出入境管理

第一节 中国公民出入境管理概述

根据《出境入境管理法》规定，中国公民出境入境，应当依法申请办理护照或者其他旅行证件。中国公民前往其他国家或者地区，还需要取得前往国签证或者其他入境许可证明。但是，中国政府与其他国家政府签订互免签证协议或者公安部、外交部另有规定的除外。中国公民以海员身份出境入境和在国外船舶上从事工作的，应当依法申请办理海员证。

中国公民往来内地与香港特别行政区、澳门特别行政区，中国公民往来大陆与台湾地区，应当依法申请办理通行证件，并遵守本法有关规定。具体管理办法由国务院规定。

中国公民出境入境，应当向出入境边防检查机关交验本人的护照或者其他旅行证件等出境入境证件，履行规定的手续，经查验准许，方可出境入境。具备条件的口岸，出入境边防检查机关应当为中国公民出境入境提供专用通道等便利措施。

一、中国旅游者出入境的有效证件

（一）护照

1. 我国护照的种类

①外交护照，主要发给我国驻外的外交官员，如领事、大使。封面标有“外交”字样；红色封面、烫金字体，又被称为“红皮护照”。持有外交护照一般享有外交特权和豁免权。在各类护照中，受到尊敬和礼遇程度最高。

②公务护照，发给我国因公出国工作、访问、学习的人员。封面上标有“公务”字样；其封面为墨绿色。

③普通护照，发给因私出国或旅居国外的普通公民，封面不作特别标识，包括因公务普通护照（封面为深棕色）和普通护照（封面为紫色）两种。普通护照主要发给我国海外侨民、留学生和因私出国旅游、探亲访友的人员。中国公民出境旅前应先申请办理普通护照。

2. 护照的有效期及其适用范围

在我国政府颁发的护照中，一次有效公务护照和一次有效因公务普通护照，其有效期为两年，其他护照的有效期均为五年。护照有效期期满时，可延期。在申请延期时，应注意：

①凡申请护照延期的应在其持有护照有效期期满前提出，每本护照最多只可延期两次，每次延长最长时间不超过五年。

②一次有效的护照在国内不予延期，但如果在境外达到护照有效期而需要延期时，可在护照有效期内延期一次，但最长不得超过两年。

此外，我国护照的有效地区是承认我国为主权国家的国家或地区。

（二）签证

中国公民凭护照或其他有效证件出入中国国境，无需办理签证。但旅游者前往一个国家或中途经过或停留的，在经批准出境并获得护照和出境登记卡后，应申请欲前往国的签证或入境许可证。按照国际惯例，应按护照的种类发给其相应的签证，但也可发给高于或低于护照种类的签证。

中国公民出境旅游办理签证的要求是：①向目的国驻华使领馆申请办理签证；②在我国没有使领馆，也没有第三国使馆代办签证业务的，则必须前往能办理该国签证的第三国办理或者通过信签的方式向第三国外交部门提出申请；③应在出国旅游前办理签证；④办好签证要注意有效期和停留期，如需延长的，应向有关部门提出申请，并办理申请延长手续。

（三）旅行证

《中华人民共和国护照法》第 23 条规定：“短期出国的公民在国外发生护照遗失、被盗或者损毁不能使用等情形，应当向中华人民共和国驻外使馆、领馆或者外交部委托的其他驻外机构申请中华人民共和国旅行证。”中国旅行证为中华人民共和国护照的替代证件，通常颁发给下列几类中华人民共和国公民：

①未持有效港澳同胞回乡证，但拟前往大陆的港、澳同胞；

②未持有效台湾居民来往大陆通行证，但拟前往大陆，或需从国外直接前往香港、澳门；

③特别行政区的台湾同胞；

④在外国出生的儿童，其父母双方或一方均为中国国籍，且未获其他国家永久居留权者；

⑤在外国遗失护照的中国大陆籍旅行者；

⑥领事官员认为不便或不必持用护照的其他人员。

其中第 4 款需要补充说明的是，父母双方或一方为中国公民，本人出生在外国，具有中国国籍，前往中国时应申办中国旅行证件。父母双方或一方为中国公民并定居在外国，本人出生时即具有外国国籍的，不具有中国国籍，前往中国时应申办中国签证。

旅行证是中国旅游者出入境的主要证件。由中国驻外的外交代表机关、领事机关或外交部授权的其他驻外机关颁发。旅行证分为一年一次有效和两年多次有效两种，由持证人保存。

（四）出入境通行证

中华人民共和国出入境通行证是出入中国国（边）境的通行证件，由省、自治区、直辖市公安厅（局）及其授权的公安机关签发。这种证件在有效期内一次或多次出入境有效。一次有效的，在出境时由边防检查站收缴。

根据《出境入境管理法》第 10 条的规定，中国公民往来内地与香港特别行政区、澳门特别行政区，中国公民往来大陆与台湾地区，应当依法申请办理通行证件，并遵守本法有关规定。具体管理办法由国务院规定。通行证跟护照不是一个概念。中国公民往来内地与前往香港、澳门特别行政区，应当依法办理中华人民共和国往来港澳通行证；中国公民往来大陆与台湾地区，应当依法申请办理大陆居民往来台湾通行证。

二、护照的使用与管理

（一）出境证件的使用、吊销与收缴

中国公民持中华人民共和国护照等出境证件，应由持证人保存、使用。持证人有下列情形之一的，原发证机关或者其上级机关，可对持证人所持证件予以吊销或者宣布作废：

①持证人非法进入他国，或者因非法居留被送回国内的。

②持护照、证件进行招摇撞骗活动的。

③从事危害国家安全、荣誉和利益活动的。

除公安机关和原发证机关有权依法吊销、收缴，人民检察院、人民法院有权依法扣留外，其他任何机关、团体和企事业单位或者个人，不得吊销、扣留护照等证件。

（二）护照的延期

①定居国外的中国公民，所持护照延期，由外交部或外交部授权机构办理。

②居住国内的中国公民，在出境前的护照延期，由原发证机关或者户口所在地的公安机关出入境管理部门办理。

（三）证件内容的更改与加注

中华人民共和国护照及其他出境证件的合法持有人，如因情况变化，护照上的记载事项需要变更或者加注时，若护照的持有人在国内，应向市、县公安局出入境管理部门提出申请；

若护照持有人在国外时，应向驻外国的外交代表机关、领事机关提出申请，并提供加注事项的证明，或者说明材料。

（四）证件的换发

中国公民持有的中华人民共和国护照和其他出境证件，在下列情况下可以申请换发，原护照可以与新护照合订继续使用：①即将期满或附页用完的；②不能再延长有效期限的；③因损坏或其他原因不能继续使用的。

（五）证件遗失的报告与补发

中国公民遗失护照等出境证件的，在国内时，应当立即报告发照机关和当地公安机关；在国外时，应当立即向当地或附近的中国大使馆或领事馆报告。经合法申明或者挂失声明后，方可申请补发相应证件。

（六）其他注意事项

①护照上各项内容不得自行涂改。

②一人不能持用两本或两本以上护照，特殊情况除外。

三、中国公民出入境管理相关法律制度

（一）不准出境的情形

根据根据《出境入境管理法》规定，中国公民有下列情形之一的，不准出境：

①未持有效出境入境证件或者拒绝、逃避接受边防检查的；

②被判处刑罚尚未执行完毕或者属于刑事案件被告人、犯罪嫌疑人的；

③有未了结的民事案件，人民法院决定不准出境的；

④因妨害国（边）境管理受到刑事处罚或者因非法出境、非法居留、非法就业被其他国家或者地区遣返，未满不准出境规定年限的；

⑤可能危害国家安全和利益，国务院有关主管部门决定不准出境的；

⑥法律、行政法规规定不准出境的其他情形。

（二）中国公民出入境的权利和义务

中国公民出入境的合法权益受中国法律保护和约束，同时也受到前往国法律的保护和约束。许多国家为了发展旅游业，对旅游者在旅游活动中所关心的安全问题、服务质量、发生意外事故得到法律保障等问题，通过建立相应的法律制度、签订双边或多边协定，规定外国旅游者应受到与本国国民同等的法律保护，即国民待遇，并给予优惠。

1. 中国公民出入境的权利

①中国公民持护照出入中国国境时无需办理签证；

②公安机关对于公民提出的出境申请，应在规定的时间内答复；

③申请人有权了解在规定时间内没有审批结果的原因，受理部门应给予答复；

④申请人认为不批准其出境不符合法律规定时，有权向上一级公安机关提出申诉，受理机关应给予处理并答复申诉人；

⑤护照、旅行证应由持证人保管、使用，非经法定事由或经相关部门批准，不得扣押、

收缴和吊销。

2. 中国公民出入境的义务

①中国公民出境应时应申办有效证件和出境登记卡，并按相关规定，交纳证件的工本费和手续费，并妥善保管出国的有关证件；

②应在指定的口岸或对外开放的口岸出入境,并主动向边检站出示护照或其他有效证件，填写出入境登记卡，并接受各种检查；

③遵守中国及目的国国家的法律，不得有危害社会安全、国家荣誉和利益的行为。

第二节 中国公民出国旅游管理法规制度

一、出境旅游与边境旅游

（一）出境旅游

出境旅游是指公民持合法证件前往其他国家或地区的旅游，主要包括边境游、港澳游、出国游三个种类。根据旅游费用来源的不同来划分，出境旅游可有以下三种形式：公费、自费及其他方式。根据出境方式的不同又可将出境旅游划分为有组织的、非组织的两大类。

我国现阶段所指的出境旅游，特指中国公民自费出境旅游，即由中国旅游企业组织中国公民以团队形式自费赴国外观光、度假、娱乐等专项旅游活动，包括探亲、访友等其他短期因私出境活动。前往地区不同，所持证件也有所不同。

根据我国的国情及其经济实力，我国目前对开办公民自费出境旅游采取“有计划、有组织、有控制发展”的指导方针。“有计划”是指国家根据入境旅游的情况，包括创汇额和接待境外旅游者的人数，参考国内市场的需求，制定出境旅游的年度计划，确定每年出境旅游的总量，以保证旅游业外汇收入大于支出。“有组织”是指现阶段，从国际国内实际情况出发，公民出境旅游仍以团队形式进行，暂不办理散客出境旅游业务，要求“整团出入国境”。“有控制”是指目前阶段我国对出国旅游实行总量控制和配额管理，并通过对特许经营出国旅游业务的旅行社实行审批来对出境旅游进行动态管理。

（二）边境旅游

边境旅游是出境旅游的一部分。它是指经批准和指定的旅游部门，组织和接待我国相毗邻国家的公民，在双方政府商定的边境地区进行的旅游活动。其特点是：①由特定部门组织；②接待对象主要是邻近国家的公民；③通常有双边协议，并在规定区域内进行；④时间较短，通常不需亲友提供的担保。发展边境旅游的意义有：①促进经济发展，带动相关行业，提高经济效益；②促进边境地区周边国家的友好交往；③有利于兴边富民、安定边疆；④有利于扩大对外影响。

二、出境旅游管理制度

（一）总量控制、配额管理制度

根据“总量控制、入出挂钩”原则，分配给有经营权的旅行社具体的出境配额。配额制是国家对出境旅游实施管理的一项具体措施。国家旅游局统一印制、发放中国公民的自费出境旅游“审核证明”，主要包括：①参游人员基本情况；②团队名称；③参游路线；④收费标准；⑤实际交纳金额等。

（二）组团社审批制度

组团社，是指经国家旅游局审批，经外交部、公安部、国家外汇管理局、国家工商行政管理局备案，并对外公布的特许经营中国公民自费出境旅游业务的国际旅行社。国家旅游局根据旅行社入境接待的业绩和出境旅行的经营情况，出入挂钩，并考虑地区合理分布，依照市场需求循序渐进、动态管理的原则，对组织经营中国公民自费出境旅游的旅行社实行审批。

（三）出境旅游目的地审批制度

出境旅游目的地，必须是指我国政府批准，允许旅行社组织旅游团队前往的国家和地区。出境旅游目的地的国家和地区，由国家旅游局提出申请，经外交部、公安部同意后，报请国务院批准后，方可作为中国公民出国旅游目的地。其条件是：①对方是我国客源地，有利于双方旅游合作与交流的；②政治上友好，并开展国民外交符合我国对外政策的；③旅游资源有吸引力，并具备适合接待我国旅游者的接待服务设施的；④对我国旅游者在政治、法律等方面没有歧视性、限制性和报复性政策的；⑤旅游者有安全保障，具有良好的可进入性的。

（四）我国现阶段主要以团队方式开展出境旅游制度

所谓团队，是指由有特许经营权的旅行社组织 3 人以上的出境旅游团。为保障参游人员的人身安全及合法权益，便于实施旅游服务质量监督管理，为防止旅游者非法滞留、涉足“三禁”（黄、赌、毒），我国规定现阶段公民自费出境旅游要以团队形式进行，且每团必须派遣领队，暂不办理散客出境旅游。

（五）领队制度

出境旅游实行领队制度，团队的旅游活动必须在领队的带领下进行。①领队应当经省、自治区、直辖市以上旅游行政管理部门考核合格，并取得“海外领队证”后方可工作；②领队在带团时必须佩戴《领队证》。领队的职责是：负责办理团队出入境手续；负责团队活动安排；代表组团社负责与境外接待社接洽；保证团队旅游服务的质量；处理突发事件，并及时报告。

三、团队、组团社、公安机关的职责及法律责任

（一）团队的职责

①团队活动在领队的带领下进行；

②按要求或规定，通过国家开放口岸出入中国国境，公安边防机关有特殊规定的，按规定办理；

③整团出境，在境外确需分团的，组团社应事先报经有关省级公安边防机关批准。

（二）组团社的职责

①按国家旅游局核定的人数组织出入境旅游，办理相关手续，填写中国公民自费出境旅游团队名单表；

②为旅游者开具旅游费用发票；

③与旅游者签订旅游合同，并派专职领队全程随团；

④出境前已确定在境外分团的，须先报经公安边防机关批准；

⑤明确要求境外接待社按照双方商定的团队活动计划安排旅游活动，不得拒接、漏接或安排参加色情、赌博、毒品以及危险性活动；

⑥当团队在境外遇到特殊困难和安全问题时，应及时向国内旅游行政管理部门及公安部门报告，领队须及时向我驻外使领馆、旅游办事处报告；

⑦当出现旅游者在境外滞留不归时，应及时向公安机关和旅游行政管理部门报告，对有关查询、遣返等事项，应予以协助并负责垫付相关费用，事后由被遣返人员偿还；

⑧协助有关部门做好团队行李验收等管理工作。

（三）公安机关的职责

①查验旅游者提交的旅游发票；

②确认组团社和旅游者的合法资格，并在法定期限内做出批准或不批准的决定后通知旅游者；

③对符合出境条件的旅游者，公安机关出入境管理部门颁发护照，并附发“团队旅游”事由出境登记卡。

④依法查处违反法规的旅行社和个人。

（四）法律责任

①未经批准经营出境旅游业务的，应由旅游行政管理部门会同公安机关、工商部门依法查处；

②对违反组团社职责的，由旅游行政管理部门给予通报批评、暂停经营出境旅游业务直至取消经营出境旅游业务资格的处罚；

③接待社造成旅游者损害的，旅游者可要求组团社进行赔偿；

④组团社未经许可在境外分团的，入境时由边防检查机关对组团社的有关责任人员进行处罚；

⑤旅游者滞留不归被遣返回国的，由发证机关吊销护照，并依法予以处罚；

⑥以自费出境旅游名义弄虚作假、骗取出境证件，用于擅越国（边）境的，或者为组织、运输他人偷越国（边）境使用的，依法进行处罚。

1.3 项目实施

任务 9-1　出入境管理概述

- 任务目的：掌握出入境的主要证件类型及出入境检查制度的主要内容。
- 任务内容：多途径地收集和分析出入境检查制度的典型案例。
- 任务时间：课余时间。
- 任务方法：将学生进行分组，每组 4~8 名同学，组内由学生自行分工合作，通过网上查阅资料，或者到所在城市进行实地调研，了解出入境检查过程中发生的各种类型事件的典型案例，并在 word 文档中进行图文资料的整理，在此基础上学生制作一份用于展示其成果的 PPT 文件。教师将 2 课时时间用于学生自行汇报展示其工作成果。

任务 9-2　外国人入境出境管理

- 任务目的：掌握外国人入出境主要证件及在中国停留居留的相关规定。
- 任务内容：多途径地收集和分析外国人入出境签证管理规定及在中国停留居留的规定。
- 任务时间：课余时间。
- 任务方法：将学生进行分组，每组 4~8 名同学，组内由学生自行分工合作，通过网上查阅资料，或者到所在城市进行实地调研，了解外国人证件及签证管理、外国人在中国停留居留的相关管理案例，并在 word 文档中进行图文资料的归类整理，在此基础上学生制作一份用于展示其成果的 PPT 文件。教师将 2 课时时间用于学生自行汇报展示其工作成果。

任务 9-3　中国旅游者出入境管理

- 任务目的：掌握中国旅游者出入境主要证件及签证管理规定。
- 任务内容：多途径地收集和分析当地中国旅游者出入境证件及签证管理案例。
- 任务时间：课余时间。
- 任务方法：将学生进行分组，每组 4~8 名同学，组内由学生自行分工合作，通过网上查阅资料，或者到所在城市进行实地调研，了解中国旅游者出境入境过程中发生的各种证件及签证管理类案例，并在 word 文档中进行图文资料的整理，在此基础上学生制作一份用于展示其成果的 PPT 文件。教师将 2 课时时间用于学生自行汇报展示其工作成果。

1.4 项目练习

（1）简述出入境检查制度的主要内容。

（2）简述《出境入境管理法》中，不予外国人签发签证的情形。

（3）简述中国旅游者出入境应当履行的主要手续。

1.5 项目拓展

揭秘外国游客眼里的中国

扫一扫，揭秘外国游客眼里的中国：

http://tech.huanqiu.com/internet/2013-07/4116454.html

微信扫一扫

项目 10

旅游合同法律制度

学习目标

- 熟悉《中华人民共和国合同法》（以下简称《合同法》）的基本原则、合同的订立、形式、内容和履行、变更和解除、违约责任的承担等规定
- 掌握《中华人民共和国旅游法》（以下简称《旅游法》）关于旅游服务合同的规定

1.1 项目导例

商务部：我国与国际对于合同形式的规定趋于统一

中新网2013年2月22日电 据商务部网站消息，中国政府近日正式通知联合国秘书长，撤回对《联合国国际货物销售合同公约》（以下简称《公约》）所作“不受公约第11条及与第11条内容有关的规定的约束”的声明。日前，该撤回已正式生效。至此，我《合同法》与《公约》对于合同形式的规定及适用趋于统一。

据介绍，《公约》是调整和规范国际货物买卖合同关系最重要的国际公约之一，也是迄今最成功的国际贸易统一法之一，于1980年在联合国维也纳外交会议上获得正式通过，1988年1月1日起正式生效。我国于1986年12月11日正式向联合国递交了对《公约》的核准书。《公约》对消除国际贸易法律障碍、促进我国改革开放发挥了积极的作用。

《公约》第11条规定：销售合同无须以书面订立或书面证明，在形式方面也不受任何其他条件的限制，可以用包括人证在内的任何方法证明。根据该条，国际货物买卖合同可以用书面、口头或其他方式订立、证明，不受形式方面的限制。同时，《公约》也允许

缔约国提出保留，即声明不受该条约束。鉴于当时我国适用于国际经济贸易的《涉外经济合同法》要求合同必须以书面形式订立，与《公约》第11条不一致，因此我国在递交核准书时，声明不受《公约》第11条及与第11条内容有关的规定的约束。阿根廷、智利、匈牙利、立陶宛、俄罗斯等国在批准或加入《公约》时也对该条提出了保留。

1999年，我国公布了《合同法》，同时废止了《涉外经济合同法》。《合同法》对合同形式不作要求，合同可以以各种方式成立，该规定已与《公约》第11条的内容一致。国内学界和实务界多次建议撤回相关声明，《公约》也允许撤回声明。经认真研究并广泛征求意见，我国政府根据《中华人民共和国缔结条约程序法》及《公约》的相关规定，撤回了对《公约》第11条及与第11条内容有关规定所作的声明。

本次撤回声明有效解决了国内法与《公约》之间的冲突，使两者对于合同形式的规定及适用趋于统一，可以避免外贸经营者和其他国家产生我国"合同形式的法律适用不平等"的误解，为我国进一步发展对外贸易减少了法律障碍，有利于我国积极融入国际社会，充分参与经济全球化进程。（来源：中新网财经频道）

1.2 项目知识平台

任务10-1 合同法概述

1999年3月15日，九届全国人大二次会议通过了《中华人民共和国合同法》（以下简称《合同法》），于1999年10月1日起施行。该法包括总则、分则、附则三部分，共23章428条，规定了立法的目的、合同的概念、合同的原则、合同的订立、合同的效力、合同的履行、合同的变更和转让、合同的权利义务终止，违约责任和其他规定以及15类列名合同。《合同法》的实施标志着我国社会主义市场经济法律体系建设进入了一个新的阶段，该法在保护合同当事人的合法权益、维护社会经济秩序、提高经济效益和促进经济发展等方面发挥了重要作用。

第一节 合同的订立与履行

《合同法》第2条规定，合同是平等主体的自然人、法人及其他组织之间设立、变更、终止民事权利义务关系的协议。合同也称为契约，是反映交易的法律形式。合同具有如下法律特征：①合同是平等主体的自然人、法人和其他组织所实施的一种民事法律行为；②合同是平等主体的自然人、法人或其他组织所订立的；③合同以设立、变更或终止民事权利义务关系为目的和宗旨；④合同关系具有相对性。所谓合同关系的相对性，是指合同关系只能发生在特定的合同当事人之间，只有合同当事人一方能够向另一方基于合同提出请求或提起诉讼。

基于合同法的基本特征，合同法的基本原则主要体现为：①当事人法律地位平等原则；②自愿原则；③公平原则；④诚信原则；⑤遵守法律和维护道德原则；⑥合同对当事人具有法律约束力的原则。

一、合同的订立

（一）订立合同主体的资格

合同当事人可以是自然人，也可以是法人或非法人组织。合同当事人应当具有相应的民事权利能力和民事行为能力。对自然人而言，无民事行为能力的自然人不具有订立合同的行为能力，限制民事行为能力的人，具有订立与其能力相适应的合同的能力。法人及非法人组织具有民事权利能力和民事行为能力，他们亦具有订立合同的主体资格，可在其核准登记的范围内订立合同或在其目的范围内订立合同。

合同当事人可以委托代理人订立合同。代理人只有在授权范围内以委托人的名义订立合同，才可以对委托人产生权利和义务。《合同法》第 9 条规定：“当事人订立合同，应当具有相应的民事权利能力和民事行为能力。当事人依法可以委托代理人订立合同。”这是《合同法》关于订约资格的规定。

（二）合同订立的方式

1. 合同订立的概念和要件

合同的订立，是指订约当事人就合同的主要条款达成合意。合同的成立意味着各方当事人的意思表示一致，合同的成立必须具备如下条件：

（1）存在双方或多方当事人。合同必须具有双方当事人，只有一方当事人不可能成立合同。订约当事人既可以是自然人，也可以是法人和其他组织。

（2）合同当事人对主要条款达成合意。合同成立的根本标志在于，合同当事人就合同的主要条款达成合意。《合同法》第 12 条规定：“合同的内容由当事人约定，一般包括以下条款：① 当事人的名称或者姓名和住所；② 标的；③ 数量；④ 质量；⑤ 价款或者报酬；⑥ 履行期限、地点和方式；⑦ 违约责任；⑧ 解决争议的方法。”

2. 合同的成立应具备要约和承诺阶段

（1）订立合同采取要约、承诺方式。《合同法》第 13 条规定：“当事人订立合同，采取要约、承诺方式。”要约和承诺是合同成立的基本规则，也是合同成立必须经过的两个阶段。如果合同没有经过承诺，而只是停留在要约阶段，则合同根本未成立。合同的成立应经过要约、承诺阶段，同时也意味着当事人应具有明确的订立合同的目的。因为要约和承诺是就订立合同问题提出建议和接受建议，如果没有明确的订约目的就不可能形成要约和承诺。

（2）要约的概念。要约是一方当事人以缔结合同为目的，向对方当事人所作的意思表示。发出要约的人称为要约人，接受要约的人称为受要约人或承诺人。一项要约发生法律效力，必须具有特定的有效条件，不具备这些条件，要约便不能成立，也不能产生法律效力。要约必须同时具备的条件是：

①要约必须具有订立合同的意图。由于要约具有订约意图，因此要约一经承诺，就可以产生合同，要约人要受到要约的拘束。

②要约必须向要约人希望与其缔结合同的受约人发出。要约原则上应向一个或数个特定人发出，即受约人原则上应当特定。

③要约的内容必须具体确定。所谓“具体”，是指要约的内容必须具有足以使合同成立的主要条款；所谓“确定”，是指要约的内容必须明确，不能含糊不清，使受要约人不能理解要约人的真实含义。

④表明经受要约人承诺，要约人即受该意思表示的约束。要约作为表达希望与他人订立合同的一种意思表示，其内容已经包含了可以得到履行的合同成立所需要具备的基本条件。在此情况下，如果受要约人表示接受此要约，则双方达成了订立合同的合意，合同也即告成立。例如，旅行社为招徕游客，向某公司发出一份线路宣传品，如果这份旅游线路宣传品中包含了旅游行程（包括乘坐的交通工具、游览的景点、住宿的标准、餐饮的标准等）安排、旅游价格、违约责任等，则应视为要约，即其内容是具体确定的，如果某公司表示接受该要约，双方即可达成订立合同的合意，而旅行社就要受该要约的约束。

只有具备上述四个要件，才能构成一个有效的要约。要约同时又具有一定的法律意义，即要约一经发生，即具有法律上的意义，也就是说，该要约一旦得到受要约人的承诺，就会产生法律效果。

（3）要约邀请的概念及其特点。要约邀请，又称要约引诱，是指希望他人向自己发出要约的意思表示。由此可见，要约邀请具有以下两个特点：

①要约邀请是一种意思表示，即通过要约邀请将自己内在的希望他人向自己发出要约的意思表达出来；

②要约邀请是希望他人向自己发出要约的意思表示。要约邀请作为一种意思表示，表达的内容是希望他人向自己发出要约。这是要约邀请与要约的本质区别。

例如，旅行社在其宣传资料写明：“北京双飞六日游，超值低价”。这个意思表示对不特定人发出，且不包含订立合同的主要条款，该意思表示构成要约邀请。

由于要约和要约邀请都是发生在订立合同过程中的一种意思表示，而且两者之间在法律上具有不同的意义，所以区分要约和要约邀请的界限，明确要约邀请的范围和种类，对于合同实践具有重要意义。

我国《合同法》明确规定，寄送的价目表、拍卖公告、招标公告、招股说明书、商业广告为要约邀请。但商业广告的内容符合要约规定的，例如在商业广告上注明了是要约的，且内容具体明确并注明只要受要约人承诺，广告者即受该承诺约束的，应视为要约。

（4）承诺的概念。承诺，是指受要约人同意要约的意思表示。承诺一旦生效，将导致合同的成立，因此承诺必须符合一定的条件。承诺必须具备如下条件，才能产生法律效力：

①承诺必须由受要约人向要约人做出。由于要约原则上是向特定人发出的，因此只有接受要约的特定人即受要约人才有权做出承诺。承诺必须向要约人做出，才能导致合同成立。

如果向要约人以外的其他人做出承诺，不能产生承诺效力。

②承诺必须在规定的期限内到达要约人。承诺只有到达要约人时才能生效，而到达也必须具有一定的期限限制。《合同法》第 23 条规定："承诺应当在要约确定的期限内到达要约人。"

③承诺的内容必须与要约的内容一致。受要约人必须同意要约的实质内容，不得对要约的内容做出实质性的更改，否则不构成承诺，应视为对原要约的拒绝并做出一项新的要约，或称为反要约。

④承诺应符合要约的要求。根据《合同法》的规定，承诺应当以通知的方式做出。这就是说，受要约人必须将承诺的内容通知要约人，至于受要约人应采取何种通知方式，应根据要约的要求确定。如某旅行社向另一旅行社发出要约，希望从该旅行社以某价格接待旅游团，如果该旅行社同意即可发团，团到付款。在此种情形下，受要约的旅行社即可不再向要约旅行社发出承诺通知而直接发团。受要约旅行社的发团行为就是承诺的表示方式。

（三）订立合同的形式

1. 口头形式

口头形式，是指当事人只用口头语言为意思表示订立合同，而不用文字表达协议内容的合同形式。凡当事人无约定、法律未规定须采用特定形式的合同，均可采用口头形式，但发生争议时当事人必须举证证明合同的存在及合同关系的内容。口头形式的缺点是发生合同纠纷时难以取证，不易分清责任。所以，对于不能及时清结的合同和标的数额较大的合同，不宜采用这种形式。

2. 书面形式

书面形式，是指以文字表现当事人所订合同的形式。《合同法》第 11 条规定："书面形式是指合同书、信件以及数据电文（包括电报、电传、传真、电子数据交换和电子邮件）等可以有形地表现所载内容的形式。"

书面形式的最大优点是合同有据可查，发生纠纷时容易举证，便于分清责任。因此，对于关系复杂、重要的合同，最好采用书面形式。

3. 其他形式

其他形式，是指口头形式、书面形式以外的合同形式。其他形式是指行为推定形式。当事人未用语言、文字表达其意思表示，仅用行为向对方发出要约，对方接受该要约，做出一定或指定的行为作为承诺，合同成立。行为推定这种合同形式只适用于交易习惯许可时或要约表明时，而不能普遍适用。

（四）合同的成立时间、方式和地点

1. 合同的成立时间

①对话方式订立的合同，以承诺人表示承诺的时间为合同成立的时间。

②当事人采用书面形式订立合同的，合同的成立时间为合同双方最后签字或盖章的时间。

③当事人采用信件、数据电文形式订立合同，在合同成立前要求签订确认书的，以签订确认书的时间为合同成立时间。

④法律、法规规定采用书面形式或当事人约定应采用书面形式订立合同，当事人未采用书面形式，但当事人一方已履行了合同主要义务，对方接受的，合同成立，对方接受履行的时间为合同成立时间。

⑤签订要式合同，以法律、法规规定的特殊形式要求完成时间为合同成立时间。

2. 合同的成立方式

①协议成立。合同当事人就合同的主要条款达成协议，合同即成立。

②确认成立。通过数据电文方式签订合同，一方当事人要求签订确认书的，只有签订了确认书，合同才成立。如果当事人都不要求签订确认书的，在承诺生效时合同成立。

③批准成立。法律或行政法规规定，由国家批准的合同，只有经过有关国家机关批准，合同才成立。

④公证成立。当事人约定应经公证的合同或法律规定需要公证的合同，只有经过公证机关的公证，合同才成立。

⑤签证成立。当事人约定应经签证的合同，只有经过签证机构的签证，合同才成立。

⑥登记成立。依法律规定或依当事人约定，只有经过登记才成立的合同，必须办理登记，合同才成立。

3. 合同的成立地点

①承诺生效的地点为合同成立的地点。如果采用数据电文形式订立合同的，收件人的主营业地为合同成立的地点；没有主营业地的，其经常居住地为合同成立的地点。

②采用合同书包括确认书形式订立合同的，双方当事人签字盖章地点为合同的成立地点，签字盖章不在同一地点的，最后签字盖章的地点为合同成立的地点。

③合同需要完成特殊的约定或法律形式才能成立的，以完成合同的约定形式或法定形式的地点为合同的成立地点。

④合同当事人对合同成立地点有特别约定的，其约定的地点为合同成立的地点。

（五）格式条款

1. 格式条款的概念

格式条款是指当事人为了重复使用而预先拟定并在订立合同时未与对方协商的条款。目前，在旅游业中，旅游业经营者与旅游者之间普遍使用格式条款订立合同，而这种格式条款都是旅游业经营者为了重复使用而预先拟定并未与旅游者协商的条款。采用格式条款订立合同，有利的一面是减少交易成本。不利的方面主要是，格式条款的提供者在拟定格式条款时，更多地考虑了自己的利益。

2. 格式条款提供者的责任

《合同法》第 39 条第 1 款规定："采用格式条款订立合同的，提供格式条款的一方应当遵循公平原则确定当事人之间的权利和义务，并采取合理的方式提请对方注意免除或者限制其责任的条款，按照对方的要求，对该条款予以说明。"由此可见，格式条款的提供者具有以下两项责任：一是遵循公平原则确定当事人之间的权利和义务；二是遵循诚信原则履行提示或者说明的义务。

3. 格式条款无效

格式条款无效是指由于格式条款中含有法律所禁止的内容，或者在订立合同时违反法律规定而导致格式条款无效的情况。《合同法》第 40 条规定："格式条款具有本法第 52 条和第 53 条规定情形的，或者提供格式条款一方免除其责任、加重对方责任、排除对方主要权利的，该条款无效。"由此可见，格式条款中含有下列内容的，该条款无效：

①具有《合同法》第 52 条规定情形之一的，合同无效。这些情形有："一方以欺诈、胁迫的手段订立合同，损害国家利益；恶意串通，损害国家、集体或者第三人利益；以合法形式掩盖非法目的；损害社会公共利益；违反法律、行政法规的强制性规定。"

②具有《合同法》第 53 条规定情形之一的，合同中的免责条款无效。这些情形有："造成对方人身伤害的；因故意或者重大过失造成对方财产损失的。"

③提供格式条款一方当事人免除自己责任。所谓免除责任，是指格式条款中含有免除格式条款提供者按照通常情形应当承担的主要义务，一般与合同标的、数量、质量、履行期限、履行地点等有关。

④加重对方责任。即指格式条款中含有在通常情况下对方当事人不应当承担的义务。

⑤排除对方当事人主要权利的。所谓排除对方当事人主要权利，是指格式条款中含有排除对方当事人按照通常情形应当享有的主要权利。例如，旅游者依法享有选择并接受服务的权利，如果旅游业经营者在格式合同中规定旅游者必须接受某项服务，就是排除了旅游者的主要权利，因为"选择权"是旅游消费者依法享有的一项主要权利。

4. 格式条款的解释

（1）格式条款的解释的含义。格式条款的解释是指当事人采用格式条款订立合同后，在履行过程中因对有关条款的含义有不同的理解，应当采取何种原则进行解释。《合同法》第 41 条规定："对格式条款的理解发生争议的，应当按照通常理解予以解释。对格式条款有两种以上解释的，应当做出不利于提供格式条款一方的解释。"

（2）格式条款和非格式条款不一致时的采用。《合同法》第 41 条规定："格式条款和非格式条款不一致的，应当采用非格式条款。"当事人在采用格式条款订立合同时，如果在格式条款中未能将双方合意全部表达清楚，还可以另行签订书面协议，或者对格式条款进行修改，以其他的文字代替格式条款。在这种情况下，一份合同就具有了格式条款和非格式条款两部分，即由格式条款和非格式条款构成一份完整的合同。当事人在履行合同的过程中，如果发现格式条款和非格式条款存在不一致的地方，应当采用非格式条款。

二、合同的效力

（一）合同的效力和生效

1. 合同的效力和生效

合同的效力，又称合同的法律效力，是指法律赋予依法成立的合同具有约束当事人各方乃至第三人的强制力。合同生效是指已经成立的合同在当事人之间产生了一定的法律约束力，也就是通常所说的法律效力。《合同法》第 8 条规定："依法成立的合同，对当事人具有法律约束力。当事人应当按照约定履行自己的义务，不得擅自变更或者解除合同。”

2. 合同生效的条件

（1）行为人具有相应的行为能力。就自然人而言，完全民事行为人可以以自己的行为订立合同，取得民事权利、履行民事义务。企业法人从事经营活动的民事行为能力，受到经营范围的限制。企业法人超越经营范围所订立的合同，在法人办理经营范围变更登记之前不能生效。

（2）当事人的意思表示真实。将意思表示真实作为民事行为的有效要件，是为了贯彻民法中的意思自治原则。

（3）不违反法律或社会公共利益。合同不违反法律，是指合同不得违反法律的强行性规定。所谓强行性规定，是指这些规定当事人必须遵守，不得通过协议加以变更。合同不得违反法律规定，而且在内容上不得违反社会公共利益。

一般情况下，合同具备一般有效要件，即产生法律效力；但在特殊情况下，还须具备特别的有效要件，才能产生法律效力，如法律、行政法规规定，合同应当办理批准、登记等手续才生效的，应依照其规定。这里的批准、登记等手续即是合同的特别生效要件。

（二）无效合同及其确认

无效合同是指当事人之间已成立的合同，由于违反法定事由而导致法律不予认可其效力。根据所欠缺的有效要件的不同，可将无效合同作如下分类：

（1）行为人不具有相应的行为能力所实施的合同。

（2）一方以欺诈、胁迫的手段订立合同，并损害了国家利益。

（3）违反法律或社会公共利益的合同。主要包括：①恶意串通，损害国家、集体或者第三人利益的合同；②以合同形式掩盖非法目的的合同；③损害社会公共利益的合同；④违反法律或者行政法规的强制性规定的合同。

（三）可变更和可撤销的合同

《合同法》第 54 条规定：“下列合同，当事人一方有权请求人民法院或者仲裁机构变更或者撤销；因重大误解订立的；在订立合同时显失公平的。一方以欺诈、胁迫的手段或者乘人之危，使对方在违背真实意思的情况下订立的合同，受损害方有权请求人民法院或者仲裁机构变更或者撤销。当事人请求变更的，人民法院或者仲裁机构不得撤销。”

1. 可变更或者可撤销合同的概念和条件

可变更或者可撤销的合同，是指合同成立以后，存在法定事由，根据一方当事人的申请，人民法院或者仲裁机构在审理后可根据具体情况准许变更或者撤销有关内容的合同。具体来讲，可变更或者可撤销的合同必须具备下列条件：①必须具有法定事由；②必须有一方当事人请求变更或者撤销；③必须是由人民法院或者仲裁机构来行使变更或者撤销权。

2. 变更或者撤销合同的效力

经人民法院或者仲裁机构予以变更的合同具有法律效力，双方当事人必须履行，否则应承担违约责任；而被撤销的合同如同无效的合同，自始就没有法律约束力。合同部分无效，不影响其他部分效力的，其他部分仍然有效。

（四）无效合同、被撤销合同的法律后果

《合同法》第 58 条规定:“合同无效或者被撤销后,因该合同取得的财产,应当予以返还;不能返还或者没有必要返还的，应当折价补偿。有过错的一方应当赔偿对方因此所受到的损失，双方都有过错的，应当各自承担相应的责任。”由此规定可见，无效合同、被撤销合同的法律后果可分为以下几种：①返还因该合同取得的财产；②折价补偿；③赔偿损失；④收缴财产。

三、合同的履行

（一）合同履行的概念

合同的履行，是指债务人全面地、适当地完成其合同义务，债权人的合同债权得到完全实现。从合同效力方面观察，合同的履行是依法成立的合同所必然发生的法律效果，并且是构成合同法律效力的主要内容。合同的订立是前提，合同的履行是关键。

（二）合同履行的原则

合同履行的原则，是指当事人在履行合同义务时所应遵循的基本准则。

1. 全面履行的原则

《合同法》第 60 条规定：“当事人应当按照约定全面履行自己的义务。”这就是全面履行的原则。全面履行的原则是判定合同当事人是否全面履行了合同义务以及当事人是否存在违约事实以及是否承担违约责任的重要法律准则。

2. 诚实信用履行原则

《合同法》第 60 条第 2 款规定：“当事人应当遵循诚实信用原则，根据合同的性质、目的和交易习惯履行通知、协助、保密等义务。”这就是诚实信用履行原则。按照这一原则，当事人除了应当按照约定全面履行合同义务外，更重要的是强调当事人应当履行依据诚实信用原则所产生的附属义务，即《合同法》所规定的通知、协助、保密等义务。履行这些附属义务时，应当根据合同的性质、目的和交易习惯来进行。

第二节 合同的变更与解除

一、合同的变更

（一）合同变更的概念

变更合同，是指合同成立以后，尚未履行完毕之前由合同当事人双方依法对原合同的内容所进行的修改。《合同法》第 77 条规定：“当事人协商一致，可以变更合同。”

（二）当事人对合同变更的内容约定不明确的处理

《合同法》第 78 条规定：“当事人对合同变更的内容约定不明确的，推定为未变更。”

因为变更后的合同权利义务只有明确，才能履行并产生法律上的约束力。如果变更后的合同权利义务不明确，则无法履行，不利于法律保护当事人的权益。对此，《合同法》规定“推定为未变更”，也就是说，法律不予认可双方当事人内容不明确的变更，对双方当事人不产生法律上的约束力。

二、合同的转让

（一）合同转让的概念

合同转让，是指合同当事人依法将合同的全部或者部分权利义务转让给他人的合法行为。合同转让属于一种合法行为，即合同转让属于《合同法》认可的行为。合同当事人只要符合《合同法》及其他有关法律、法规的规定进行转让，就不受他人干涉，其行为就受法律的保护。例如，旅行社将其依据旅游合同取得的权利或承担的义务转让给另一旅行社，只要该行为符合《旅行社条例》的规定，即为合法行为并受法律保护。

（二）合同转让的含义

合同转让是合同当事人将其享有的权利或者承担的义务全部或者部分转让给他人，即转让给合同当事人以外的人，也称为第三人。

合同转让不是合同内容的改变，即在合同转让中并不改变合同中所约定的权利和义务。例如，旅行社将其应当履行的为旅游者代订机票的义务转让给另一家旅行社，在此情形下，订机票这一义务仍然应当履行，只不过履行订机票义务的履行者因转让而发生了改变。

合同转让应当经过对方同意或者通知对方方可产生法律效力。具体讲，根据《合同法》第 80 条的规定：“债权人转让权利的，应当通知债务人。未经通知，该转让对债务人不发生效力。”第 84 条规定：“债务人将合同的义务全部或者部分转移给第三人的，应当经债权人同意。”例如，某旅行社依据成立并生效的旅游合同取得了向旅游者收取旅行费用的权利，但因招徕的人数不足，该旅行社可将已签约的旅游者转让给另一旅行社，由另一旅行社向旅游者收取旅行费用。但该转让权利的行为，应当通知旅游者，未经通知，该转让对旅游者不发生效力。如果某旅行社将承担的组织、安排旅游者游览的义务全部或者部分转移给另一旅行社，必须要得到旅游者的同意。

合同转让涉及审批手续的，还须办理有关手续，见《合同法》第 77 条第 2 款的规定；否则，转让不会得到法律上的认可。

三、合同订立后当事人合并或者分立后权利与义务的行使和承担

合并，一般是指两个或者两个以上的法人或者组织通过一定的程序组成一个新的法人或者组织的行为。所谓分立，一般是指法人或其他组织依照一定的程序分为两个或者两个以上的法人或者其他组织的行为。《合同法》第 90 条规定：“当事人订立合同后合并的，由合并后的法人或者其他组织行使合同权利，履行合同义务。当事人订立合同后分立的，除债权人和债务人另有约定的以外，由分立的法人或者其他组织对合同的权利和义务享有连带债权，承担连带债务。”

（一）连带债权

连带债权指分立后的两个或者两个以上的法人或者其他组织中的任何一个都有权请求债务人履行全部债务，而且债务一经全部履行就归于消灭的债权。比如，分立后的法人或者其他组织中的一个债权人要求债务人全部履行其义务后，分立后的其他法人或者组织就无权再要求债务人履行债务。

（二）连带债务

连带债务指分立后的两个或者两个以上的法人或者其他组织在承担分立前的债务上都有清偿全部债务的责任，该责任因一次全部清偿而归于消灭的债务。关于连带责任《民法通则》第 87 条规定："负有连带义务的每个债务人，都负有清偿全部债务的义务，履行了义务的人，有权要求其他负有连带义务的人偿付他应承担的份额。"无论连带债权还是连带债务，其中最重要的是"连带关系"。所谓"连带关系"是指多数债权人或者多数债务人中的一人发生的效力对债权人或者债务人也产生同样的效力。

四、合同的终止

（一）合同的终止概念

1. 合同终止的概念

旅游合同的终止，也就是旅游合同权利义务的终止，是指当事人双方终止合同关系，合同确定的当事人之间的权利、义务关系消灭。

2. 合同终止的法律规定

《合同法》第 91 条规定了合同的权利义务终止的情形：

①债务已经按照约定履行。即债务人已经按照合同约定全部履行债务，债权人的权利已经全部得到了实现。

②合同解除。即经过合同当事人协议或由于出现法定事由，合同终止，亦即合同当事人的权利义务因解除而终止。

③债务相互抵消。即当事人互负到期债务，只要该债务的标的物种类、品质相同，任何一方都可以将自己的债务与对方的债务抵消。但是，依照法律规定或者按照合同性质不得抵消的，则不能相互抵消。根据当事人意思自治原则，当事人互负债务，即使标的物种类、品质不相同，但经双方协商，也可以抵消。依照《合同法》规定，前者属于法定抵消，后者属于协议抵消。

④债务人依法将标的物提存。即指由于债权人的原因而无法向其交付合同标的物时，债务人将标的物交给提存机关而使合同权利义务关系终止。

⑤债权人免除债务。根据当事人意思自治原则，债权人可以免除债务人部分或者全部债务。债务一经免除，合同的权利义务即告终止。

⑥债权、债务同归于一人。即由于债权、债务同归于一人，这时，一方当事人既是债权人，又是债务人，自己向自己清偿债务是毫无意义的，因此合同的权利义务终止。

⑦法律规定或者当事人约定终止的其他情形。例如，《保险法》规定：除保险法另有

规定或者保险合同另有约定的以外，投保人可以任意解除合同。此外，当事人也可以约定各种终止合同的条件从而使合同终止。《合同法》作上述规定是当事人意思自治原则的体现。

（二）合同终止后的法定义务

《合同法》第 92 条规定："合同的权利义务终止后，当事人应当遵循诚实信用原则，根据交易习惯履行通知、协助、保密等义务。"《合同法》第 98 条规定："合同的权利义务终止，不影响合同中结算和清理条款的效力。"即结算和清理的条款仍然必须执行。

五、合同的解除

（一）合同解除的概念

合同解除是指在旅游合同成立以后，当解除的条件具备时，因当事人一方或双方的意思表示，使基于合同发生的民事权利、义务关系归于消灭的行为。合同解除也是一种法律制度。在适用情势变更原则时，则指履行合同确有困难，若履行则显失公平。

（二）合同解除的分类

1. 单方解除和协议解除

单方解除，是指解除权人行使解除权将合同解除的行为。它不必经过对方当事人的同意，只要解除权人将解除合同的意思表示直接通知对方，或经过人民法院或仲裁机构向对方主张，即可发生合同解除的效力。

协议解除，是指当事人双方通过协商同意将合同解除的行为。协议解除不以解除权的存在为必要，解除行为也不是解除权的行使。我国法律把协议解除作为合同解除的一种类型加以规定，认为协议解除仍具有与一般解除相同的属性，但要求解除的条件为双方当事人协商同意，并且不因此损害国家利益和社会公共利益。

2. 法定解除和约定解除

合同的法定解除，是指合同成立后，在没有履行或者履行过程中，当事人一方行使法定解除权而终止。法定解除是一种单方的法律行为，即当事人一方在法定解除条件出现时，即可以通过行使解除权而使合同终止。

合同的约定解除，是指当事人以合同形式，约定为一方或双方保留解除权的解除。保留解除权，可以在当事人订立合同时约定，也可以在以后另订立保留解除权的合同。《合同法》第 93 条规定："当事人协商一致，可以解除合同。"法律规定约定解除，实际上反映了合同自由的原则。

法定解除与协议解除的主要区别在于法定解除是当事人一方行使法定解除权的结果。在法定解除条件出现时，有解除权的一方可以直接行使解除权，单方解除合同，而不必经过对方的同意，而协议解除则是双方的法律行为，解除合同须经双方当事人的协商一致。

《合同法》第 94 条规定了 5 种法定解除合同的情形：

①因不可抗力致使不能实现合同目的的，一方当事人可以解除合同。

②在履行期限届满之前，当事人一方明确表示或者以自己的行为表明不履行主要债务，

一方当事人可以解除合同。所谓明确表示不履行主要债务，是指当事人以清楚的意思表示或向对方当事人传达了不履行主要债务的信息。以自己的行为表明不履行主要债务，是指一方当事人以明确的行为表明其不履行主要债务，而且这种情形是发生在履行期限届满之前。

③当事人一方迟延履行主要债务，经催告后在合理期限内仍未履行的，另一方当事人可以解除合同。所谓迟延履行主要债务，即不按约定的时间履行主要债务，经债权人催告后在合理期限内仍未履行，债权人即可据此得出债务人不具备履约能力或者根本不愿意履行的结论，在此情形下，债权人可以解除合同。

④当事人一方迟延履行债务或者有其他违约行为致使不能实现合同目的的，另一方当事人可以解除合同。即由于一方当事人迟延履行债务使合同目的不能实现，或者由于一方当事人的违约行为，使合同的实现已成为不可能，在这种情形下，另一方当事人可以解除合同。

⑤法律规定的其他情形。《合同法》规定：合同当事人一方按照合同约定的条件解除合同，或者按照法定的情形解除合同的，应当通知对方。合同自通知到达对方时解除；对方有异议的，可以请求人民法院或者仲裁机构确认解除合同的效力。此外，法律、法规规定解除合同应当办理批准、登记等手续的，还应当依法办理有关手续。

由上述规定可见，合同一方当事人主张解除合同的，应当履行通知对方的义务，或者有依法办理有关手续的义务；否则，一方解除合同的行为无效。

（三）合同解除的法律后果

《合同法》第 97 条规定：“合同解除后，尚未履行的，终止履行；已经履行的，根据履行情况和合同性质，当事人可以要求恢复原状、采取其他补救措施，并有权要求赔偿损失。”所谓恢复原状，就是指恢复到合同订立以前的状态；对于不能恢复原状的，则可以采取其他补救措施，还可以要求赔偿损失。

第三节 违约责任

一、违约责任的概念

违约责任属于民事责任的一种。违约责任也称违反合同的民事责任，是指合同当事人因违反合同义务所承担的民事责任。违约责任具有如下特点。

（一）违约责任的产生是以合同的有效存在为前提的

合同生效以后，将在当事人之间产生法律约束力，当事人应当按照合同约定，全面、严格地履行合同义务，任何一方当事人因违反有效合同所规定的义务均应承担违约责任。所以违约责任是违反有效合同所规定的义务的后果。

（二）违约责任是合同当事人不履行债务所应承担的责任

此处的债务是一个广义的概念，既包括合同约定的义务，也包括法律规定的义务。因为合同当事人除了应当全面履行合同约定的义务外，还应当遵循诚实信用原则，根据合同的性质、目的和交易习惯，履行法定义务，不履行这些法定义务，同样构成违约，从而应当承担违约责任。如果按照合同约定和法律规定，不存在违约行为，则自然不存在违约责任的承担。

（三）违约责任只能在合同当事人之间产生

违约责任具有相对性和特定性，债务人只向债权人承担违约责任，而不能向合同关系以外的任何其他人承担违约责任。

（四）违约责任可以由合同当事人自行约定

当事人可以在法律规定的范围内对违约责任预先做出安排，例如可以约定损害赔偿的计算方法或者违约金的数额，设定免责条款或者限制责任条款等。

二、违约责任的严格责任原则

在民事法律中，严格责任原则是确定行为人的民事责任的根据和标准，是确定民事违约责任的基础。

在违约责任实行何种责任问题上，我国立法有一个发展过程。《经济合同法》采取的是过错责任原则，即确定行为人要承担违约责任，必须要求证明行为人在主观上要具备过错。如果双方均有过错，则由双方分别承担各自的过错责任。《民法通则》《涉外经济合同法》《技术合同法》与《经济合同法》不同，均实行严格责任原则。《民法通则》第106条第1款规定："公民、法人违反合同或者不履行其他义务的，应当承担民事责任。"第111条规定："当事人一方不履行合同义务或者履行合同义务不符合约定条件的，另一方有权要求履行或者采取补救措施，并有权要求赔偿损失。"而在侵权责任中实行过错原则和无过错原则，即《民法通则》第106条第2、第3款规定："公民、法人由于过错侵害国家的、集体的财产，侵害他人财产、人身的，应当承担民事责任""没有过错，但法律规定应当承担民事责任的，应当承担民事责任。"

《合同法》中关于违约责任采取严格责任原则，只有不可抗力才可以免除违约责任。《合同法》第107条规定："当事人一方不履行合同义务或者履行合同义务不符合约定的，应当承担继续履行、采取补救措施或者赔偿损失等违约责任。"由此规定可见，《合同法》规定的违约责任不要求证明行为人在主观上是否存在过错，而只要行为人没有履行合同或者履行合同不符合约定，就应当承担违约责任。在这里需要说明的是，行为人违约，即不履行合同义务或者履行合同义务不符合约定，在其主观上是存在过错的。但《合同法》不要求证明其是否存在过错，也不要求证明是故意还是过失，只要有违约情形发生，就须承担违约责任。

三、违约责任的承担

（一）违约责任的承担

1. 一方违约时违约责任的承担

《合同法》第107条的规定表明：在合同履行中，无论是哪一方，只要其没有履行合同或者履行合同不符合约定，即应承担违约责任。

2. 双方违约时违约责任的承担

《合同法》第 120 条规定："当事人双方都违反合同的，应当各自承担相应的责任。"由此规定可见，双方当事人在履行合同中都没有按照合同约定履行义务，则双方当事人都应当承担相应的违约责任。

3. 由于第三人的原因造成违约时违约责任的承担

《合同法》第 121 条规定："当事人一方因第三人的原因造成违约的，应当向对方承担违约责任。当事人一方和第三人之间的纠纷，依照法律规定或者按照约定解决。"也就是说，违约问题属于该合同当事人之间的问题。合同当事人一方有违约情形，就应承担相应的责任。合同当事人一方的违约行为即使是由于第三人的原因造成的，违约人也应当承担违约责任。至于由于第三人的行为给违约方造成的损失，则属于另外的法律关系。合同责任的问题旨在平衡合同当事人之间的法律关系。

（二）违约责任的承担方式

《合同法》第 107 条规定，违约责任的承担方式主要有下列几种。

1. 继续履行

继续履行是指当事人一方不履行合同或者履行合同义务不符合约定时，另一方当事人可以要求其在合同履行期限届满后继续按照合同所约定的主要条件继续完成合同义务的行为。继续履行作为承担违反合同的民事责任的方式之一，历来为我国合同立法所确认。

2. 采取补救措施

所谓采取补救措施，是指违约方采取的除继续履行、支付赔偿金、支付违约金、支付定金方式以外的其他补救措施，其目的在于消除、减轻因违约给对方当事人造成的损失。《合同法》第 111 条规定："质量不符合约定的，应当按照当事人的约定承担违约责任。对违约责任没有约定或者约定不明确，依照本法第 61 条的规定仍不能确定的，受损害方根据标的的性质以及损失的大小，可以合理选择要求对方承担修理、更换、重作、退货、减少价款或者报酬等违约责任。"这就是《合同法》所要求违约方采取的补救措施。

3. 赔偿损失

《合同法》第 112 条规定："当事人一方不履行合同义务或者履行合同义务不符合约定的，在履行义务或者采取补救措施后，对方还有其他损失的，应当赔偿损失。"

采取赔偿损失的方式，需要具备一定的条件，这些条件在民法理论上称为构成要件，根据归责原则，构成违约赔偿损失的要件是：

第一，必须要有损害事实。这是承担赔偿责任的首要构成要件，不存在损害事实，也就无所谓赔偿损失了。

第二，必须有违约行为。如果仅有损害事实存在而无违约行为，即损害事实的发生是由于其他行为造成的，则合同一方当事人也不承担赔偿损失责任。

第三，违约行为和损害事实之间存在因果关系，即损害事实的发生是由于损害行为所必然造成的。以上三个条件是在适用严格责任原则下采取赔偿损失方式所必须具备的。在适用过错责任原则时，构成赔偿损失责任除上述三个条件外，还要求行为人在主观上要具有过错，如果行为人主观上不存在过错，则不承担责任，而在适用严格责任原则时，则不要求证明行为人主观是否有过错，只要行为人有违约行为，且该违约行为造成了损害事实，即违约行为与损害事实之间存在必然的因果关系，则行为人就应当承担赔偿损失的责任。

4. 违约金

违约金是指当事人在合同中约定的或者由法律所规定的，一方违约时应向对方支付一定数量的货币。

《合同法》第 114 条规定违约金的性质："当事人可以约定一方违约时应当根据违约情况向对方支付一定数额的违约金…… 约定的违约金低于造成的损失的，当事人可以请求人民法院或者仲裁机构予以增加；约定的违约金过分高于造成的损失的，当事人可以请求人民法院或者仲裁机构予以适当减少。当事人就迟延履行约定违约金的，违约方支付违约金后，还应当履行债务。"从以上规定可见，违约金就其性质而言，是属于承担违约责任的一种形式。它是一种以补偿性为主、惩罚性为辅的违约责任承担形式。即违约金主要是补偿因违约造成的损失。对于约定的违约金低于或过分高于造成的损失的，人民法院或仲裁机构可予以增加或适当减少，但没有要求必须相等。由此可见，违约金具有以补偿性为主、惩罚性为辅的性质。

5. 定金

（1）定金与押金。定金，是指合同当事人为了确保合同的履行，依据法律规定或者当事人双方的约定，由当事人一方在合同订立时或者订立后履行前，按照合同标的额的一定比例，预先给付对方当事人的金钱。《合同法》第 115 条规定："当事人可以依照《中华人民共和国担保法》约定一方向对方给付定金作为债权的担保。债务人履行债务后，定金应当抵作价款或者收回。给付定金的一方不履行约定的债务的，无权要求返还定金；收受定金的一方不履行约定的债务的，应当双倍返还定金。"在现实生活中，还存在"押金"。定金与押金都属于金钱担保的范畴，都是合同一方当事人按照约定向对方当事人交付的金钱，在合同履行以后，都发生返还的法律效果，且都有证明合同成立和担保合同履行的功能。

小贴士

定金与押金的区别

①定金除了具有履行担保功能、证明功能以外，还具有违约救济功能，而押金往往不具备违约救济功能；

②定金一般是按照合同标的额的一定比例支付的，也即定金不能超过合同标的额；而押金通常是超过或者等于合同标的额的；

③发生违约时，定金适用定金罚则，即给付定金的一方不履行约定的债务的，无权要求返还定金；收受定金的一方不履行合同约定的债务的，应当双倍返还定金。而押金则没有这样的罚则。

（2）定金与预收款。预收款，是指在消费活动中，消费者在得到所需某项商品或接受某项服务以前，先向经营者支付一笔货款，然后，经营者在一定期限内向消费者提供商品或者服务的情形。这一货款，对经营者来说是预收款，对消费者来说是预付款。

定金与预收款（预付款）都是属于预先给付金钱的范畴，都是合同当事人一方按照约定向对方当事人交付的金钱，且在合同履行后，都发生抵作价款的功能。因此，在实际经济活动中，有的人将预收款（预付款）视为定金。但是，严格地说，定金与预收款（预付款）是不一样的。按照《合同法》和《消费者权益保护法》的规定，在一般情况下合同双方当事人在合同约定中没有明确是定金的，应视为预收款（预付款）。

小贴士

定金与预收款的区别

①定金是合同担保的一种方式；而预收款（预付款）则无担保的性质；

②定金只是价款或服务费的一部分，是按照合同标的额的一定比例支付的，一般不能超过合同标的额，《担保法》第 91 条明确规定："定金的数额由当事人约定，但不得超过主合同标的额的百分之二十"；而预收款（预付款）可以是价款的部分，也可以是价款的大部分或更多，即所谓"多退少补"；

③当发生违约时，预收款（预付款）只要如数退还并承担该事项的利息即可；而定金则或者是加倍返还，或者是无权要求返还即两者的法律后果是不同的。

（3）定金与违约金的选用

《合同法》第 116 条规定："当事人既约定违约金，又约定定金的，一方违约时，对方可以选择适用违约金或者定金条款。"

上述规定表明，当合同当事人在合同约定中既约定有违约金又约定有定金时，一旦发生违约，就不能既适用违约金条款，同时又适用定金条款，而只能适用一项条款。

四、不可抗力

（一）不可抗力的概念

《合同法》第 117 条第 2 款规定："本法所称不可抗力，是指不能预见、不能避免并不能克服的客观情况。"不可抗力通常可分为自然现象和社会现象。自然现象有地震、水涝、洪灾等；社会现象有政治骚乱、罢工等。

（二）不可抗力的条件

不可抗力具有严格的构成条件。根据《合同法》的规定，不可抗力的构成条件分为以下几种。

1. 不可预见性

不可预见性，是指合同当事人在订立合同时不可抗力事件是否会发生是不可能预见的。应当指出的是，所谓不可预见，是指在当时的客观、主观条件下，该当事人是不可能预见到的。

2. 不可避免性

不可避免性，是指合同当事人对于可能出现的意外情况尽管采取了及时合理的措施，但是在客观上并不能阻止这一意外情况的发生。即尽管当事人在主观上做了很大的努力，但在客观上并不能阻止这一意外情况的发生。

3. 不可克服性

不可克服性，是指合同的当事人对于意外事件所造成的损失是不能克服的。如果意外事件造成的结果可以通过当事人的努力而得到克服，则该事件即不属于不可抗力事件。

（三）不可抗力的法律后果

《合同法》第 117 条规定："因不可抗力不能履行合同的，根据不可抗力的影响，部分或者全部免除责任，但法律另有规定的除外。当事人迟延履行后发生不可抗力的，不能免除责任。"

由上述规定可见，不可抗力是法定的违约责任的免除条件或免除事由之一。因为，如果让当事人对自己主观上无法预见，客观上不能避免、不能克服的事件造成的损失承担法律责任，是不符合"公平"原则的。不可抗力作为免责事由是有时间限制的，即它只有发生在合同订立之后、履行完毕之前。如果不可抗力发生在合同订立之前或者履行之后，都不能构成不可抗力事件。此外，如果当事人迟延履行义务后发生不可抗力的，也不能成为免责事由。

（四）遭遇不可抗力一方当事人的义务

《合同法》第 118 条规定："当事人一方因不可抗力不能履行合同的，应当及时通知对方，以减轻可能给对方造成的损失，并应当在合理期限内提供证明。"由此规定可知，遭遇不可抗力一方当事人具有下列义务。

一是及时通知义务，遭遇不可抗力的一方若不及时履行通知义务，则不能部分或者全部免除责任。

二是提供证明义务，依据合同实践及《合同法》的规定，证明应当采用书面形式，而且应当在合理的期限内提供。如果当事人没有履行这两项义务，则不能部分或全部免除违约责任。

五、违约责任与侵权责任的选择适用

《合同法》第 122 条规定："因当事人一方的违约行为，侵害对方人身、财产权益的，受损害方有权选择依照本法要求其承担违约责任，或者依照其他法律要求其承担侵权责任。"

上述规定是指当事人一方的同一行为既是违约行为又是侵权行为时，受损害方不能既要求违约赔偿，又要求侵权赔偿，因为受损害方不能提出双重请求，只能二者择一。这样规定，对损害方也是公平的，不能对其同一行为承担两种责任，否则是不公平的。

任务 10-2 旅游服务合同

第一节 旅游服务合同概述

旅游服务合同是旅行社提供旅游服务，旅游者支付旅游费用的合同。这里的"旅游服务"

是指安排旅程及提供交通、餐饮、住宿、导游及其他有关服务。旅游服务合同是有关部门受理投诉、司法部门审理案件的重要依据，是保护旅游者与旅游经营者合法权益的重要手段。因此，旅游者在出游之前应当与旅行社签订书面旅游合同。《旅游法》专设第 5 章讨论旅游服务合同，本章共 19 条，主要对包价旅游合同的订立、变更、转让、解除、违约责任等内容作了详细规定，并对旅游代办合同、旅游咨询以及住宿服务等内容作了规定。

关于旅游合同的法律性质，理论上分歧较大，主要有委托合同说、行纪说、居间说、承揽契约说、服务合同说等观点。在旅游合同中，旅行社并不受旅游者指示的拘束；相反，在旅游过程中各项旅程、食宿及活动等基本是由旅行社安排，旅行社与旅游者订立旅游合同时，没有将旅游服务的内容和条件详细报告给旅游者的义务，在旅游结束后，也无将其所支出经费的详细内容、账目向旅游者报告的义务。这与委托合同、行纪合同有很大的不同。在实践中，大部分旅游活动是由旅行社以自己的名义与其他服务者直接订约，这与居间合同中当事人约定一方向他方报告订约机会或为订约媒介、他方支付报酬有很大的区别。旅游合同中旅行社“先收费、后接待”的商业习惯又和完成工作后再给付报酬的承揽合同也不相同。旅游合同是一种新型的有名合同，不能归入传统民法中的任何一类合同。旅游法单列一章对旅游服务合同做出规定，其内容具有很大的典型性、特殊性。

一、旅游服务合同的当事人

旅游服务合同的双方当事人是旅行社和旅游者。在我国，旅游业为特许经营行业，民事主体从事旅游业务必须得到国家旅游局的批准。旅游合同主体的另一方是旅游者，即接受旅游服务、支付旅游报酬的当事人。一般来说，只要旅游者具有完全民事行为能力，或者限制民事行为能力人签订的与其行为能力不相符的旅游合同经过其法定代理人的同意或者追认即可。对于某些类型的旅游合同，如出境旅游合同，旅游者还应当符合国家有关出入境的相关规定。

实践中，旅游给付的种类很多，旅游组织者没有必要也不可能完全亲自提供合同约定的所有给付。所以第三人参与合同履行过程的现象极为普遍，如与旅游经营人签订旅客运输合同的运输公司、为旅游者提供餐饮服务的饭店、提供住宿服务的宾馆等。这些在旅游合同之外提供旅游服务的给付提供人属于旅行社的履行辅助人，其理由是：

首先，旅游给付提供人在包价旅游合同中处于包价旅游经营人的履行辅助人的地位，他们并不是合同的当事人。而在包价旅游经营人与给付提供人签订的合同里，他们又是第三人利益合同的债务人。因此，相对于旅游合同而言，旅游给付中的第三人应当是旅游经营人的履行辅助人。

其次，旅游经营人对提供的旅游业务应当承担给付瑕疵担保的义务。因此，对于旅游给付提供人的不履行或者不完全履行，应当由旅游经营人承担相应的责任。也就是说，这时的主债务人是旅游经营人，而非实际给付提供人。

最后，履行辅助人之说符合合同相对性原理的要求。根据合同相对性原理，合同只能对合同当事人产生拘束力。旅游合同的主体应当是旅游经营人和旅游者本身，合同中的权利和义务由他们来享有和承担。宾馆、饭店、运输部门等是旅游经营人的辅助人，旅游者在旅游服务达不到约定时，只能由旅游经营人承担违约责任。实际上旅游者与这些辅助人既不相识，也无法参与旅游经营人选择给付提供人的活动，他们之间没有真正的合同关系，遇到问题只能向旅游经营人寻求救济。尤其在出国旅游的情形下，让旅游者向外国的给付提供人索赔，是非常困难的。

二、旅游服务合同的法律特征

旅游合同具有以下几个方面法律特征。

（一）旅游合同是双务、有偿、诺成合同

旅游合同的当事人双方均负有义务，旅行社应向旅游者提供适宜的旅游服务，旅游者则应向旅行社支付一定的费用，双方的权利义务具有对价性，因此旅游合同属双务、有偿合同。旅游合同自当事人双方意思表示一致时即可成立，并不以一方的实际交付或者履行行为成立要件，因此属于诺成合同。

（二）合同标的具有特殊性

旅游合同的标的是一种旅游经历以及为获得这种旅游经历所必需的吃、住、行、游、购、娱等旅游服务条件。

（三）旅游合同多为格式合同

现实中绝大多数旅游合同是旅行社为重复使用而预先拟定好的格式合同，旅游者往往只能概括地表示接受或者不接受。旅游合同的这种格式化倾向决定了旅游合同的主要任务是规范旅游合同内容，协调双方当事人之间的责任负担。签订格式合同可以节省时间，有利于事先分配风险，降低交易成本，可以促进企业合理经营，消费者也不必耗费精力就交易条件讨价还价。但格式化旅游合同中也常出现一些损害旅游者利益的不公平条款，因此，有必要加强对旅游合同的法律规制。

（四）旅游合同一般具有团体性

实践中旅游一般可分为自助旅游和团体旅游，团体旅游为一定数目的旅客与旅行业者缔结的合同。在团体旅游中，因人数低于最低组团人数将导致旅游团不能成行，如果旅行社事先将人数限制情况向旅客说明，那么在旅客人数低于最低组团人数时，旅行社可行使解除权；或者在得到旅客书面同意后，将已签约的旅客转让给其他旅行社。

（五）旅游给付具有整体性

旅游给付须包括两项或者两项以上内容，使整个给付的过程具有整体、连续的特征，而仅提供单一服务如旅客运输、餐饮等，不能称为旅游合同。此外，由于旅游合同强调旅行社“包办”行程，使给付在时间上具有整体性，因此个别给付具有瑕疵都会导致旅游服务整体具有瑕疵。

三、旅游服务合同的分类

旅游服务合同主要包括包价旅游合同和旅游代办合同两种。

（一）包价旅游合同

包价旅游合同，是指传统意义上的组团合同，是旅行社提供有关旅行的全部服务（包括吃、住、行、游、购、娱等旅游服务），游客支付费用的旅游合同。实践中，大量存在的是包价旅游合同，其法律关系比较复杂，引起的纠纷也比较多。本章内容主要规范的就是包价旅游合同。

（二）旅游代办合同

旅游代办合同，也称委托旅游合同或者中间人承办的旅行合同，是目前旅游者与旅行社签订的包价旅游合同之外的另一种常见的旅游合同。实践中，旅游者为了减少自助旅游的不便，同时又希望自由支配旅游空间，往往会借助旅行社的专业知识、业务经验和渠道，委托旅行社代办部分与旅游有关的服务，如代订机票、车票、客房，代办出境、入境和签证手续，代办旅游保险等。在这种情况下，旅游者与旅行社之间签订的合同就是旅游代办合同。从性质上讲，代办合同属于委托合同，法律关系相对比较简单。

《旅游法》第 74 条对旅游代办合同作了专门规定：旅行社接受旅游者的委托，为其代订交通、住宿、餐饮、游览、娱乐等旅游服务，收取代办费用的，应当亲自处理委托事务。因旅行社的过错给旅游者造成损失的，旅行社应当承担赔偿责任。旅行社接受旅游者的委托，为其提供旅游行程设计、旅游信息咨询等服务的，应当保证设计合理、可行，信息及时、准确。

四、旅游服务合同的形式

由于旅游活动涉及的环节比较多，在不同的环节对旅游服务的要求不尽相同，容易发生纠纷，旅行社与旅游者订立包价旅游合同应当采用书面形式，不宜采用口头形式或者其他形式。这样做便于发生纠纷时取证和分清责任。因此，《旅游法》规定："包价旅游合同应当采用书面形式。"书面形式包括合同书、信件和数据电文（包括电报、电传、传真、电子数据交换和电子邮件）等可以有形地表现所载内容的形式。

需要注意的是，合同法第 36 条规定："法律、行政法规规定或者当事人约定采用书面形式订立合同，当事人未采用书面形式但一方已经履行主要义务，对方接受的，该合同成立。"根据这一规定，如果某旅游者与某旅行社未订立书面旅游合同而事实上已随团出国观光，则视为旅游合同已经成立。

第二节 旅游服务合同的法律规定

一、旅游服务合同的订立

（一）旅游服务合同主要内容

根据《旅游法》第 58 条规定，包价旅游合同应当采用书面形式，包括下列内容：

①旅行社、旅游者的基本信息；

②旅游行程安排；

③旅游团成团的最低人数；

④交通、住宿、餐饮等旅游服务安排和标准；

⑤游览、娱乐等项目的具体内容和时间；

⑥自由活动时间安排；

⑦旅游费用及其交纳的期限和方式；

⑧违约责任和解决纠纷的方式；

⑨法律、法规规定和双方约定的其他事项。

订立包价旅游合同时，旅行社应当向旅游者详细说明前款第 2 项至第 8 项所载内容。

（二）旅游行程单

旅行社应当在旅游行程开始前向旅游者提供旅游行程单。旅游行程单是包价旅游合同的组成部分。旅游行程单简称行程单或者行程表，是旅行社提供给游客的写明某个旅游线路的日程安排、服务标准、注意事项的一份文件，是旅游合同的必备附件，也是旅游合同的一个重要组成部分。旅游者在报名时应当索取一份旅行社盖章确认的行程单，并签字一份行程单留存于旅行社，与旅游合同一起作为参团依据。旅游行程单应当对以下内容做出明确说明：

①旅游行程的出发地、途经地、目的地，线路行程时间和具体安排（按自然日计算，含乘飞机、车、船等在途时间，不足 24 小时以 1 日计）。

②旅游目的地地接旅行社的名称、地址、联系人和联系电话。

③交通服务安排及其标准（明确交通工具及档次等级、出发时间以及是否需中转等信息）。

④住宿服务安排及其标准（明确住宿饭店的名称、地点、星级，非星级饭店应当注明是否有空调、热水、独立卫生间等相关服务设施）。

⑤用餐（早餐和正餐）服务安排及其标准（明确用餐次数、地点、标准）。

⑥旅行社统一安排的游览项目的具体内容及时间（明确旅游线路内容包括景区点及游览项目名称等，景区点停留的最少时间）。

⑦自由活动的时间和次数。

⑧购物安排（列明购物场所名称、停留的最多时间及主要商品等内容）。

⑨行程安排的娱乐活动（明确娱乐活动的时间、地点和项目内容）。

⑩另行付费项目（如有安排，旅行社应当在签约时向旅游者提供《另行付费项目表》，列明另行付费项目的价格、参加该另行付费项目的交通费和导游服务费等，由旅游者自愿选择并签字确认后作为旅游合同的组成部分；另行付费项目应当以不影响原计划行程为原则）。

（三）委托代理信息内容

旅行社委托其他旅行社代理销售包价旅游产品并与旅游者订立包价旅游合同的，应当在包价旅游合同中载明委托社和代理社的基本信息。旅行社依照本法规定将包价旅游合同中的接待业务委托给地接社履行的，应当在包价旅游合同中载明地接社的基本信息。安排导游为旅游者提供服务的，应当在包价旅游合同中载明导游服务费用。

1.5 项目拓展

格式条款解释的三项规则是什么？

扫一扫，格式条款解释的三项规则是什么？

http://china.findlaw.cn/hetongfa/hetongdedingli/gstk/1051272.html

微信扫一扫

项目 11

旅游安全管理法规

学习目标

- 了解、熟悉和掌握《中华人民共和国旅游法》《旅游安全管理办法》关于旅游安全的法律制度、安全事故处理及其相关法律责任的规定

1.1 项目导例

部分国家对游乐园的监管经验

随着中国游乐业的繁荣，游乐设施制造业也日渐成熟，北京、中山等地的国内龙头企业的产品已出口到全球各国及地区。但游乐行业的突飞猛进却始终面临着安全的考验，偶发的安全事故影响着游乐业自身的发展。游乐场事故在世界各地的游乐场都曾有发生，美国国际游乐场联合会媒体经理曼戈尼表示，美国因游乐设施造成重伤的人数概率是两千四百万分之一，这些出色的安全记录与美国完善的游乐设施监管体系密不可分。

美国

在美国每天平均约有 100 万人到游乐园去游玩，无论是时速 100 英里（1 英里约等于 1609 米）的“过山车”，还是加速度自由落体 8 倍的气动“月球弹跳”，顾客的安全都备受关注。美国游乐设施行业可以追溯到 20 世纪 50 年代迪斯尼公司发展的主题公园概念，一些经验也是从那时开始慢慢建立的。美国的游乐设施安全监督管理是有两个系统分别进行的，首先固定的游乐设施和移动游乐设施由各州自行决定如何进行监管管理，包括是否要求许可证或注册，是否进行强制性的检查，是成立专门的机构进行检查还是由保险公司进行检查，是否强制性要求保险额度多少等非常细致。其次，移动的游乐设施作为消费产

品的一种，由美国联邦消费产品安全委员会监管，行使产品缺陷投诉受理、调查的鉴定和召回等权力。一般来说移动式嘉年华会比游乐园监管更为严格，小型的游乐园监管要比大型游乐园还要严格。

美国国际游乐场联合会媒体经理曼戈尼表示，美国因游乐设施造成人员重伤的概率是两千四百万分之一，这些出色的安全记录与美国的游乐设施监管密不可分。游乐设施需经过“多重检查”。在乘客坐上设施游玩之前，游乐场每天均需要对设施进行机械、电力和操作三方面检查，而设施同样在制造商的指导准则下进行监管检查。除了每日的检查外，制造商还要求每周、每月、每年对游乐设施进行详细的检查和专门的维修。此外，美国大多数的固定游乐公园的设施还需经过第三方的“独立检查”，例如第三方的安全顾问、保险（放心保）公司等，州、地方政府官员也会对游乐设施进行检查。此外，国际游乐场联合会还建议所有的协会成员遵照全球领先的行业标准 ASTM 标准。这一标准由 700 多名运营商、制造商、政府监管人员、消费者代表联合代表组成的 F24 委员会制定而成，涉及测试、维护、检查、质量保障等方面的行业标准。

日本

日本的游乐场每年都发生一些大大小小的事故，比如 2011 年东京一个游乐场因为安全锁不牢靠，一个游客从 8 米高处跌落死亡，游乐场立刻让所有游客出园，国土交通省马上介入调查。最严重的一次是 2007 年大阪的游乐园的过山车发生了一死 21 伤的事故，事后的调查结果表明，是因为金属老化断裂。事故发生后游乐园宣布暂停营业，日本国土交通省在第二天就要求全国各地的游乐场所从当天起对过山车类游乐设施进行紧急安全检查，发现不安全隐患立刻停止运营。根据日本建筑基本法的规定，业主有义务每半年或一年对游乐设施进行一次定期检查，检查时需要有持有国土交通省认证资格的检查员对铁轨、车体、乘椅等部分进行安全确认。另外，除法定检查外，各业主在营业开始前及结束后还要对设施进行常规检查。后来的调查结果发现大阪这家游乐场过去提交的是虚假的管理体制报告，便要求长期停业整顿，3 个月以后这家游乐场在彻底检查了所有设备的安全以后重新开业，并且撤除了造成事故的过山车。但是客流量下降，终于在第二年无法继续经营而申请破产。

英国

英国的游乐设施事故较少，因为在英国，每一个游乐设施都会有一个“游乐设施检查过程方案”的标签，这个标签确认了这个游乐设施已经通过了安全检验。英国安全卫生执行局（HSE）高级新闻官凯文·赫格迪表示，在监管层面，HSE 要评估由游乐场所责任人提交的相关文件报告，必要时还会让一些游客监督游乐场所的工作情况，对设施的标准和运营进行观察。而如果发现违规将根据法律规定进行惩罚。

（来源：节选自辽宁艾易特电子科技微信公众号）

1.2 项目知识平台

任务 11-1 旅游安全管理法律法规

第一节 旅游安全管理概述

一、《旅游安全管理办法》出台的背景

旅游安全管理（Management Of Tourist Safety）是指为了达到安全的目的，有意识、有计划地对旅游活动中各种安全现象进行各种安全教育、防范与控制活动的总称。这些活动既包括安全的宣传与教育，安全管理方针、政策、法规、条例的制定与实施，也包括安全防控、管理措施的制定与安全保障体系的构建与运作。

20世纪90年代，国家旅游局相继发布了《旅游安全管理暂行办法》(以下简称《暂行办法》)《旅游安全管理暂行办法实施细则》《重大旅游安全事故报告制度试行办法》《重大旅游安全事故处理程序试行办法》和《漂流旅游安全管理暂行办法》等一系列配套或相关规范性文件，形成了目前我国旅游安全管理的基本制度。这些制度在之前的旅游安全管理中发挥了重要作用。

然而随着旅游产业的快速发展和国内外安全形势的动态变化。从宏观而言，当前我国安全生产形势发生了很大变化，对安全问题提出了更高的管理要求，更强调以人为本；从微观来看，旅游市场环境发生了巨变，过去旅游以组团观光为主，现阶段旅游日益日常化、大众化、散客化，并向国际化迈进，安全管理面临着更大挑战；同时旅游业本身也处于转型升级时期，全域旅游的发展更需要全域性管理思维。在此背景下，国家旅游局 2016 年 9 月 7 日第 11 次局长办公会议审议通过并公布了《旅游安全管理办法》（以下简称《办法》），新《办法》自 2016 年 12 月 1 日起施行。《旅游安全管理办法》第 1 条规定，旅游安全管理的目的是为了加强旅游安全管理，提高应对旅游突发事件的能力，保障旅游者的人身、财产安全，促进旅游业持续健康发展。

二、新《旅游安全管理办法》的特点

新《办法》共分为总则、经营安全、风险提示、安全管理、罚则和附则，共六章 45 条，基本覆盖了旅游安全管理的各项工作。在新的旅游安全管理形势下，新《办法》的出台恰逢其时，将推动我国旅游安全管理迈向制度化、规范化发展的新阶段，有利于更好地守护安全这条旅游发展的“生命线”。

（一）权责明晰可操作性强

对比《暂行办法》，新《办法》进一步明确了适用主体和范围，具有主体清晰、任务明确、重点突出等特点。新《办法》第 2 条第 2 款规定，“本办法所称旅游经营者，是指旅行社及地方性法规规定旅游主管部门负有行业监管职责的景区和饭店等单位”。之前的《暂行办法》将旅行社、旅游饭店、旅游汽车和游船公司、旅游购物商店、旅游娱乐场所和其他经营旅游业务的企事业单位均作为旅游安全管理工作的基层单位，其所指的旅游企业是广义的旅游经营者。但事实上，旅游部门对其中部分旅游企事业单位并没有直接的安全监管权力和责任，导致了旅游部门的责任过大，与实际不相符，各地方旅游部门频繁反映难以承担。

针对这些问题，新《办法》调整和规范了旅游安全工作主体，通过清晰的主体界定，务实有效地推动旅游安全工作。对于旅游部门，新《办法》既宏观确定了旅游部门的安全管理责任，也详细规范了旅游部门在日常安全管理工作、预案制订、景区承载量管控以及旅游突发事件应急处置、调查、报告中的具体任务和职责。对于旅游经营者，新《办法》明确了其应具备的安全生产条件，明确了旅游经营者在旅游安全检查、旅游风险监测评估、高风险项目和特殊群体的安全保障、旅游安全生产教育和培训、游客安全管理、突发事件应急处置和报告等任务职责，并对旅行社的源头安全管理责任、出境安全管理等提出了要求。此外，新《办法》对旅游部门和旅游经营者等两类主体既强调要重视日常预防性安全管理，也强调要重视旅游突发事件的应急处置和报告。

（二）风险提示成突出亮点

近年来，突发事件频发，特别是境外突发事件的发生对旅游者出行带来了诸多不便，也给旅游者的人身财产安全埋下了隐患。新《办法》中新增的“风险提示”一条更体现了主管部门在管理旅游安全工作时从事后处理、被动管理转变为事先防范、主动介入。近年来，国家一直在推动的各部门和地方建立主动预防性安全管理体系，强调要把旅游安全工作的重点放在事前，而不仅仅只是重视事后的应急处置。新《办法》建立了红色、橙色、黄色和蓝色四级风险提示制度并明确了不同范围和区域的风险提示发布机构、发布机制和发布渠道，对于弥补我国目前旅游风险提示机制模糊缺位的现状有积极意义，有助于旅游安全工作的转型革新。

三、旅游安全管理各主体的职责

旅游经营者的安全生产、旅游主管部门的安全监督管理，以及旅游突发事件的应对，应当遵守有关法律、法规和《办法》的规定。旅游主管部门、旅游经营者及其从业人员应当依法履行报告旅游突发事件的义务。

（一）旅游安全监管主体

县级以上人民政府统一负责旅游安全工作。县级以上人民政府有关部门依照法律、法规履行旅游安全监管职责。国家建立旅游目的地安全风险提示制度。旅游目的地安全风险提示的级别划分和实施程序，由国务院旅游主管部门会同有关部门制定。县级以上人民政府应当依法将旅游应急管理纳入政府应急管理体系，制定应急预案，建立旅游突发事件应对机制。

突发事件发生后，当地人民政府及其有关部门和机构应当采取措施开展救援，并协助旅游者返回出发地或者旅游者指定的合理地点。

县级以上人民政府及有关部门应当将旅游安全作为突发事件监测和评估的重要内容。

各级旅游主管部门应当在同级人民政府的领导和上级旅游主管部门及有关部门的指导下，在职责范围内，依法对旅游安全工作进行指导、防范、监管、培训、统计分析和应急处理。

（二）旅游经营者

旅游经营者应当承担旅游安全的主体责任，加强安全管理，建立、健全安全管理制度，关注安全风险预警和提示，妥善应对旅游突发事件。

旅游经营者应当严格执行安全生产管理和消防安全管理的法律、法规和国家标准、行业标准，具备相应的安全生产条件，制定旅游者安全保护制度和应急预案。

旅游经营者应当对直接为旅游者提供服务的从业人员开展经常性应急救助技能培训，对提供的产品和服务进行安全检验、监测和评估，采取必要措施防止危害发生。

旅游经营者组织、接待老年人、未成年人、残疾人等旅游者，应当采取相应的安全保障措施。

旅游经营者应当就旅游活动中的下列事项，以明示的方式事先向旅游者做出说明或者警示：

①正确使用相关设施、设备的方法；

②必要的安全防范和应急措施；

③未向旅游者开放的经营、服务场所和设施、设备；

④不适宜参加相关活动的群体；

⑤可能危及旅游者人身、财产安全的其他情形。

突发事件或者旅游安全事故发生后，旅游经营者应当立即采取必要的救助和处置措施，依法履行报告义务，并对旅游者做出妥善安排。

（三）旅游从业人员及旅游者

旅游从业人员应当严格遵守本单位的安全管理制度，接受安全生产教育和培训，增强旅游突发事件的防范和应急处理能力。

旅游者在人身、财产安全遇到危险时，有权请求旅游经营者、当地政府和相关机构进行及时救助。中国出境旅游者在境外陷入困境时，有权请求我国驻当地机构在其职责范围内给予协助和保护。

旅游者接受相关组织或者机构的救助后，应当支付应由个人承担的费用。

第二节　旅游经营安全

一、旅游经营者的安全要求

根据《办法》第 6 条规定，旅游经营者应当遵守下列要求：

①服务场所、服务项目和设施设备符合有关安全法律、法规和强制性标准的要求；

②配备必要的安全和救援人员、设施设备；

③建立安全管理制度和责任体系；

④保证安全工作的资金投入。

二、旅游经营者的职责

旅游经营者应当定期检查本单位安全措施的落实情况，及时排除安全隐患；对可能发生的旅游突发事件及采取安全防范措施的情况，应当按照规定及时向所在地人民政府或者人民政府有关部门报告。

旅游经营者应当对其提供的产品和服务进行风险监测和安全评估，依法履行安全风险提示义务，必要时应当采取暂停服务、调整活动内容等措施。经营高风险旅游项目或者向老年人、未成年人、残疾人提供旅游服务的，应当根据需要采取相应的安全保护措施。

旅游经营者应当对从业人员进行安全生产教育和培训，保证从业人员掌握必要的安全生产知识、规章制度、操作规程、岗位技能和应急处理措施，知悉自身在安全生产方面的权利和义务。旅游经营者建立安全生产教育和培训档案，如实记录安全生产教育和培训的时间、内容、参加人员以及考核结果等情况。未经安全生产教育和培训合格的旅游从业人员，不得上岗作业；特种作业人员必须按照国家有关规定经专门的安全作业培训，取得相应资格。

旅游经营者应当主动询问与旅游活动相关的个人健康信息，要求旅游者按照明示的安全规程，使用旅游设施和接受服务，并要求旅游者对旅游经营者采取的安全防范措施予以配合。旅行社组织和接待旅游者，应当合理安排旅游行程，向合格的供应商订购产品和服务。旅行社及其从业人员发现履行辅助人提供的服务不符合法律、法规规定或者存在安全隐患的，应当予以制止或者更换。

旅行社组织出境旅游，应当制作安全信息卡。安全信息卡应当包括旅游者姓名、出境证件号码和国籍以及紧急联系人等信息，使用中文和目的地官方语言（或者英文）填写。旅行社应当将安全信息卡交由旅游者随身携带，并告知其自行填写血型、过敏药物和重大疾病等信息。

三、旅游突发事件预案及处置程序

旅游经营者应当依法制定旅游突发事件应急预案，与所在地县级以上地方人民政府及其相关部门的应急预案相衔接，并定期组织演练。

旅游突发事件发生后，旅游经营者及其现场人员应当采取合理、必要的措施救助受害旅游者，控制事态发展，防止损害扩大。旅游经营者应当按照履行统一领导职责或者组织处置突发事件的人民政府的要求，配合其采取的应急处置措施，并参加所在地人民政府组织的应急救援和善后处置工作。旅游突发事件发生在境外的，旅行社及其领队应当在中国驻当地使领馆或者政府派出机构的指导下，全力做好突发事件应对处置工作。

旅游突发事件发生后，旅游经营者的现场人员应当立即向本单位负责人报告，单位负责人接到报告后，应当于 1 小时内向发生地县级旅游主管部门、安全生产监督管理部门和负有安全生产监督管理职责的其他相关部门报告；旅行社负责人应当同时向单位所在地县级以上地方旅游主管部门报告。情况紧急或者发生重大、特别重大旅游突发事件时，现场有关人员可直接向发生地、旅行社所在地县级以上旅游主管部门、安全生产监督管理部门和负有安全生产监督管理职责的其他相关部门报告。旅游突发事件发生在境外的，旅游团队的领队应当立即向当地警方、中国驻当地使领馆或者政府派出机构，以及旅行社负责人报告。旅行社负责人应当在接到领队报告后 1 小时内，向单位所在地县级以上地方旅游主管部门报告。

第三节 风险提示及突发事件等级制度

一、安全风险提示制度

国家建立旅游目的地安全风险（以下简称风险）提示制度。根据可能对旅游者造成的危害程度、紧急程度和发展态势，风险提示级别分为一级（特别严重）、二级（严重）、三级（较重）和四级（一般），分别用红色、橙色、黄色和蓝色标示。风险提示级别的划分标准，由国家旅游局会同外交、卫生、公安、国土、交通、气象、地震和海洋等有关部门制定或者确定。风险提示信息，应当包括风险类别、提示级别、可能影响的区域、起始时间、注意事项、应采取的措施和发布机关等内容。

一级、二级风险的结束时间能够与风险提示信息内容同时发布的，应当同时发布；无法同时发布的，待风险消失后通过原渠道补充发布。三级、四级风险提示可以不发布风险结束时间，待风险消失后自然结束。

《办法》第 18 条规定，风险提示发布后，旅行社应当根据风险级别采取下列措施：

①四级风险的，加强对旅游者的提示；

②三级风险的，采取必要的安全防范措施；

③二级风险的，停止组团或者带团前往风险区域；已在风险区域的，调整或者中止行程；

④一级风险的，停止组团或者带团前往风险区域，组织已在风险区域的旅游者撤离。

其他旅游经营者应当根据风险提示的级别，加强对旅游者的风险提示，采取相应的安全防范措施，妥善安置旅游者，并根据政府或者有关部门的要求，暂停或者关闭易受风险危害的旅游项目或者场所。

《办法》第 19 条规定，风险提示发布后，旅游者应当关注相关风险，加强个人安全防范，并配合国家应对风险暂时限制旅游活动的措施，以及有关部门、机构或者旅游经营者采取的安全防范和应急处置措施。

国家旅游局负责发布境外旅游目的地国家（地区），以及风险区域范围覆盖全国或者跨省级行政区域的风险提示。发布一级风险提示的，需经国务院批准；发布境外旅游目的地国家（地区）风险提示的，需经外交部门同意。

地方各级旅游主管部门应当及时转发上级旅游主管部门发布的风险提示，并负责发布前款规定之外涉及本辖区的风险提示。风险提示信息应当通过官方网站、手机短信及公众易查阅的媒体渠道对外发布。一级、二级风险提示应同时通报有关媒体。

二、旅游突发事件等级制度

旅游突发事件是指突然发生，造成或者可能造成旅游者人身伤亡、财产损失，需要采取应急处置措施予以应对的自然灾害、事故灾难、公共卫生事件和社会安全事件。根据旅游突发事件的性质、危害程度、可控性以及造成或者可能造成的影响，旅游突发事件一般分为特别重大、重大、较大和一般四级。

（一）特别重大旅游突发事件

特别重大旅游突发事件，是指下列情形：

①造成或者可能造成人员死亡（含失踪）30 人以上或者重伤 100 人以上；

②旅游者 500 人以上滞留超过 24 小时，并对当地生产生活秩序造成严重影响；

③其他在境内外产生特别重大影响，并对旅游者人身、财产安全造成特别重大威胁的事件。

（二）重大旅游突发事件

重大旅游突发事件，是指下列情形：

①造成或者可能造成人员死亡（含失踪）10 人以上（包括本数）、30 人以下（不包括本数）或者重伤 50 人以上、100 人以下；

②旅游者 200 人以上滞留超过 24 小时，对当地生产生活秩序造成较严重影响；

③其他在境内外产生重大影响，并对旅游者人身、财产安全造成重大威胁的事件。

（三）较大旅游突发事件

较大旅游突发事件，是指下列情形：

①造成或者可能造成人员死亡（含失踪）3 人以上 10 人以下或者重伤 10 人以上、50 人以下；

②旅游者 50 人以上、200 人以下滞留超过 24 小时，并对当地生产生活秩序造成较大影响；

③其他在境内外产生较大影响，并对旅游者人身、财产安全造成较大威胁的事件。

（四）一般旅游突发事件

一般旅游突发事件，是指下列情形：

①造成或者可能造成人员死亡（含失踪）3 人以下或者重伤 10 人以下；

②旅游者 50 人以下滞留超过 24 小时，并对当地生产生活秩序造成一定影响；

③其他在境内外产生一定影响，并对旅游者人身、财产安全造成一定威胁的事件。

第四节 旅游安全管理

一、主管部门旅游安全日常管理

《办法》第 22 条规定，旅游主管部门应当加强下列旅游安全日常管理工作主要有：

①督促旅游经营者贯彻执行安全和应急管理的有关法律、法规，并引导其实施相关国家标准、行业标准或者地方标准，提高其安全经营和突发事件应对能力；

②指导旅游经营者组织开展从业人员的安全及应急管理培训，并通过新闻媒体等多种渠道，组织开展旅游安全及应急知识的宣传普及活动；

③统计分析本行政区域内发生旅游安全事故的情况；

④法律、法规规定的其他旅游安全管理工作。

旅游主管部门应当加强对星级饭店和 A 级景区旅游安全和应急管理工作的指导。

二、旅游突发事件的处置程序

（一）应急预案

地方各级旅游主管部门应当根据有关法律、法规的规定，制定、修订本地区或者本部门旅游突发事件应急预案，并报上一级旅游主管部门备案，必要时组织应急演练。

（二）客流量控制

地方各级旅游主管部门应当在当地人民政府的领导下，依法对景区符合安全开放条件进行指导，核定或者配合相关景区主管部门核定景区最大承载量，引导景区采取门票预约等方式控制景区流量；在旅游者数量可能达到最大承载量时，配合当地人民政府采取疏导、分流等措施。

（三）突发事件的处置

旅游突发事件发生后，发生地县级以上旅游主管部门应当根据同级人民政府的要求和有关规定，启动旅游突发事件应急预案，并采取下列一项或者多项措施：

①组织或者协同、配合相关部门开展对旅游者的救助及善后处置，防止次生、衍生事件；

②协调医疗、救援和保险等机构对旅游者进行救助及善后处置；

③按照同级人民政府的要求，统一、准确、及时发布有关事态发展和应急处置工作的信息，并公布咨询电话。

（四）事后调查

旅游突发事件发生后，发生地县级以上旅游主管部门应当根据同级人民政府的要求和有关规定，参与旅游突发事件的调查，配合相关部门依法对应当承担事件责任的旅游经营者及其责任人进行处理。

三、旅游突发事件的报告制度

（一）提交报告的内容

《办法》第 27 条明确规定各级旅游主管部门应当建立旅游突发事件报告制度。旅游主管部门在接到旅游经营者的报告后，应当向同级人民政府和上级旅游主管部门报告。一般旅游突发事件上报至设区的市级旅游主管部门；较大旅游突发事件逐级上报至省级旅游主管部门；重大和特别重大旅游突发事件逐级上报至国家旅游局。向上级旅游主管部门报告旅游突发事件，应当包括下列内容：

①事件发生的时间、地点、信息来源；

②简要经过、伤亡人数、影响范围；

③事件涉及的旅游经营者、其他有关单位的名称；

④事件发生原因及发展趋势的初步判断；

⑤采取的应急措施及处置情况；

⑥需要支持协助的事项；

⑦报告人姓名、单位及联系电话。

以上所列内容暂时无法确定的，应当先报告已知情况；报告后出现新情况的，应当及时补报、续报。

各级旅游主管部门应当建立旅游突发事件信息通报制度。旅游突发事件发生后，旅游主管部门应当及时将有关信息通报相关行业主管部门。

（二）提交报告的程序

《办法》第 30 条规定，旅游突发事件处置结束后，发生地旅游主管部门应当及时查明突发事件的发生经过和原因，总结突发事件应急处置工作的经验教训，制定改进措施，并在 30 日内按照下列程序提交总结报告：

①一般旅游突发事件向设区的市级旅游主管部门提交；

②较大旅游突发事件逐级向省级旅游主管部门提交；

③重大和特别重大旅游突发事件逐级向国家旅游局提交。

旅游团队在境外遇到突发事件的，由组团社所在地旅游主管部门提交总结报告。

省级旅游主管部门应当于每月 5 日前，将本地区上月发生的较大旅游突发事件报国家旅游局备案，内容应当包括突发事件发生的时间、地点、原因及事件类型和伤亡人数等。县级以上地方各级旅游主管部门应当定期统计分析本行政区域内发生旅游突发事件的情况，并于每年 1 月底前将上一年度相关情况逐级报国家旅游局。

第五节　法律责任

根据《办法》第 33 条规定，旅游经营者及其主要负责人、旅游从业人员违反法律、法规有关安全生产和突发事件应对规定的，依照相关法律、法规处理。

一、旅游经营者的法律责任

《办法》第 11 条第 2 款规定，旅行社及其从业人员发现履行辅助人提供的服务不符合法律、法规规定或者存在安全隐患的，应当予以制止或者更换。旅行社未制止履行辅助人的非法、不安全服务行为，或者未更换履行辅助人的，由旅游主管部门给予警告，可并处 2 千元以下罚款；情节严重的，处 2 千元以上 1 万元以下罚款。

《办法》第 12 条的规定，旅行社组织出境旅游，应当制作安全信息卡。安全信息卡应当包括旅游者姓名、出境证件号码和国籍，以及紧急情况下的联系人、联系方式等信息，使用中文和目的地官方语言（或者英文）填写。旅行社应当将安全信息卡交由旅游者随身携带，并告知其自行填写血型、过敏药物和重大疾病等信息。若旅行社不按要求制作安全信息卡，未将安全信息卡交由旅游者，或者未告知旅游者相关信息的，由旅游主管部门给予警告，可并处 2 千元以下罚款；情节严重的，处 2 千元以上 1 万元以下罚款。

旅行社违反《办法》第 18 条规定，不采取相应措施的，由旅游主管部门处 2 千元以下罚款；情节严重的，处 2 千元以上 1 万元以下罚款。

按照旅游业国家标准、行业标准评定的旅游经营者违反本办法规定的，由旅游主管部门建议评定组织依据相关标准做出处理。

二、旅游主管部门的法律责任

根据《办法》第 38 条规定，旅游主管部门及其工作人员违反相关法律、法规及本办法规定，玩忽职守，未履行安全管理职责的，由有关部门责令改正，对直接负责的主管人员和其他直接责任人员依法给予处分。

1.3 项目实施

任务 11-1 旅游安全管理法律法规

- **任务目的**：熟悉《旅游安全管理办法》的主要内容，与《暂行办法》的区别，及其对旅游业的影响。
- **任务内容**：《旅游安全管理办法》的内容框架及相关风险和突发事件等级制度。
- **任务时间**：课余时间。
- **任务方法**：将学生进行分组，每组 4~8 名同学，组内由学生自行分工合作，收集

《办法》的出台背景资料和主要创新，或典型案例。并在 Word 文档中进行图文资料的整理，在此基础上学生制作一份用于展示其成果的 PPT 文件。教师将 2 课时时间用于学生自行汇报展示其工作成果。

1.4 项目练习

（1）简述旅游目的地安全风险提示制度的主要内容。

（2）简述旅游突发事件的等级划分标准及处置程序。

1.5 项目拓展

我国首个“旅游安全管理中心”成立

扫一扫，我国首个“旅游安全管理中心”成立

http://travel.ce.cn/gdtj/201608/26/t20160826_4208563.shtml

微信扫一扫

主要参考文献

[1] 孙子文 . 旅游法规教程 [M]. 大连 : 东北财经大学出版社，2014.

[2] 全国导游人员资格考试统编教材专家编写组 . 政策与法律法规 [M]. 北京 : 中国旅游出版社 ,2016.

[3] 王玲 . 法律基础与实务（第三版）[M]. 北京 : 清华大学出版社，2016.

[4] 李海峰 . 旅游政策与法规 [M]. 北京 : 清华大学出版社，2016.

[5] 杨富斌等 . 中华人民共和国旅游法释义 [M]. 北京 : 中国法制出版社，2013.

[6] 法律出版社法规中心 . 中华人民共和国旅游法（注释本）[M]. 北京 : 法律出版社，2013.

[7] 国家旅游局人事劳动教育司 . 旅游政策与法规（第三版）[M]. 北京 : 旅游教育出版社，2014.

[8] 李文汇，朱华 . 旅游政策与法律法规 [M]. 北京 : 北京大学出版社，2014.

[9] 李娌 . 案例解读《旅游法》[M]. 北京 : 旅游教育出版社，2014.

[10] 法律出版社法规中心 .2014 最新法规汇编 [M]. 北京 : 法律出版社，2014.